让灵魂舒服一点

毛姆自传

[英国] 毛姆 著

王 敏 译

Make
the soul
comfortable
Maugham's
Autobiography

江苏凤凰文艺出版社
JIANGSU PHOENIX LITERATURE AND
ART PUBLISHING, LTD

图书在版编目（CIP）数据

让灵魂舒服一点：毛姆自传 /（英）毛姆著；王敏译. — 南京：江苏凤凰文艺出版社，2019.1（2025.9 重印）
ISBN 978-7-5594-2856-1

Ⅰ. ①让… Ⅱ. ①毛… ②王… Ⅲ. ①毛姆（Maugham, William Somerset 1874-1965）—自传 Ⅳ. ①K835.615.6

中国版本图书馆 CIP 数据核字(2018)第 202756 号

让灵魂舒服一点：毛姆自传

出 版 人	张在健
著　　者	（英）毛姆
译　　者	王　敏
责任编辑	唐　婧　黄孝阳
出版发行	江苏凤凰文艺出版社
出版社地址	南京市中央路 165 号，邮编：210009
出版社网址	http://www.jswenyi.com
印　　刷	苏州市越洋印刷有限公司
开　　本	880 毫米×1230 毫米　1/32
印　　张	9.25
字　　数	181 千字
版　　次	2019 年 1 月第 1 版
印　　次	2025 年 9 月第 4 次印刷
标准书号	ISBN 978-7-5594-2856-1
定　　价	39.80 元

（江苏凤凰文艺版图书凡印刷、装订错误，可向出版社调换，联系电话025-83280257）

目录 / CONTENTS

序　为了让灵魂舒服一点而写作 / 1

一　回忆我的家族史 / 12

二　我人生中重要的两堂英文课 / 18

三　优秀作家应具备的语言素质 / 25

四　阅读让我意识到，别把自己太当回事 / 44

五　十八岁时，我决定将文学当作终身事业 / 56

六　在医院，我学会观察人性的艺术 / 62

七　我是一个后天造就的作家 / 73

八　我是如何训练阅读能力的 / 82

九　二十三岁，我在西班牙遭遇爱情 / 92

十　聊聊我开始戏剧创作的原因 / 101

十一　戏剧创作规律谈 / 114

十二　时代需要怎样的剧作家 / 127

十三　艺术上的完美始终是我的至高目标 / 140

十四　潜心小说创作的那几年 / 154

十五　作家这一职业的危险性 / 167

十六　对婚姻的憧憬，我创作了《人性的枷锁》/ 181

十七　战争开始了，我参加了情报处 / 185

十八　写作主题与写作技巧，哪个更重要 / 197

十九　参与公共事务，是作家的职责之一 / 216

二十　系统的哲学阅读完善了我的生命 / 223

二十一　曾经我雄心勃勃，想写一部哲学著作 / 236

二十二　我关于人生与信仰的哲学思考 / 256

二十三　走过岁月，开始思考衰老与死亡 / 266

二十四　回首人生，从真善美中找到安宁 / 276

序　为了让灵魂舒服一点而写作

本书既非自传，也非回忆录。我已通过种种方式，将我人生中发生的各种事件，写入了作品中。有时候，我过去的某段经历可以成为一个主题，那么我就会虚构一系列事件，来表现这个主题；而在更多情况下，我会把我的泛泛之交或亲密朋友，作为我虚构作品中的人物原型。在我的作品中，事实和虚构彼此交融。当我现在回顾这些作品时，我简直难以把两者区分开来。即便我还记得那些事实，但我对单纯地记录事实没有多大兴趣，我已经把它们派上更好的用场了。而且，这些事件似乎都很平淡乏味。我过往的生活多姿多彩、妙趣横生，但我并没有什么冒险经历。我的记忆力很差，我永远想不起一个精彩的故事，除非我能再次听到它。但还没等我把它讲给别人听，我又忘了个一干二净。我甚至从来都想不起自己讲过的笑话，所以只好不断编排新的笑话。我明白,如果不是因为这个缺陷,别人和我交往起来,一定会惬意得多。

我从来不记日记。但现在我多么希望,在我首度成为成功的剧作家后的那一年中,我留下了一些日记。因为,那时我遇到了许多重要人物,所以当时的日记可能会成为一份有趣的文字记录。那时,人们对贵族和乡绅的信心,已经被他们一手造成的南非混乱局面给瓦解了。但是,那些贵族和乡绅并没有意识到这一点,他们仍然保留着过去的自信。在我常去的几个政客的官邸中,那些人说起话来仍显得高高在上,好像治理大英帝国是他们的私事似的。在即将大选的时候,他们就会讨论:汤姆是否该执掌内政部?迪克对派往爱尔兰是否满意?每每听到这些,我总觉得很古怪。我想,现在没人会读汉弗莱·沃德夫人[①]的小说了。不过,尽管这些小说挺乏味的,但据我回忆,她的一些小说的确美呈现了当时统治阶级的生活图景。当时的小说家仍然很关注这些,就连那些连一个贵族都不认识的作家,也认为有必要对这些人物大书特书一番。如果让现在的人浏览当时的剧场节目单,他们一定会惊讶地发现,剧中有爵位封号的人物竟然那么多。那时的剧院经理以为,这些角色能吸引观众,而那些演员们也喜欢扮演这些角色。但随着贵族阶层政治地位的下滑,公众对他们的兴

[①] 汉弗莱·沃德夫人(Mrs Humphry Ward, 1851—1920),英国严肃小说家,代表作有《罗伯特·埃尔斯梅尔》等。——译者注(本书注释均为译者所加,以下不再一一注明)

趣也随之下滑了。戏迷们乐于看到表现自己阶层的人物和情节。这些人包括富裕的商人和治理国家的专业人士。当时有一条不成文的法则盛行一时，就是：编剧不该将有爵位头衔的人物引入到故事中，除非这些人物对故事的主题来说至关重要。在当时，让公众对下层阶级产生兴趣还不太可能。描写他们的小说和戏剧，一般被认为是粗俗、污秽的。如果这一阶层现在取得了社会权利，那么普罗大众是否会对他们的生活产生兴趣呢？就像他们当初对那些贵族阶层的生活产生了旷日持久的兴趣，或对那些富裕资产阶级的生活产生了一时的兴趣那样呢？这个问题令人好奇。

那段时期，我遇到了这样一些人：他们也许认为，凭借自己的头衔、名望和地位，注定会成为历史上的风云人物。我并没有看出，他们有我想象中那样才华横溢。英国是一个热衷政治的国家，常常有人邀请我去那些高宅大院。在那些宅邸中，政治是人们主要的兴趣所在。在我遇到的达官显要中，我并没有发现什么能力杰出的人。我的结论是——也许这个结论有点太过草率——治理一个国家并不需要多高的智慧。打那时起，我在很多国家认识了许多高官重臣。在我看来，他们的思想似乎很平庸，我继续为此而困惑不已。我发现他们对日常生活中的各种普通事务知之甚少；而且，我也很少在他们身上发现精微的见解和生动的想象力。我一度认为，他们能拥有如此显赫的地位，全凭不凡的演说天赋。因为在一个民主国家中，除非你能吸引公众的耳朵，否则你不可能权倾朝野；然而卓越的演说天赋并不一定伴随着卓越的思维能力。我也见过一些政客，在我看来他们不见得有多聪明，但他们却能相当成功地管理公共事务。所以，我想一定是我搞错了，事实一定是这样：治理国家需要一种特殊的才能。尽管某个人缺乏普通的才能，但他有可能拥有这种可以独立存在的才能。同样，我也认识一些企业家，尽管他们日进斗金、大展宏图，但他们对于和自己业务无关的一切，似乎连最基本的常识都没有。

我在那个时期听到的谈话，也没有我所期待的那么睿智，其中很少有值得回味的内容。那些谈话都很轻松，尽管并非总是如此；那些谈话欢快、亲切而肤浅，不会涉及严肃话题。因为在公众场合谈论那些严肃话题，似乎会让他们觉得尴尬。此外，他们会对自己最感兴趣的话题三缄其口，也许他们担心那样的谈话会让自己暴露老底。据我判断，他们最多高雅地开开玩笑，但在那些场合，你很少能听到值得我们重复的隽言妙语。他们也许认为，文化的唯一用处，就是让人能够大摇大摆地说说废话。总的来说，在我认识的人中，我认为说话最有意思、最妙语连珠的人是埃德蒙·戈斯[①]。他博览群书，尽管读得似乎并不细致，他和别人交谈时显得特别睿智。他拥有非同一般的记忆力、非同一般的幽默感、非同一般的毒舌。他非常熟悉斯温伯恩[②]，聊起他来口若

[①] 埃德蒙·戈斯（Edmund Gosse, 1849—1928）：英国诗人、作家、文艺评论家，代表作有《父与子：信仰与偏见》等。

[②] 斯温伯恩（Algernon Charles Swinburne, 1837—1909），英国维多利亚时期最后一位重要的诗人，同时也是著名的剧作家和文学评论家，代表作有《卡里顿的阿塔兰达》等。

悬河、令人陶醉。但他也能聊雪莱①，就像雪莱是他的密友一样，当然他不可能认识雪莱。多年来他认识了不少社会名流。我认为他是一个虚荣的人，他发现了他们的种种荒诞举止，并为之窃喜。我敢肯定，他一定把他们形容得比实际上更可笑。

很多人见到名人的那股激动劲儿，常常让我莫名惊诧。你告诉朋友们你认识哪些名人，你以为这样很有面子，其实这只能证明你自己微不足道。名人们有一套应付偶遇之人的手法。他们会戴着面具示人——往往还是一个令人印象深刻的面具，同时他们会小心翼翼地把真我掩藏起来。他们扮演着别人期待的角色，且通过反复的练习，把这个角色扮演得很完美。但如果你以为，他们的这种公众表演就是他们内心的写照，那你就太愚蠢了。

我曾经爱慕——深深地爱慕过——几个人；但总的来说，让我感兴趣的人，并不是那些自以为如何了得的人，而是那些对我的工作有益的人。我没有像康德劝诫的那样，把每个人看成自我的终极目的，而是把他们当成对我这个作家有用的素材。我更关心那些默默无闻的小人物，而不是那些声名显赫的大人物。小人物们更常展现出真实的自我。他们无须塑造一个虚伪的形象，来保护自己不受世人的伤害，或让世人留下深刻印象。在他们有限的活动空间中，他们有更多机会发展自己的个性和风格。而且，鉴

---

① 雪莱（Percy Bysshe Shelley，1792—1822）：英国著名作家、学者、浪漫主义诗人，代表作有《西风颂》《致云雀》《解放了的普罗米修斯》等。

于他们从未成为公众目光的焦点,所以他们从来没有想过,自己该如何藏着掖着。他们露出种种怪相和怪癖,因为他们从不认为,自己有什么古怪之处。说到底,我们这些作家描写的正是这些普通人。国王、独裁者、商业巨头——这些人并不能让我们满意。描摹这些人是一种冒险,作家们常常受到这样的诱惑。但他们百般努力换来的失败足以证明,这些人太稀有了,并非合适的描写对象,我们无法写活他们。普通人给作家提供了更肥沃的写作土壤,他们出人意表、古怪奇特、形形色色,给作家提供了无穷无尽的素材。伟人往往是首尾一贯的,而小人物却是各种矛盾的综合体。小人物花样百出,你永远不知道他还能给你带来多少惊喜。对我来说,如果非得和谁一起在荒岛上待一个月,我宁愿那个人是一名兽医,而不是一个首相。

在这本书中,我将试着把我生命历程中那些让我最感兴趣的内容理出头绪。是的,所有这些思绪在我脑海中漂来荡去,就像波涛汹涌的海面上漂浮着的沉船残骸。我似乎觉得,如果把这些思绪按一定次序整理出来,就能更清晰地看清其本质,我说不定就能找到它们之间的连贯性了。我早就想进行这样的尝试。当我开始一段长达数月的旅行时,我不止一次地下定决心要将这个想法付诸实践,那一个个机会似乎都很理想。但我发现,一路上总是有太多的印象和观感向我袭来,我看到了那么多新奇有趣的事物、结识了那么多让我浮想联翩的人物,所以我压根没有时间去细细回味了。当时的那段体验是那么鲜明生动,让我无法调整思维、进行回顾。

要我以自己的身份,写下自己的想法,会让我感到厌烦,这点也在阻止我动笔。尽管我写的东西很多,但我一直是在以一个小说家的身份进行创作。因此从某种程度上说,我能把自己看成我故事中的一个人物。长久的积习让我更喜欢通过自己笔下的人物来发表心声,这样让我更自在。决定他们怎么想,比决定我自己怎么想容易得多。对我来说,前者是一种乐趣,后者是一种我一直在刻意拖延的苦役。但我现在不能再拖延下去了。

年轻的时候,未来的岁月在我们前方展开,显得那样漫长。所以我们很难意识到,有朝一日我们会走过这些岁月。即便到了中年之后,尽管我们对人生的期待趋于平淡,但我们还是很容易找到借口,去拖延那些该做又不想做的事情。最后,那个不得不考虑死亡的年龄终于到来了,我们的同龄人相继去世。我们知道,所有人都免不了一死,(苏格拉底是人;所以——诸如此类),但死亡对我们来说仍然只不过是一个逻辑上的假设。直到有一天,我们被迫意识到,按照正常的事物发展规律,我们已经离生命的终点不远了。只需对《泰晤士报》的讣告栏投以偶然一瞥,我就意识到,六十多岁已经是一个非常不健康的年纪了。

我一直认为,在把这本书写完之前,我就会被气死,所以我觉得还是马上动笔的好。写完这本书后，我就能宁静地面对未来了，因为我已经圆满结束了毕生的工作。我不能再劝自己说，我还没有做好写这本书的准备。因为，如果到现在我还不能下定决心完成这件对我而言似乎非常重要的事情，那么日后我会动笔的可能性也极小。我很高兴，我终于能收集和整理这些长期以来在自己各个意识层面中飘来荡去的思绪了。我把它们付诸笔墨之后，就能摆脱它们了，脑海中就能填充其他东西了。我希望这本书不是我的封笔之作。一个人不会在刚刚立下遗嘱后马上死去，立下遗嘱是为了预防万一。安排好所有事务，也就为无忧无虑地享受余生做好了准备。当我写完这本书后，我就能知道自己身在何处了。那时我就能在余下的光阴中，做我选择要做的事了。

在这本书中，我一定会提到许多以前说过的话，这是不可避免的，所以我把这本书取名为《总结》。一个法官在总结案情时，他会概括之前已经上呈陪审团的所有事实、并对律师陈词进行评论。他并不会提供新的证据。鉴于我已经把毕生经历都写到了我的那些书中，那么很多我现在想说的话，一定都能在那些书中找到。我现在能做的，就是把各种感受和观点串联起来，合成一幅连贯的画卷。另外，我会在有些地方，更加详细地阐述自己的部分观点，之前由于受到小说和戏剧篇幅的限制，我只能蜻蜓点水似的对之稍做暗示。

本书是以我自己为中心的。书中所录是一些我觉得重要的和关于我自己的内容，因为我只能探讨这些影响过我的内容。但我不会写下我的所作所为。我并不想全然袒露我的内心，我会试着和读者保持一定距离。在某些事情上，我仍然希望能保留一点自己的隐私。没有一个人愿意说出有关自己的全部真相。有些试图向世人展露自我的人，并没有说出全部真相。虚荣心并不是阻止他们那样做的唯一原因，其他原因还包括：不同人的兴趣不同；他们对自己感到失望；他们竟然做成了在他们看来极不寻常的事情，这让他们惊讶不已，于是他们过于强调了这些事情，而这些事情其实比他们想象中普通得多。

卢梭①在《忏悔录》中描述了一系列让人类的情感深受震撼的事件。他直白地叙述了这些事件，歪曲了自己的价值观，让这些事件在他的书中比他的实际生活中显得更重要。除了这些事件之外，还发生过许多合乎道德或至少在道德上保持中立的事件，但他却一概忽略不计，因为他觉得这些事情都太寻常了，似乎不值一提。有那么一种人，他们对自己的善行不以为意，却因自己的恶行备受折磨。这种人写得最多的就是自己。他略去了自己的优点，只暴露出自己软弱、没有原则和堕落的一面。

我写这本书，是为了让自己舒服一点，让我的灵魂摆脱那些

---

① 卢梭（Jean-Jacques Rousseau, 1712—1778）：法国著名启蒙思想家、哲学家、教育家、文学家，代表作有《论人类不平等的起源和基础》《社会契约论》《爱弥儿》《忏悔录》等。

徘徊已久的想法。我无意说服任何人，我没有教导别人的天性。而且，如果我了解了某一事物，我从来没有将它传授给别人的欲望。别人是否同意我的观点，我并不十分在乎。当然我认为自己是正确的，而他们是错误的，否则我就不会那样想了。但即便他们错了，也不会让我不快。另外，当我发现，我的判断和大多数人不一致时，我也不会感到困扰。我对自己的直觉充满信心。

我必须把自己当成一个重要人物来写。事实也的确如此，我是一个重要人物——对我而言，我是这个世界上最重要的人。但我没有忘记——就算不考虑"绝对"这么宏大的概念，而仅仅从常识来看，我也不是什么重要人物。我是否曾经存在过，对宇宙来说几乎没有什么区别。尽管在我写作时，我总觉得自己的作品非得有什么重要意义似的。我的意思只不过是：在我有机会和别人讨论文学时，我或许有机会提到这些作品，那时它们才对我具有某种重要意义。

我想，没有几个严肃作家——我指的并不仅仅是那些写严肃事物的作家，会对他们的作品在他们去世之后的命运漠不关心。让人一想起来就满心欢喜的，并不是自己的作品能够永垂不朽（无论是什么文学作品，其生命只有数百年，然后就不会比讲堂、教室更永垂不朽了），而是先后有几代人饶有兴趣地阅读这部作品，并且这部作品能在本国文学中占有小小的一席之地。但我怀疑这种可能性的存在。在我的有生之年，我已经见过许多轰动一时（比我更加轰动）的作家，但他们很快就都被人遗忘了。我年轻时，乔治·梅瑞狄斯①和托马斯·哈代②似乎一定能成为永恒的经典，但对今天的年轻人来说，他们已经没有那么重要了。毫无疑问，每隔一段时间，他们就会找到一个文艺评论家，找个角度写一篇关于他们的文章，那篇文章也许会让四面八方的读者，从图书馆中去借走一两本他们的作品。但我认为，他们都没能写出类似《格列佛游记》、《项狄传》③或《汤姆·琼斯》那样的作品。

如果在下文中，我的表达方式有点颐指气使，那只是因为，我觉得在每句话前都加上"我想""在我看来"太烦人了。我所写的一切，都是我自己的看法。读者可以接受，也可以抛弃。如果读者有耐心看下去，就会发现，我能确定的事只有一件，就是：一个人能确定的事，实在少之又少。

---

① 乔治·梅瑞狄斯（George Meredith, 1828—1909）：英国维多利亚时代的小说家、诗人，代表作有《利己主义者》等。
② 托马斯·哈代（Thomas Hardy, 1840—1928）：英国小说家、诗人，代表作有《德伯家的苔丝》《无名的裘德》等。
③ 《项狄传》（*Tristram Shandy*）：18世纪英国文学大师劳伦斯·斯特恩（Laurence Sterne, 1713—1768）的代表作之一，全名为《绅士特里斯舛·项狄的生平与见解》，被认为是"世界文学中最典型的小说"。

一　回忆我的家族史

在我开始写作时,我觉得写作是世界上最自然不过的事。对我来说,写作就像鸭子下水一样。我竟然成了一个作家,对此我一直倍感惊讶。除了那种无法抗拒的天生倾向之外,我似乎没有理由成为作家。而且我不明白,为何我会出现这样的倾向。一百多年来,我的祖上都是从事法律工作的。根据《英国名人传记辞典》(*Dictionary of National Biography*)的记载,我的祖父是联合律师协会(Incorporated Law Society)的两位创始人之一。在大英博物馆的图书馆目录中,他的法律著作可以列一份长长的清单。他只写了一本和法律无关的书。那是一本散文集,里面是他为当时的严肃杂志所写的文章。他恪守礼仪,匿名出版了这些作品。

以前我手上有这本书,那是一本牛皮包装的精美小册子,但我一直没去看那本书。后来我想再找一册来读，却再也找不到了。我现在希望自己看过那本书，因为说不定我能从中发现祖父是一个怎样的人。他在赞善里生活了多年，因为他当时担任自己创立的那个协会的秘书。退休后他搬到了肯辛顿三角地的一幢可以俯瞰海德公园的房子里。他被赠予一个浅口盘子、一套茶和咖啡用具、一个银质的饰盘。这些器具是那样庞大、华美，自打那时起，它们就成了后人的累赘。

一位年长的律师——我从孩提时代就认识他——告诉我，在他还是实习律师时，有次他受邀和我祖父共进晚餐。我的祖父切开了牛肉，然后一个仆人递给了他一盘连皮烘烤的土豆。如果放上足量的黄油、胡椒粉和盐，几乎没什么东西比带皮土豆更加美味。但我的祖父显然不这样想。他从桌前的椅子上站了起来，从盘子里拿出土豆，把一个个土豆扔向墙上的一幅幅画。接着，他一句话都不吭，坐下去继续吃午饭。我问我的朋友，此举给在座的其他人带来了什么样的影响。他告诉我，压根没人注意到这件事。他还告诉我，我的祖父是他见过的面容最丑陋的小个子男人。

一次，我特意去了赞善里的联合律师协会大楼，想亲自看一看，他是不是真有那么丑，因为那儿有一幅他的画像。如果那位老绅士说的是真的，那么那位画师一定大大美化了我的祖父。在他的笔下，我的祖父长着漂亮的黑眼睛、黑眉毛，眉眼之间还有一道略露嘲讽之意的微光；他还长着结实的下巴、笔直的鼻梁和撅起的红色嘴唇。他的一头黑发四下散开，和阿妮塔·露丝小姐[①]的头发一样美。他手里握着一支鹅毛笔，旁边有一堆书，这些书无疑都是他的手笔。尽管他穿着黑色外套，却并没有我期待中那样威严，反而显得有点顽皮。

很多年前，在我销毁我过世叔叔的文件时，我意外地发现了一本日记本。这本日记本是我祖父的，写作时间是十九世纪初，当时他还是一个年轻人。日记中记载了他的一次小小游历，他去了法国、德国和瑞士。我还记得，他在日记中描述了莱茵河在沙夫豪森那段的一条瀑布，那条瀑布并不是非常壮观，但他感谢全能的主创造了这么一条令人惊叹的瀑布，让世间这些可怜的生命体有机会意识到，和恢宏的上帝之作相比，他们自己是多么微不足道。

我父母在我很小的时候就撒手人寰了，母亲在我八岁时过世，父亲在我十岁时过世。因此我对他们的了解，几乎只限于种种道听途说。我的父亲去了巴黎，成了英国大使馆的律师。我不知道他为何要去那儿，除非他也和他儿子一样，受到一种令人不安的未知力量的驱使。他的办公室就在对面的圣奥诺雷大街，但他生活在当时叫作德安廷大街的一条马路上。那是一条宽敞的马路，道路两旁种着栗树，这条路一直通向香榭丽舍的圆形广场。

[①] 阿妮塔·露丝（Anita Loos, 1889—1981）：美国著名编剧、作家，代表作有《绅士爱美人》等。

当时，我的父亲算得上一个游历甚广的人。他去过土耳其、希腊、摩洛哥和干旱的小亚细亚。

在摩洛哥，他最远去过北部城市菲兹，当时很少有人去过这个地方。他拥有大量的旅行书籍。在他德安廷大街的公寓中，摆满了从各地带回来的东西：塔纳格拉①的小雕像、罗得岛②的器皿和土耳其匕首，匕首的刀柄上镶嵌着大量银饰。他娶我母亲时，已经四十岁了。我母亲比他小二十多岁。我母亲是一个很美的女人，而我父亲是一个特别丑的男人。有人曾经告诉我，当时他们是巴黎著名的"美女与野兽"。她的父亲是一个军人，死在了印度，而他的遗孀也就是我的外祖母，在挥霍了一大笔钱财后，在法国定居下来，靠抚恤金过活。我猜她一定是一个有个性的女人，很可能还有点天赋，因为她用法语写了几部给年轻姑娘看的小说，还为客厅民谣谱写乐曲。我愿意这样想：奥克塔夫·弗耶③笔下的那些出身名门的女主角，一定阅读了她写的小说、演唱了她作曲的民谣。我有一张她的小小的照片，照片中是一个穿着衬架裙的中年女子，长着美丽的双眼，意气飞扬、英姿飒爽。我的母亲身材娇小，长着一双棕色的大眼睛、一头亮丽的红金色头发、精致的五官和动人的肌肤。她非常受人仰慕。安格尔西夫人是我母亲的一位密友，她是一个美国女人，不久前刚刚以高龄去

---

① 塔纳格拉（Tanagra）：古希腊城市名，塔拉格拉小雕像（Tanagra Statuettes）是一种用赤陶土塑成的雕像。
② 罗得岛（Rhodes）：希腊第四大岛，希腊最大的旅游中心，位于爱琴海东南部。
③ 奥克塔夫·弗耶（Octave Feuillet, 1821—1890）：法国著名小说家、剧作家。

世。她告诉我,一次她曾对我母亲说:"你这么漂亮,爱慕你的人那么多,你为什么对你嫁的那个丑陋小男人这样忠诚呢?"我母亲的回答是:"因为他从来不会伤我的心。"

我见过的唯一一封母亲的信,是在叔叔去世后我整理他的文件时偶然发现的。叔叔是一位牧师,母亲写信给他,请他做她一个儿子的教父。她简单、诚恳地表述了自己的心愿:鉴于他所从事的神圣职业,她邀请他缔结的这种关系,会对新生儿产生深远的影响,使他长大后能成为一个善良而敬重神灵的人。她读了不少小说,在德安廷寓所的桌球室中,放着两大书架的陶赫尼茨①平装本丛书。后来她得了肺结核。我记得,那时我家门口永远停着一排驴子,供她喝驴奶。因为在当时,人们认为驴奶对肺结核患者有好处。夏天,我们常常在多维尔②的一栋屋舍中消夏。当时那儿并不是什么游览胜地,只是一个小渔村,和更美的特鲁维尔③一比,顿时黯然失色。此外,直到她生命的终点,我们一直在波城④过冬。一次她躺在床上——我猜是在一次大出血后,知道自己来日无多,她担心儿子们长大之后,不记得她去世前的容貌,因此,她叫女仆给她穿上白缎做的晚礼服,去摄像师那儿照了相。当时的医生们认为,生孩子对患肺结核的女性有好处。她一共生

---

① 陶赫尼茨(Tauchnitz):德国印刷出版商。陶赫尼茨平装本丛书是二战前德国出版的廉价丛书。
② 多维尔(Deauville):法国北部的一座滨海城市。
③ 特鲁维尔(Trouville):法国西北部著名的港口城市、观光胜地。
④ 波城(Pau):法国西南部避寒城市。

育了六个儿子，最后死于难产。终年三十八岁。

母亲去世后，她的女仆成了我的奶妈。在此之前，我的奶妈都是法国人，我还曾被送入一家法国育儿园。我的英语知识一定少得可怜。有人告诉我，有一次，我看到火车车厢的一匹马后立即喊道，"看，妈妈，一匹马①！"

我觉得，我的父亲拥有浪漫的天性。他一直想建一栋避暑的屋舍，所以他在法国叙雷讷②的一座小山的山顶上，买下了一块地。那块山地能俯瞰山下的平原、远眺巴黎，风光绝美。有一条路通向一条河流，河边有一个小小的村落。房子落成之后，就像是博斯普鲁斯的一栋别墅，房屋的顶层还环绕着长廊。有段时间，我每个周日都和父亲一起，坐在一艘观光船中，沿着塞纳河顺流而下，查看房屋施工的最新进展。屋顶建好后，父亲买了一对火钩装饰在上面。他还订购了许多玻璃，并且在玻璃上雕刻了一个他在摩洛哥发现的防"邪恶之眼"的标记，读者们也能在本书的封面上看到这个标记。这是一栋白色的房屋，百叶窗漆成了红色。花园规划好了，房间装修好了，然后我父亲就一命呜呼了。

---

① "马"的英文为 horse，发音为 [hɔːs]，作者按照法语规则发成了 [ɔːs]。
② 叙雷讷（Suresnes）：地名，位于巴黎西郊。

二 我人生中重要的两堂英文课

后来，家人带我离开了那所法国学校，每天去一位英国牧师的公寓中上课，这位牧师供职于大使馆附属的教堂。他教我学英语的方法就是，让我大声朗读《旗帜报》上的治安新闻。我现在还记得，当我念到在巴黎开往加莱①的一列火车上发生的谋杀案时，那骇人的细节是多么惊悚。我那时一定有九岁了。在很长一段时间中，我一直无法确定英语词汇的发音。我永远不会忘记，一次，我在预备学校中念"unstable as water"（变化无常）这个短语时，把"Unstable"念得像"Dunstable"押韵一样，因此我遭到同学们的哄堂大笑，当时我有多么羞愧难当。

我一生中上过的英语课不超过两堂，因为尽管我在学校中写

---

① 加莱（Calais）：法国北部港口城市。

过随笔，却不记得曾受到过任何关于组句谋篇的指导。而当我有机会上两堂英语课时，已经年龄太大了，恐怕我不能对它们寄予太高期望，梦想能从中受益。我的第一堂英语课，出现在几年前。当时，我要在伦敦生活好几个星期，因此我请了一位年轻女子，当我的临时秘书。她很腼腆，但非常漂亮，和一位已婚男子卷入了婚外情。我当时写好了一本叫作《寻欢作乐》的书，一个周六上午，这本书的打字稿送来了。我问她能否把我的打字稿带回家，并在周末帮我改正一下里面的错误。我原本只想让她纠正一下打字员可能犯下的拼写错误，并找出一些由于手写文字不易辨认而导致的错误。但她是一个非常认真的年轻人，她照字面意义理解了我的要求。星期一她把打字稿送回来时，附上了整整四大页的错误修订。我得承认，第一眼看到这些时，我有点儿恼火。但随后我意识到，她这样大费周章，其实对我有利。如果我不能从中受益，那我岂不是太傻了。于是，我坐下来仔细翻看起来。我猜，这位年轻女子一定在秘书专科学校上过文法课，她像老师给她改作文一样，严谨地审阅了我的小说。四大张纸上写满了一针见血、颇为严厉的评语。我只能推断，秘书学院的英文教授一定喜欢有话直说。他一定有自己的严格标准，而且一定不允许任何模棱两可的情况发生。他那聪明的学生，不能忍受句子末尾出现介词。一个惊叹号表明，她对文中使用的一个惯用语不满意。她似乎认为，同一个词不能在同一页纸上出现两次。每次出现这种情况，她一定会用一个同义词代替那个词。如果我放纵自己、洋洋洒洒地写了一个长达十行的句子，她就会批注：把这段梳理清楚，最好断成两句或更多句子。当我用一个分号惬意地暂作停顿时，她会批注：使用句号。如果我冒险用了一个冒号，她就会尖刻地评论：陈腐。但她最不留情面的评论，是在一个我自以为写得很诙谐的地方严厉地评论道："你确定这些是事实吗？"考虑到所有这一切，我不得不得出如下结论：她大学的那位教授，一定不会给我打高分。

第二堂英文课是一位大学老师给我上的，这位老师既睿智又有魅力。在我校对另一本书的打字稿时，他正好在我身旁。他好心地主动提出帮我看看稿子。我犹豫了片刻，因为我知道，他做出评判的标准一定很高，而那样的标准一定很难达到。我已经了解到，这位教师对伊丽莎白时代的文学具有深刻的见解，他对《伊丝特·沃特斯》[①]的过度仰慕，让我怀疑他会看低当代的文学作品：一个对十九世纪法国小说如此了解的人，不可能认为我的那部作品具有多高的价值。但我想尽量写好那部小说，我希望能从他的批评中受到教益。结果他的评价非常宽容，这点让我特别感兴趣。因为据我推断，他应该也是这样对待大学生们的作文的。我觉得，这位大学老师拥有非凡的语言天赋，语言就是他一生耕耘的事业。他的品位在我看来无懈可击。他非常重视单个词语的力量，这点大大打动了我。他喜欢那些更有表现力的词语，而不是那些音调悦耳的词语。

[①] 《伊丝特·沃特斯》（*Esther Waters*）：爱尔兰小说家乔治·莫尔（George Moore，1852—1933）所著小说，讲述了赌博的罪恶。

举个例子，我在书中写道，一座雕像将被"放在"某个广场上，他建议我改成"雕像会立在广场上"①。我没有那样改，因为我不喜欢押头韵。我还注意到，他似乎认为，使用词汇不仅是为了给一个句子带来平衡，还要给一个观念带来平衡。这点很有道理，因为如果仓促地提出一个观点，那么这个观点就可能会失去效果。但这又涉及到语言是否精巧的问题了，因为这样很可能会导致冗词赘语。在这方面，如果对舞台对话有所了解，就能受到启迪。有时，某个演员会对剧作家说："关于这段话，您能不能再给我加一两个别的词？如果我不说点别的，我的台词似乎一点意思都没有。"在我聆听他的评论时，我不禁想，如果在我年轻时就能听到这样睿智、亲切、毫不偏狭的建议，那么我的写作水平不知要比现在好多少。

所以我只好自学了。我浏览了年幼时写的那些故事，想借此发现，在考虑引入、开发一个故事之前，我的自然秉性、我原有的"存货"是什么。我发现我有一点傲慢，也许岁月已经将之消磨殆尽；另外我的文字似乎带着些许躁狂，这是我性格的缺陷。但我现在说的这些，只是自我表达方式方面的问题。我似乎思路挺清晰的，并且擅长写简单的对话。

一位当时著名的剧作家亨利·亚瑟·琼斯②在看了我的第一部

---

① 英文为：The statue will stand, statue 和 stand 押头韵，所以下句中作者说，不喜欢押头韵。

② 亨利·阿瑟·琼斯（Henry Arthur Jones, 1851—1929）：英国戏剧家，代表作有《马加尔及其失去的天堂》《说谎者》等等。

小说后，告诉他的一位朋友，如果假以时日，我一定会成为当代最成功的剧作家之一。我猜，他一定看到了我在展现某个场景时的直接与高效，并发现我能赋予某一场景舞台感。我的语言水平一般、词汇数量有限、语法磕磕绊绊、用的短语陈腐老套。但对我来说写作是一种本能，就像呼吸一样自然，因此我没有停下来想，我写得究竟是好是坏。直到数年以后，我才意识到，写作是一门精微的艺术，需要付出不少努力才能掌握。我发现，有的时候，要把我的想法诉诸笔端太困难了，因此我才被迫发现了这一点。我能流畅地创作对白，但当我需要描述上一页纸时，我发现自己陷入了各种困境之中。我会为了两三句话，纠结上两三个小时，还怎么也理不顺。于是我下定决心要自学写作。不幸的是，我找不到人帮我。我犯了许多错误。如果有人像我刚才提到的那个魅力非凡的大学教授一样给我指点，我一定能节约不少时间。那个人一定早就告诉我，我拥有的天赋在哪儿，就该往哪儿发展。在我没有天赋的地方做无用功，完全是白费劲。但是，当时人们推崇华丽的散文。文章华美绚丽的结构，是用错彩镂金的语词、充斥各种冷僻表达方式的句子堆砌起来的。理想的文章应该是一块使用重金织就的锦缎，重得可以自己立起来。那些聪明的年轻人热情澎湃地读着沃尔特·佩特[①]写下的文字。而我的常识告诉我，那些文字是苍白无力的。在那精致优美的句子背后，我仿

[①] 沃尔特·佩特（Walter Pater, 1839—1894）：英国文艺批评家、作家，英国唯美主义运动的推崇者，代表作有《柏拉图和柏拉图主义》《鉴赏集》《享受主义者马利乌斯》《想象的肖像》等。

佛看到了一颗疲惫、苍白的灵魂。我那时年轻、强壮、精力充沛。我渴望新鲜的空气、积极的活动和激烈的行为。而且我发现,我无法呼吸着死气沉沉、带着一股子浑浊气味的空气,坐在鸦雀无声的房间中。在那种环境下,进行任何比耳语声更响亮的交谈,都是有违礼数的。但我没有听从我的常识。我劝说自己,那是文化的高地,并且对外面那个人声鼎沸、大叫大嚷、装疯卖傻、召妓买醉的世界嗤之以鼻。我阅读了《意图集》①和《道林格雷的画像》②。稠密地点缀在《莎乐美》③字里行间的那些罕见而色彩丰富的词语,让我深深陶醉。同时也为自己词汇的贫乏深感震惊。因此,我带上纸笔,前往大英博物馆,记下了各种奇珍异宝的名称、古旧珐琅的各种拜占庭色调、各种织物给肉体的美妙触感,并精心构思了一些句子,把这次语词都放进这些句子中。幸运的是,我从来没有机会使用这些词汇,它们仍然躺在我的旧笔记本中,等着那些有空写废话的人去使用它们。那时人们普遍认为,钦定本《圣经》是英语世界中最伟大的作品。于是我认真地啃读《圣经》,特别是其中的《雅歌》,我把那些打动我的措辞都匆匆记了下来,以备将来之用。此外,我还把那些冷僻词语、漂亮字眼一一列了出来。我还研读了杰里米·泰勒④的《神圣而死》。为

---

① 《意图集》(*Intentions*):英国唯美主义作家奥斯卡·王尔德(Oscar Wilde, 1854—1900)的著名艺术批评论集。

② 《道林格雷的画像》(*The Picture of Dorian Gray*):奥斯卡·王尔德(Oscar Wilde, 1854—1900)所著长篇小说。

③ 《莎乐美》(*Salome*):奥斯卡·王尔德(Oscar Wilde, 1854—1900)所著戏剧。

④ 杰瑞米·泰勒(Jeremy Taylor, 1613—1667):英国作家、基督教圣公会牧师,被称为"神学家中的莎士比亚"。

了模仿他的风格，我摘抄了不少段落，并根据记忆把它们默写出来。这样学习之后取得的第一个成果，是一本关于安达卢西亚①的小书，书名叫作《圣洁的天国：安达卢西亚见闻和印象》②。不久前的一天，我重读了这部作品中的部分章节。我知道，我现在对安达卢西亚的了解，比过去全面得多，而且对于我所写的许多事物，已经改变了看法。由于这本书在美国仍然还有一点销量，我想我也许该重新修订一下这部作品。但很快我就发现，那是不可能的。这本书简直像是另外一个人写的，我已经把那个人彻底忘记了。这本书无聊得让我看不下去。但我关心的是文字本身，因为这是我的一种风格尝试。书中的文字矜持、隐晦、精巧，既缺乏实证，又很不自然。它似乎散发着一种温室植物和周日晚餐的气息，就像贝斯沃特③的一个大宅院的餐厅中的气味，泄露在了温室气体中似的。文中充斥着大量韵律优美的形容词，词汇都很感伤。它不会让人想起一块镶有重金的意大利织锦，而会让人想起一种伯恩·琼斯④设计、莫里斯⑤复制的窗帘布。

---

① 安达卢西亚（Andalusia）：地名，位于西班牙。
② 《圣洁的天国：安达卢西亚见闻和印象》（*The Land of the Blessed Virgin*）：又译为《圣母之地》，毛姆所著西班牙游记。
③ 贝斯沃特（Bayswater）：地名，位于伦敦西部的威斯敏斯特市。
④ 伯恩·琼斯（Edward Burne-Jones, 1833—1898）：新拉斐尔前派最重要的画家之一，代表作有《梅林的诱惑》《国王与乞食少女》等。
⑤ 莫里斯（William Morris, 1834—1896）：英国设计师、诗人、早期社会主义活动家。他设计、制造的家具、纺织品、花窗玻璃、壁纸以及其他各类装饰品引发了著名的工艺美术运动。

三　优秀作家应具备的语言素质

我并不知道，当时究竟是我的潜意识让我觉察到，这样的写作和我的性情背道而驰；还是我大脑自然而然的系统化思考，让我的关注点开始转向奥古斯都时期[1]的那些作家。斯威夫特[2]的散文让我着迷。我断定，这才是完美的写作方式。于是我开始认真研读他的作品，就像我以前研读杰瑞米·泰勒的作品一样专注。我选择了《一只桶的故事》。据说，这位大师在晚年重读这部作品时曾大声感叹：“我那时多有天赋啊！”但在我看来，他的其他作

---

[1] 奥古斯都时期（Augustan Period）：此处的"奥古斯都时期"并非指古罗马第一位皇帝奥古斯都（Gaius Octavius Augustus 公元前63—公元14）在位的时期，而是指英语文学的奥古斯都时期，大约出现在1700—1760年前后，因当时的作家推崇古希腊、古罗马时期的古典文学而得名，该时期的代表作家包括亚历山大·蒲伯（Alexander Pope, 1688—1744）、乔纳森·斯威夫特（Jonathan Swift, 1668—1745）、约翰·德莱顿（John Dryden, 1631—1700）等。

[2] 斯威夫特（Jonathan Swift, 1668—1745）：英国著名讽刺文学作家，代表作有《格列佛游记》等。

品更能展现他的天赋。这是一部有点乏味的寓言故事，讽刺有点浅薄，但文字风格令人钦佩。我简直无法想象，用英文还能写出比这更优美的作品。他的作品中没有华而不实的段落、过于雕琢的措辞或夸张的意象。文风优雅、自然、谨慎、直率，完全没有故意用夸张的词汇来哗众取宠。斯威夫特似乎一直在使用从他脑海中冒出来的第一个词，但由于他头脑敏锐、逻辑感强，那个词往往就是最恰当的，而且斯威夫特把最合适的词放在了最合适的位置。他的语句充满力量，非常均衡，那是因为他拥有精致的品位。我又和以前一样，摘抄了书中的一些段落，然后试着将它们默写出来。我曾经试着改换一些字眼或字词在文中的位置，结果我发现，唯一适用的词语，就是斯威夫特使用的那些；唯一合适的次序，就是他选择的顺序。这是一篇在用词上无懈可击的文章。

但完美有一个严重的缺陷：完美容易导致乏味。斯威夫特的散文就像法国运河：运河两岸栽着白杨，运河缓缓流过起伏不平的美丽疆土。那宁静的美让你心生满足，但它不会激发人的情感，也不会刺激人的想象力。你继续往前走，很快你就感到一丝乏味了。所以，尽管你很欣赏斯威夫特清晰流畅、紧凑自然、毫不矫揉造作的文风，但你会发现，读了一会之后，你的注意力就开始分散，除非你对他所描述的事物特别感兴趣。我想，如果可以让时光倒流，我会用研读斯威夫特作品的时间，仔细研读德莱顿[①]的作品。

[①] 德莱顿（John Dryden，1631—1700）：英国诗人、剧作家、文学批评家，代表作有《时髦的婚礼》《一切为了爱情》等。

在我不想如此费劲地啃斯威夫特的作品之后,我才发现了德莱顿的作品。德莱顿的散文非常耐读。他的散文不像斯威夫特的散文那样无可挑剔,也没有艾迪生①的散文那样娴雅从容。但他的文字有一种春日的欢快、一种宛如对话的平易晓畅、一种让人愉悦的自然流露,因此非常迷人。德莱顿是一位非常优秀的诗人,但并不是所有人都这样认为。他具有抒情的特质,说来奇怪,恰恰是那些抒情的笔墨,让他那些熠熠生辉、文采斐然的散文更加出色。在他之前,英国从来没人这样写散文。在他之后,也很少有人这样写散文。德莱顿生逢其时,大展才华。詹姆斯一世时期②文学语言的铿锵洪亮、巴洛克式的厚重繁复,已经深入他的骨髓。在他从法语中学来的灵活雅致、贴切巧妙的风格的影响下,他把那种文学语言转化成了一种工具,既适合表达严肃的主题,也适合表达转瞬即逝的小小思绪。他是第一位洛可可艺术家。如果斯威夫特让你想起一条法国的运河,那么德莱顿会让你想起一条英国的河流:它欢快地在群山之间蜿蜒,流经安静而繁忙的市镇、邻近的村庄;它时而在一条大河中稍作停留,然后气势恢宏地穿过一片林地。它生机勃勃、变幻多姿、随风飘荡。而且它还带着一股好闻的英国户外空气的味道。我做的这些工作,显然对我很有裨益。现在我写得比以前好了,但还不够好。我的文字太僵硬

---

① 艾迪生(Joseph Addison,1672—1719):英国散文家、诗人、辉格党政治家,与好友理查德·斯蒂尔(Richard Steele)创办了两份著名的杂志《闲谈者》和《旁观者》。

② 詹姆斯一世(James Ⅰ,1566—1625):英国国王,1603—1625 年在位。

呆板，自我意识太强。我想用一种模式来嵌套那些句子，但我没有意识到，那个模式显得太刻意了。我特别留意如何遣词造句，但没有意识到，在十八世纪初非常自然的语序，到了我们这个世纪的开端，已经变得不太自然了。我试图模仿斯威夫特的风格写作，却没有意识到，我无法取得他那样不可替代的效果，而那正是我仰慕他的原因所在。然后我写了一些戏剧，除了创作人物对白之外，不再写别的任何东西。五年之后，我才再次动笔创作小说。

到了那时，我已经不再野心勃勃地想成为一个文体学家了。我把所有精工细作的想法都抛到了脑后，尽量以最坦率、最自然的方式进行写作，摒弃所有语言上的修饰。我有那么多内容想写下来，不能浪费一个词语。我只想把事实记录下来。我开始动笔了，我的目标是压根不用形容词，这个目标似乎是不可能的。我想，如果我能找到那个合适的词语，那么就可以不用修饰语。和我想象的一样，我的书就像一封特别长的电报一样：为了节约电报费，删除了所有不必要的词语，只求能够清晰表意。完成校稿后我再也没有看过那篇小说，也不知道最后的成品在多大程度上实现了我的初衷。我对那本书的印象是，至少比以前写的所有作品都更自然。但我确定，一定有很多地方写得很草率；并且我敢说，一定存在大量语法错误。

从那时起，我写了很多其他作品。尽管我已经不再系统地向过往的文学大师学习（因为我心有余而力不足），我却比以往更加勤勉地想要提高写作水平。我发现了自己的种种局限。我觉得，只有给自己定下能够企及的目标，才是明智的。我知道我缺乏抒情的天分。我的词汇量很小，并且一切可以扩大词汇量的尝试，对我都没有太大的成效。在使用暗喻方面，我没什么天分；我也很少能想出原创的、生动的明喻，充满诗意和想象力的文字也在我的能力范围之外。我欣赏别人的这种才能，就像我欣赏他们那些不着边际的比喻、冷僻但充满暗示意味的语言一样，他们用这样的语言来包装他们的思想，但我自己的作品中从来没有这样的装饰。努力学习那些对我而言来之不易的写作技巧，让我心生厌倦。另一方面，我拥有敏锐的观察力。我觉得，自己能看到许多别人容易错过的东西，能清晰地写下我看到的东西。我的逻辑感很强，如果说我对华美而冷僻的词语没有什么特别的感觉，至少我还能生动地理解它们的声音。我知道，我永远也不能写得和自己期望的一样好。尽管我有各种天生的缺陷，但我认为只要付出努力，我还是可以从事写作的。经过一番慎重考虑，我觉得我应该将清晰、简洁、悦耳作为我的目标。这三大目标，我是按照重要程度排序的。

对于那些希望读者会大费周章地理解其作品含义的作家，我向来没有什么耐心。你只需看看那些大哲学家们的文字，你就能明白：清晰地表达最微妙的思想，是完全有可能的。你也许会发现，你很难理解休谟[①]的想法。如果你没有受过系统的哲学训练，

---

① 休谟（David Hume, 1711—1776）：苏格兰不可知论哲学家、经济学家、历史学家，英国三大经验主义者之一，代表作有《人性论》《道德原则研究》《人类理解研究》等。

毫无疑问，你一定无法吃透字里行间所隐含的含义。但没有一个受过教育的人，无法准确理解每一个句子的确切含义。很少有人能把英语写得比贝克莱[①]更优雅。你会发现，作家的作品存在两种类型的晦涩：一种是因为作家的疏忽，一种是作家有意为之。人们常常语焉不详，那是因为他们没有不辞劳苦地努力学习如何清晰地写作。在现代哲学家、科学家，甚至一些文学评论家的作品中，你常常会发现这种晦涩。这真的很奇怪。你一定以为，那些毕生研究文学大师的人，一定会对语言文字的美特别敏感。他们的文字就算不够优美，至少一定是明晰的。然而你却发现，你得把他们的文字连续看上两遍，才能明白文中的意思，通篇都是如此。你常常只能猜测一下他们的意思，因为作者显然没有把他们想说的说明白。

造成晦涩的另一种原因是，作者本人并不清楚自己想表达什么意思。他对自己想说的内容，只有一个模糊的印象。由于脑力不济或天性懒散，他们并没有在自己的头脑中形成确切的想法。那么他们无法为如此模糊的想法找到精准的表达，也就不足为奇了。在很大程度上，这是因为很多作者不是想好了再动笔，而是边思考边动笔。也就是说，他们依靠自己手中的笔，启动他们的思维。这样做的缺点是，书面语词具有一种魔力，而这也正是作家必须永远保持警惕的一大危险。人的想法在付诸笔端后会变得

[①] 贝克莱（George Berkeley，1685—1753）：基督教主教、哲学家、神学家，代表作有《视觉新论》《人类知识原理》等。

充实起来，但同时也成为了阐明自我的绊脚石。这种晦涩很容易和那种有意为之的晦涩混为一谈。一些没等想清楚就动笔的作者会误以为，他们的想法比一开始形成时具有更重要的意义。因此他们会洋洋得意地以为，这些想法太深刻了，所以无法清晰地表达出来、让所有人都能看懂。所以，这些作者自然没有想到，问题出在他们自己的思维，是他们自己缺乏清晰思考的能力。这时，书面语词的魔力再次显现出来。你很容易让自己相信，一个你没有充分理解的词语，也许有比你意识到的更多的含义。这样你就很容易把自己那些初始的、模糊的印象直接付诸笔端。总有那么一些傻子会发现其中隐含的意义。还有另外一种故意的晦涩，会伪装成贵族阶层的排外性出现。作家用神秘的外衣裹住了他想表达的意义，那么那些粗人就无从参与其中了。他的心灵世界是一个秘密花园，只有被选中的人，才能在攻克一系列危险障碍后进入其中。这样的晦涩不仅做作，也非常短视。因为时间会和我们开上一个大玩笑。原本就意义贫乏的文字，随着时间的流逝，会继续退化为毫无意义的冗词赘语，谁也不会想读那样的文字。那些受到纪尧姆·阿波利奈尔[①]这个先例的引诱而刻苦钻研此种文风的法国作家，已经遭遇了这样的命运。但是，偶尔一道锐利的冷光会投射在那些貌似深奥的文字上，并揭示扭曲的语言只

[①] 纪尧姆·阿波利奈尔（guillaume apollinaire, 1880—1918）：法国诗人、剧作家、艺术评论家，超现实主义文艺运动的先驱。母亲是波兰贵族，代表作有诗集《醇酒集》《图画诗》，小说集《被杀害的诗人》等。

不过掩饰了平庸的思想这一事实。在马拉美①的诗歌中，没有几首是语义不清的。谁都能注意到，他的思想缺乏原创性。他的一些词句非常优美，但即便在他那个时代，其思想内容绝对是陈词滥调。

和清晰相比，简洁并不是明显的优点。我力求简洁，是因为我缺乏繁复华美的天赋。在一定范围内，我欣赏别人语言的繁复华美。尽管我发现，如果这样的语言看多了，我很难消化吸收。我可以愉悦地读上一页拉斯金②的文字，但只要连续读上二十页，我一定会觉得厌烦。不断出现的华丽的辞藻、庄重的修饰语、富含诗意联想的名词，那些让句子更加厚重、更加华丽的从句，那种就像开阔海面上不断涌现、层层推进的波涛一样的壮丽宏伟——毫无疑问，这其中有让人为之振奋的东西——这样串连起来的那些语词，听上去就像音乐一样，其吸引力更是感官上的，而不是理智上的。这种音效之美容易让你得出结论：你不必再关心意义了。但语词是非常专制的，它们只为自己的意义而存在。所以，如果你不关注语词的意义，那你就什么都没注意到。你的思维会变得散漫。这样的文字，需要一个适合它们的主题。如果用

---

① 马拉美（Stéphane Mallarmé，1842—1898）：法国象征主义诗人、散文家、文学评论家，代表作有《牧神的午后》《希罗狄亚德》等。
② 拉斯金（John Ruskin，1819—1900）：英国作家、艺术评论家、教师，代表作有《建筑的七盏明灯》《建筑与绘画》等。

恢宏华丽的风格描绘微不足道的事物，显然是不合适的。没人比托马斯·布朗爵士[①]更擅长这种文风，但即便他也不免会掉进这个陷阱之中。在《瓮葬》的最后一章，人的命运这个宏大的主题，和巴洛克式的华美语言非常匹配。在这一点上，这位诺里奇[②]医生的表现，在我们的文学史上难以被超越。但当他以同样恢宏华美的风格描述他发现那些瓮的过程时，效果就没有那么好了（至少在我看来如此）。当一个现代作家以夸张的口吻向你描述，一个小妓女是否应该和一个普通年轻人上床时，你一定会感到恶心，这就对了。

繁复华美的文字需要天赋，并不是每个人都拥有这样的天赋。但是，简洁也绝不是与生俱来的。为了达到简洁，需要经过严格的训练。据我目前所知，英语是唯一一种会专门用"*purple patch*"这个短语来形容"辞藻华丽的段落"的语言。若非辞藻华丽是英语作品的一大特色，那么完全没必要这样做。英语散文的特色是精美详尽，而非简洁平易。但并非一直如此。没有什么文字比莎士比亚的更加直白、生动、原汁原味。但我们不能忘了，那些都是写下来的对白，最后是要说出来的。如果莎士比亚和高乃依[③]一样给自己的剧作写前言，谁都不知道他会怎么写，说不定

[①] 托马斯·布朗爵士（Sir Thomas Browne，1605—1682）：英国医生、作家、哲学家，代表作有《人的心灵哲学演讲集》《医生的宗教》《瓮葬》等。
[②] 诺里奇（Norwich）：英国城市，位于英格兰东部。
[③] 高乃依（Pierre Corneille，1606—1684）：法国剧作家、法国古典主义戏剧的奠基人，代表作有《熙德》《西拿》《贺拉斯》等。

他会写得和伊丽莎白女王的信函一样辞藻华丽。但早期的一些作品，比如托马斯·莫尔爵士①的作品，既不厚重，也不华丽或者雄辩。他的文字有一种英国乡土的气息。在我看来，詹姆斯国王钦定的《圣经》对英语作品产生了极为有害的影响。我并不想否认，钦定版《圣经》的文字非常优美——我还没有那么愚蠢。应该说，文字恢宏华美极了。但《圣经》是一部东方作品，书中那些充满异域风味的意象，和我们毫无关系。那些夸张的语句、甘美的比喻，对我们的天性来说，都是陌生的。我不禁想，在英国脱离罗马教会给我国人民的精神生活带来的种种不幸中，《圣经》长久以来成为我们国民的日常读物——对很多人来说还是唯一的读物，并非是其中最小的不幸。那铿锵的节奏、那有力的词汇、那夸张的豪言壮语，成为了我们国民认知的组成部分。朴素平实的英语中充满了各种修饰语。生性迟钝的英国人卷起舌头，像那些希伯来先知一样说话。显然，在英国人的性情中有与此相契合的地方，可能是因为，英国人天生缺乏精确的思维；也可能是由于自身的原因，英国人幼稚地喜爱精美的言辞，那是一种固有的喜事雕琢的怪癖。我不知道究竟是哪个原因。不管怎样，事实仍然没变：打那时起，英语散文就得和繁复华美的文风相抗衡了。每过一段时间，英语语言的精神就会再次发力、彰显自己，就像德莱顿的作品和安妮女王时代的那些作家的作品一样。但这种文风

---

① 托马斯·莫尔爵士（Sir Thomas More, 1478—1535）：欧洲空想社会主义学说的创始人，代表作有《乌托邦》等。

又一次被吉本①和约翰逊博士②浮夸的风格给压制了下去。黑兹利特③、雪莱和巅峰状态的查尔斯·兰姆④让英国散文重现简朴风格，但随着德·昆西⑤、卡莱尔⑥、梅瑞狄斯⑦、沃尔特·佩特⑧等人的出现，这种简朴的风格又消失殆尽了。显然，华美的风格比朴素的风格更加动人。事实上，很多人认为，一种风格如果不能吸引人们的注意，那就算不上是一种风格。他们会欣赏沃尔特·佩特的作品，但他们在读马修·阿诺德⑨的随笔时，在关注其不得不写的内容时，却片刻也不会注意到其文风的典雅、明晰和冷静。

"风格即人"，这句名言是众所周知的。这样一些格言含义隽

---

① 吉本（Edward Gibbon，1737—1794）：英国著名历史学家，代表作是《罗马帝国衰亡史》。

② 约翰逊博士（Dr Johnson）：即塞缪尔·约翰逊（Samuel Johnson，1709—1784），英国作家、文学评论家和诗人。除了《伦敦》《人类欲望的虚幻》《阿比西尼亚王子》等代表作之外，还编撰了《英语大辞典》、编注了《莎士比亚集》。

③ 黑兹利特（William Hazlitt，1778—1830）：英国随笔作家、文学评论家，代表作有《席间闲谈》等。

④ 查尔斯·兰姆（Charles Lamb，1775—1834）：英国散文家，代表作有《伊利亚随笔》《后期随笔集》《纪念诗笺》等。

⑤ 德·昆西（Thomas De Quincey，1785—1859）：英国散文家、批评家，被誉为"少有的英语文体大师"，代表作有《一个吸食鸦片者的自白》等。

⑥ 卡莱尔（Thomas Carlyle，1795—1881）：苏格兰哲学家、讽刺作家，代表作有《法国大革命》《论英雄》等。

⑦ 乔治·梅瑞狄斯（Geirge Meredith，1828—1909）：英国维多利亚时代的小说家、诗人，代表作有《利己主义者》等。

⑧ 沃尔特·佩特（Walter Pater，1839—1894）：英国文艺批评家、作家，英国唯美主义运动的推崇者，代表作有《柏拉图和柏拉图主义》《鉴赏集》《享受主义者马利乌斯》《想象的肖像》等。

⑨ 马修·阿诺德（Matthew Arnold，1822—1888）：英国诗人、评论家，代表作有《评论一集》《评论二集》等。

永、意味深长。歌德的抒情诗轻快活泼，而他的散文笨拙厚重，那么他究竟是怎样一个人呢？还有黑兹利特呢？如果一个人的思维是混沌不清的，那么他也会用混沌不清的方式写作。如果一个人的性格是反复无常的，那么他的散文也一定是捕风捉影、充满空想的。如果一个人思维敏捷、是跳跃式的，能同时想起一百件事情，那么除非他有极强的自控能力，否则他一定会在每一页纸上写满各种暗喻和明喻。詹姆士一世时期的那些作家多发豪言壮语，那是因为他们陶醉在英语新近收获的一笔财富中；而吉本和约翰逊博士文风浮夸，因为他们是那些糟糕理论的受害者。两者之间存在着天壤之别。我能愉快地阅读约翰逊博士写下的每一个词，因为他明智、迷人、睿智。要不是他随心所欲地选择了华美的风格，那么没人能比他写得更好。他一眼就能识别出好的英文。没有一位评论家，能像他一样恰如其分地赞美德莱顿的散文。他说，除了能清晰表达自己的想法之外，德莱顿似乎没有别的艺术才华。在他撰写的《英国诗人传》①的一篇文章中，他这样总结：如果谁想掌握那种平易但不粗陋、典雅但不浮夸的英语文体，就该日夜研读艾迪生的作品。但当他自己坐下来写作时，却带着完全不同的目标。他错误地把夸张做作当成了尊贵和庄重。他的文学素养不够高，他没有看到，简洁自然才是优秀作品的真

---

① 《英国诗人传》（*Lives*）：该作品全名为：The Lives of the Most Eminent English Poets; With Critical Observations on Their Works，书中包括五十二位诗人的传记和评论文章，这些诗人大多生活于十八世纪前后。

正标志。

因为，想写出好的散文，就要有好的表达方式。散文不同于诗歌，散文是一种民间艺术。诗歌是巴洛克式的。巴洛克的特征是悲剧性的，它宏大、神秘，它是原始、粗犷的。它需要深度和洞察力。我不禁觉得，巴洛克时代的那些散文作家，比如詹姆士国王钦定版《圣经》的那些作者：托马斯·布朗爵士、格兰维尔[①]，他们都是一些迷失方向的诗人。而散文是一种洛可可艺术，它更需要品位而非力量、得体而非灵感、充满活力而非富丽堂皇。对于诗人来说，形式就像马嚼子和缰绳，没有它们（除非你是个杂技演员）就无法驾驭马匹。但对散文作者来说，形式就像车的底盘，没有了底盘，车也就不复存在了。优雅、适度的洛可可艺术，一出现后就发展到了高峰，而最优秀的散文正是此时出现的，这并不是一种偶然的巧合。因为洛可可是在巴洛克艺术变得慷慨激昂的时候兴起的，当时人们厌倦了那种宏大，转而要求有所节制。这是那些珍惜文明生活的人们的自然表达。幽默、包容和常识，让那些在十七世纪上半叶唱主角的悲剧事件，都显得太过分了。世界成为了一个能让人们更舒适地生活的地方，而且那些文人雅士能够袖手旁观，享受闲适生活，数百年来也许还是第一次。

据说，优秀的散文应该像有教养的人之间的交谈一样。只有人们没有被深重的焦虑所困扰时，才有可能进行那样的交谈。他

[①] 格兰维尔（Joseph Glanvill，1636—1680）：英国作家、哲学家、牧师，代表作有《教化的虚荣》等。

们的生活必须相当富足，并且一定没有什么大事在困扰他们的灵魂。他们必须重视文明程度的不断提高。他们必须重视礼仪、注意自己的仪容（不是有人说，优秀的散文应该像衣着考究的人所穿的衣服，得体而不招摇？），他们必须害怕烦扰别人，他们既不过于轻佻、也不太过严肃，他们总是恰如其分。他们必须以批判的眼光看待热情。这是一块非常适合散文的土壤，它创造了最合适的机会。现代最优秀的散文大师伏尔泰能在此时出现，其实并不足为奇。也许英国的作家，受到英语本身具有的诗性特质的影响，很难那样登峰造极。而对伏尔泰来说，那是如此自然的一个过程。但英国作家已经达到了不少法语文学大师的平易、清醒和精准，就这一点来说，他们就值得我们仰慕了。

悦耳是我提到的三大特征中的最后一点。当我们谈到悦耳的重要性时，就必须依赖于敏锐的耳朵。然而很多读者，还有许多可敬的作者，却缺乏敏感的耳朵。正如我们所知，诗人总是大量使用头韵。他们经人劝说后认为，声音的重复能带来美感。我觉得散文不是这样的。在我看来，在散文中，只有存在特殊原因时，才需要使用头韵。如果随意使用头韵，会让人的耳朵非常难受。但随意使用头韵的现象非常普遍，因此我们只能假设，并不是谁都讨厌头韵。很多并不讨厌头韵的作家，会把两个押韵的词放在一起使用，用一个长得可怕的形容词，去修饰一个长得可怕的名词；或者在一个单词的结尾和另一个单词的开头中间，插入一个能让你的下巴都掉下来的超长辅音连接词。这都是一些小例子,但这就足够明显了。我提到这些例子,只是为了证明:如果认真的作家会写出这样的文字,那只是因为他们没长一对好耳朵。词语也有自己的分量、声音和外观。只有考虑到这些,你才能写出既悦目又悦耳的句子。我看过很多关于英语散文写作的书,但我觉得看后没什么裨益。因为它们大多数写得过于含混、偏重理论,并且常常带有过多的指责。但你不能这样评论福勒①编著的《现代英语用法词典》。这是一部很有价值的文献。我不认为,有哪个人的写作水平高得无法从这部书中受益。这是一本极为生动的读物。福勒喜欢简洁、直白和常识,他对夸夸其谈的作品没什么耐心。他持有一种明智的见解:习语是一种语言的支柱,而且他非常喜欢生动的表达。他并不奴颜婢膝地崇拜逻辑,愿意让语法给惯用表达让路。英语语法很难,很少有作家能够不犯语法错误。举个例子,即便是像亨利·詹姆斯②那样谨慎的作家,偶尔也会写出违反语法规则的句子。如果一个校长发现了学生作文中这样的错误而大发脾气,是完全可以理解的。懂语法是必须的,符合语法的作品,当然比不符合语法的作品更好。但我们别忘了,语法是人们从常用语言中提取出来的,使用才是唯一的检验标准。和一个符合语法的短语相比,我更喜欢使用平易自

---

① 福勒(Henry Watson Fowler, 1858—1933):英国词典编纂家、英语用法专家、教师,代表作有《现代英语用法词典》《简明牛津英语词典》等。

② 亨利·詹姆斯(Henry James, 1843—1916):美国小说家,1915 年加入英国国籍,代表作有《一个美国人》《一位女士的画像》等。

然的短语。法语和英语的一大区别就是，法语可以做到既符合语法又非常自然，但英语未必总是如此。英语写作中存在的一大难点就是：词语念出来的声音，胜过了印刷字的外观。我曾百般思索过文体问题，也因此受了不少煎熬。在我写下的文字中，很少有我觉得不需要再改进的；相反，因为不满而置之一旁的文字，却多得不胜枚举。因为，尽管我付出了不少努力，却无法改进那些文字。约翰逊曾经这样评论蒲柏①：他永远不会因为忽略一个错误而不加改正，也不会因为绝望而放弃改正。我不能这样评论我自己的作品。我不能随心所欲地写作，只能尽我所能地写作。

但福勒并没有长一双灵敏的耳朵。他没有意识到，简洁有时得向悦耳做出妥协。如果一个牵强的、老式的、甚至矫揉造作的词语，比一个直接、明显的词语更加动听、或更能让句子实现平衡，那么我不认为它是不恰当的。但是我得马上补充一句，尽管我认为，你可以毫无顾虑地为了动听悦耳而做出让步，你却不应该使用会让意义变得模糊的词语。写得不清不楚是最糟糕的。明晰是无可反驳的；而唯一可以反驳简洁的理由，就是行文枯燥。你想象一下，戴上卷曲的假发还不如秃顶，你就会明白，值得冒这个险。但说到声音悦耳动听，你必须考虑到一个危险。叠用悦

---

① 蒲柏（Alexander Pope, 1688—1744）：十八世纪英国最伟大的诗人，代表作有《伊利亚特》《奥德赛》《田园诗集》《批评论》等。

耳的词汇，有可能导致语言单调、失去抑扬顿挫之美。乔治·莫尔[①]刚开始写作时，他的文风非常糟糕，以至于会让你产生这样的印象：他一定是在用一支秃笔，在包装纸上写作。但他逐渐形成了一种极具音乐美的英语文风。他学着写那种会给耳朵带来朦朦胧胧的倦怠感的句子。他非常喜欢这种句子，写多少都不会厌倦。他没能避开单调，就像海水拍打遍布卵石的海滩一样，那声音是多么让人镇静，很快你就不再感知到它的存在了。那声音是如此的流畅，让你想找一些噪音，寻找一种突然而至的不调和，打断这种丝绸一样柔滑的和谐。我不知道，如何才能避免这一点。我想最佳的办法是，作者能拥有比读者更易感知无聊的感官，这样他就会比读者更早地感到乏味。我们必须永远对风格主义保持警惕，如果一些韵律很轻易流诸笔端，那么我们就该问问自己，它们是不是已经沦为了一种下意识行为。一个作家已经形成的表达自我的习惯用法，在哪个地方失去了其独特的风味呢？想要发现这点是很困难的。正如约翰逊博士所说，一旦形成了自己的特定风格之后，就很少能轻松自如地写作了。我很欣赏马修·阿诺德[②]那与其写作目的非常匹配的文风，但我不得不承认，他的风格主义有时让人烦恼。他的风格就像一种工具，一旦形成

[①] 乔治·莫尔（George Moore，1852—1933）：爱尔兰小说家、诗人、戏剧家、批评家，代表作有《一个青年人的自白》《爱洛依丝和阿贝拉》《我的死了的生活的回忆》等。

[②] 马修·阿诺德（Matthew Arnold，1822—1888）：英国诗人、评论家，代表作有《评论一集》《评论二集》《文化与无政府主义》《吉普赛学者》《色希斯》等。

之后就一劳永逸、永无改变，而不像人的双手一样，能够自如地做出各种动作。

如果你能写出清晰、简洁、悦耳的作品，同时还能写得生动活泼，那么你就能完美地写作了：你将像伏尔泰那样写作。然而我们知道，追求生动会导致多么致命的后果：有可能会变成梅瑞狄斯[1]那种令人厌倦的杂耍表演。麦考莱[2]和卡莱尔[3]的作品各有各的吸引力，但都付出了"不自然"这一高昂的代价。他们俗丽的文字，会分散注意力，毁掉作品的说服力。如果一个男子拿着铁环，每走两步就从铁环中跳过去一次，那么你就不会相信他是在认真地犁地。优良的文风应该没有刻意为之的痕迹。你所写下来的一切，都应该像是信手拈来的。我觉得现在法国文坛没人比柯莱特[4]的写作风格更令人钦佩。她的表达是如此自如，你根本不会认为，她写作时要费什么劲。有人告诉我，有的钢琴家演奏曲子时宛如行云流水，而大多数演奏者只有在付出不懈努力之后，才能达到那样的水准。我愿意相信，有的作家也幸运地拥有那样的天赋。并且我倾向于认为，柯莱特必然是其中之一。我问过她这个问题。当我听说，她会翻来覆去地写上很多遍时，我惊讶万

---

[1] 梅瑞狄斯（Geirge Meredith, 1828—1909）：英国维多利亚时代的小说家、诗人，代表作有《利己主义者》等。

[2] 麦考莱（Thomas Babington Macaulay, 1800—1859）：英国历史学家、诗人，代表作有《古罗马叙事诗》等。

[3] 卡莱尔（Thomas Carlyle, 1795—1881）：苏格兰哲学家、讽刺作家，代表作有《法国大革命》《论英雄》等。

[4] 柯莱特（Sidonie-Gabrielle Colette, 1873—1954）：法国国宝级女作家，代表作有《克罗蒂娜》系列、《流浪女》等。

分。她告诉我，她常常会把一整个早上的时间，花在一页稿纸上。作家如何取得那种自如的文风呢？这点并不重要。对我来说，假如我能取得那种自如的文风，那只能是艰苦努力的结果。我很少能一下子找到不牵强、不俗套、恰到好处的字眼或措辞。

四　阅读让我意识到，别把自己太当回事

我曾经看到，阿纳托尔·法郎士[①]曾试图只使用那些他崇拜的十七世纪作家用过的句法结构和词汇。我不知道这是真是假。如果是真的，那就能够解释，为何他那优美、简洁的法语，似乎缺乏一种生气。但如果因为无法用特定的方式进行表达，就略去本该说明的东西，那这样的简洁是不对的。我们应该根据自己所处的时代进行写作。语言是活生生的，是不断变化的。试图像远古的作家那样写作，只能让作品显得不自然。我会毫不迟疑地使用当代的常见语汇，尽管我明知它们只会流行一时；也会毫不迟疑地使用当代的行话俚语，尽管我明知，十年之后就没人明白它们

[①] 阿纳托尔·法郎士（Anatole France, 1844—1924）：法国作家、文学批评家，诺贝尔文学奖获得者，代表作有《金色诗篇》《波纳尔之罪》等。

的意思了——假如这些常见语汇和行话俚语鲜明生动、有真实感的话。如果风格具有一种经典样式的话，它一定支持"谨慎使用那些只在部分地区短暂流行的措辞"这一观点。我更能接受有市井气的作家，而非矫揉造作的作家。因为生活本身是市井气的，而作家所要表现的正是生活。

我认为，我们这些英国作家，有许多地方得向美国同行们学习。因为，美国人的写作避开了詹姆斯国王钦定本《圣经》的荼毒，而且美国作家较少受到过去那些文学大师的影响。而那些大师的写作模式，已经成为了英国文化的组成部分。美国作家直接从他们身边的日常语言中汲取的养料更多，由此形成了自己的风格——也许这个过程是不自觉的。在他们发挥出最佳状态时，他们的语言直截了当，充满活力和动力，相形之下我们那更为温文尔雅的文风，似乎带上了一股怠惰无力的气息。很多美国作家都曾做过记者。在文风上，他们的报道比我们的报道更加犀利、有力、形象，这是美国作家的一大优势。我们现在看报纸，就像我们的祖先读《圣经》一样。看报对我们也有好处，因为报纸——特别是那种通俗报纸，能为作家提供一些不能错过的经历。它的原材料直接来自于家畜屠宰场，如果我们嗅到了血腥味和汗味就掉过头去，那么我们就太愚蠢了。我们无法逃避这种日常散文对我们的影响，无论我们多么希望能避开这种影响。但一个时代的新闻作品的文风几乎是完全雷同的，就像是同一个人创作的一样，这样的作品没有任何个人的特点。读读另外一种作品，就能抵制它的影响。只有不断接触离我们这个时代不太遥远的作品，才能做到这一点。这样我们才能建立起评判自己风格的标准，并找到我们应该力争实现的、符合现代意趣的理想风格。对我来说，就这一目的而言，我已经找到了两位最有帮助的作家，他们是黑兹利特①和红衣主教纽曼②。但我不会试着去模仿他们任何一个的风格。黑兹利特会过度修辞，有时他的修饰语就像维多利亚时期的哥特式建筑那样浮华。纽曼的文风略微华丽了一点。但他们的最佳作品都值得我们钦佩。他们的作品很少沾染上时代的印记，简直就像当代作品一样。黑兹利特生动活泼、令人振奋、精力充沛，他的作品既有力度，也有生气。你可以从他的字里行间感受到他这个人，并不是世人所知的那个刻薄、暴躁、难以相处的家伙，而是一个符合他理想境界的人。（而且，存在于我们内在世界中的那个"我"，和那个软弱可悲、值得怜悯的外在世界中的"我"，是同样真实的。）纽曼的文风非常优雅、有音乐感，时而诙谐时而庄重；语词有一种林地般的自然美，成熟老练。两位作家的文风都很明晰，但他们都还没达到最纯粹的品位所要求的那种简洁。在这一点上，我认为马修·阿诺德③超过了他们。但是，

---

① 黑兹利特（William Hazlitt，1778—1830）：英国随笔作家、文学评论家，代表作有《席间闲谈》等。

② 红衣主教纽曼（John Henry Newman，1801—1890）：英国基督教圣公会内部牛津运动领袖，后加入天主教，升任红衣主教，著作有《为自己一生辩护》《基督教教义的发展》等。

③ 马修·阿诺德（Matthew Arnold，1822—1888）：英国诗人、评论家，代表作有《评论一集》《评论二集》等。

这两位的语词都达到了一种美妙的平衡，他们都知道如何才能写出悦目的语句，都拥有灵敏的耳朵。如果有人能在写作中综合他们的优点，并用现代的写作方式写作，那么谁都没法比他写得更好。

　　每隔一段时间，我就会问问自己，如果我把毕生精力全部投入在文学上，那么我能不能成为一个更优秀的作家。但在我的早年——具体几岁我不记得了，我已经下定决心，既然只有一次生命，那么就该尽我所能发挥生命的价值。仅仅把生命用于写作，在我看来似乎是不够的。我希望在我的人生中能形成一种模式。在我的这个人生模式中，写作是一个关键部分，但它还应包括其他正当的人类活动，直到最后死神到来时，给这一模式画上一个圆满的句号。我有许多缺陷。我身材矮小；我有点忍耐力，但缺乏体力；我说起话来结结巴巴；我生性腼腆；我身体不好，我不擅长游戏，尽管游戏是英国人日常生活的重要组成部分。另外，我不知道究竟是由于上述的某个原因，还是出于我的天性，我有一种避开别人的本能，这让我难以熟识他们。我喜欢单独的一个个的人，不太喜欢一群人。我没有那种能吸引初次相遇之人的亲和力。尽管这些年来，我已经学会，在被迫接触陌生人的时候，装出一副热情的模样。我从未一眼就喜欢上什么人。我记得，我从来没和火车车厢中的陌生人或轮船中的其他乘客说过话，除非人家先和我说话。由于体弱，我从未享受过和别人一起开怀畅饮，并因此而酒逢知己、无话不谈的快乐。很多体格更强健的人在酩酊大醉后，会把天下人都当成自己的兄弟。但早在我进入这样的状态之前，我的胃就开始翻江倒海了，我会难受得一塌糊涂。无论对一个作家来说，还是对一个男人来说，这些都是严重的缺陷。我不得不尽量消除它们对我的影响。我一直坚持贯彻我为自己制定的生活模式。我并不是说，那个模式完美无瑕。我认为，就各种具体情况而言，就自然赋予我的有限力量来说，这是我能期待的最佳模式了。

亚里士多德在探寻人类的特殊机能时发现，人类和植物一样能够生长，并且和动物一样拥有知觉，但只有人类具有理性。因此，人类的特殊技能，就是灵魂的活动。由此他得出结论——他的结论和你觉得合理的那个结论不太一样：人类并不应该像人们认为合理的那样、同时培养与这三种功能相关的行为，而应该只追求自身所独有的功能。那些哲学家和伦理学家对人的肉体充满疑虑。他们指出，肉体的满足是短暂的。尽管肉体的享受不会让人一直感到愉悦，但依然是一种享受。在大热天跃入冷水之中让人愉悦，尽管片刻之后，你的肌肤就不再能感受到那种凉意了。无论过了一年还是过了一天，白色都不会变得更白。那么我期待着把这些享受感官愉悦的体验，纳入到我的生活模式之中。我从不担心过度会带来什么害处。偶尔过度让人兴高采烈，这样能防止"适度"变成一种死气沉沉的习惯。这样做能滋养肌体、放松精神。当肉体获得享受而满足时，人的精神往往是最自由的。事实上,有时候你从水沟中看到的群星,比从山顶看到的群星更加明亮璀璨。肉体所能感知到的最强烈的满足,就是性的满足。我认识一些把一生时间都荒废在这方面的人。现在他们已经垂垂老矣,让人吃惊的是,他们认为自己这一辈子并没有虚度。我有一种幼稚的吹毛求疵,让我无法沉溺在这种特殊的快乐之中,这一直是我的不幸。我一直都很适度,因为我很难被取悦。当我时不时地看到那些满足情欲的人时,我惊讶于他们胃口之大,而并非妒忌他们的成功。显然,如果你愿意将就着吃碎羊肉和芜菁叶,你就不需要经常饿肚子了。

由于运气使然,大多数人过着不受自己主宰的生活。很多人受到出生环境的限制并且为生活所迫,被迫走上了一条笔直而狭窄的人生路。在这条路上没有向左转或向右转的可能。对这些人来说,他们的生活模式就是在这条路上形成的,是生活本身强加给他们的。这样的生活模式,没有理由不如那些人们自觉创建的生活模式圆满。但艺术家处于一种有特权的地位。我用了"艺术家"这个词,并不是说,我以此衡量他们作品的价值,只想用这个词来特指那些一心从事艺术的人。我希望我能找到一个更好的词。用"创造者"这个词有点自命不凡,并且它强调原创性,很少有人能做到实至名归。用"工匠"这个词又似乎少了点什么。木匠是工匠,尽管他也能算是狭义的艺术家,但一般来说他没有创作自由,而即便是最没有才华的三流作家、最拙劣的画家,也拥有那种创作自由。在一定限度中,艺术家能随心所欲地创造自己喜欢的生活。对于别的行业来说，比如医学或法律行业，你能自由地选择你是否从事这一行业。但一旦作出选择后，你就失去了自由。你必须受到种种行业规则的束缚，一种行为标准已然强加在你的身上。你的生活模式已经预先确定了。只有艺术家或囚徒，才能自主选择自己的生活模式。

也许是因为我天性爱好整洁，在我还很年轻时，就为自己设计好了生活模式。也许这是因为，我发现了自己具有的某些特质，在后文中我会谈到这个问题。这样做的缺点是，过早设定生活模式，有可能会扼杀自发的萌芽。现实生活中的人物和小说中虚构的人物有一大区别：现实生活中的人都是冲动的动物。据说，形而上学给我们相信直觉的行为，找到了一些糟糕的原因。那么也许我们也可以说，在我们的人生中，我们会深思熟虑地判断，我们想做的事是否是正当的。而向冲动投降，是这一模式的组成部分。我想这样做还有一个更大的缺陷是，这将让你对未来寄予太大的希望。我早就知道，这是我的一大毛病。我一直试着改正过来，但我的努力徒劳无功。除非有意那样去想，我从未期待，已经过去的那一瞬间会停留更长时间，让我能从中得到更多的享乐。因为，即便过去的一瞬的确给我带来了之前曾经热切盼望的东西，我仍然会在得到满足的那个瞬间忙着想象将要发生的一切，将给我带来怎样的愉悦。当我沿着皮卡迪里大街向南行走时，我没有一次不在担心北面正在发生的事情。这是愚蠢的。过去的那个瞬间，是我们唯一能确定的时刻。尽可能地提取其全部价值，乃是人所共知的一种常识。总有一天，将来会变成现在，会变得和此刻一样无关紧要。但常识并没让我受益多少，我并不是觉得现在令人不满意。我只是把现在的一切当成是理所当然的。它已经融入了我的生活模式中，而我感兴趣的是未来将会发生的一切。

我犯过不少错误。有时我会陷入这样一种作家特别容易陷入的倾向之中：希望我能在自己的人生中，做出一些我所虚构的人物所做的事。我曾经试着做出一些完全有悖于天性的事情，并固执地不肯放手，因为我的虚荣心让我不愿坦白承认自己失败了。我太重视别人的看法了。我做出了不必要的牺牲，因为我没有勇气承受痛苦。我做了不少蠢事。我有一颗敏感的灵魂，而我却做了一些让我一生都无法彻底忘却的事情；如果我是一个幸运的天主教徒，我会在告解时一吐为快，并在忏悔赎罪后获得赦免，然后永远把它们抛诸脑后。我会根据常识处理它们。但我不后悔做过这些蠢事，我认为正因为我自己犯过这些严重的错误，才学会了宽容别人。我的确花了很长时间才学会了宽容。年少时我特别不宽容。有次，我听到有人评论道——这一评论并非他的原创，但当时我是第一次听到，"伪善是邪恶向美德的致敬"。我记得我当时的反应是怒不可遏。我当时认为，一个人应该有勇气承担自己的恶行。关于诚实、正义和真理，我有我的理想。让我失去耐心的，并非人的软弱，而是人的懦弱。我不能容忍那些见风使舵或随便妥协的人。我从来没想过，其实没人比我更需要得到别人的宽容。

一眼看去这点似乎很奇怪：在我们看来，自己的罪过似乎没有别人的罪过那样可恶。我想原因是：我们了解引发那些罪过的具体环境，因此能为自己找到借口，却不会为别人找借口。我们不会把注意力放在自身的缺陷上。但是，当某些不幸事件迫使我们不得不面对自己的缺陷时，我们很容易宽恕自己的缺陷。说不定我们这样做是对的。缺陷也是我们的一部分，我们必须接受自己的一切，无论是好是坏。但当我们评判别人时，我们并非根据真实的自我去评判他们，而是根据一个已经排除了那些会让我们的自尊心受到冒犯的东西，或者会让世人看低我们的东西之后的自我形象，去评判别人。我来举个小小的例子：当我们逮到别人说谎时，我们是多么鄙视他。但谁能说，自己这辈子从没有撒过一个谎，甚至从没撒过一百个谎呢？当我们发现，伟人也有软弱、浅薄、诡诈、自私、纵欲、虚荣或放纵的一面时，我们深感震惊。很多人认为，向公众暴露英雄豪杰的弱点，是不体面的。人和人之间的差别并没有那么大。所有人都是伟大和渺小、善良和邪恶、高贵和卑微的结合体。有的人性格更强一些，或者机会更多一些，因此他们的本能在某一方面拥有更自由的发挥空间，但从潜力来说，所有人是一样的。就我自己而言，我并不认为自己比大多数人更好或更坏，但我知道，假如我把我人生中的每个举动、我脑海中曾经涌现的每个想法都付诸笔端，那么世人一定会认为我是一个堕落的魔鬼。

  我在想,如果一个人反省一下自己的那些想法,那么谁还有脸去谴责别人呢?我们人生中的一大部分时间都在幻想中度过,并且,我们的想象力越丰富,我们的幻想就越变化多端、生动形象。我们中有多少人,受得了把这些幻想的内容全都自动记录下来,然后把它们摆在自己面前?我们一定会羞愧难当。我们也许会大喊,我们并非真的那么卑鄙、那么邪恶、那么浅薄、那么自私、那么淫秽、那么势利、那么虚荣、那么多愁善感。但是,毫无疑问,我们的幻想和我们的行为一样,也是自己的一部分。如果有什么能了解我们所有内心深处的想法,那么我们就得为这些想法负责,就像我们为自己的行为负责一样。人们会忘记在自己脑海中游走的可怕思绪,但当他们发现别人有这样的想法时,他们会立刻感到怒不可遏。歌德在他的作品《诗与真》[①]中提到,在他年轻时,他无法忍受他的父亲是法兰克福的一个中产阶级律师这一事实。他觉得,他的血管中一定流动着高贵的血液。因此他竭力说服自己,一定是某个经过这座城市的王子,遇见并爱上了他的母亲,所以他其实是那个王子和他母亲的后代。我所阅读的那个版本的编辑,在这段文字后面加上了一条愤愤不平的脚注。在他看来,歌德为了把自己标榜成一个贵族私生子,不惜损害母亲那清白的声誉,这种行径实在配不上他这个伟大诗人的身份。这

[①] 《诗与真》(*Wahrheit und Dichtung*):歌德晚年所著自传,回忆内容止于作者二十六岁去魏玛的前夜。

当然是不光彩的，但这并非什么反常的事，我敢说，这甚至并非什么不寻常的事。一定有不少富有浪漫情怀和反叛精神，且想象力特别丰富的男孩，曾经有过这样的想法：他们并不是自己那个呆板但体面的父亲的儿子。他们会根据他们自己的特质，将自以为是的优越感，归功于某个未知的诗人、政客或执政的王子。歌德晚年那高贵出尘的态度，让我对他充满崇敬之情。他坦白的这件事，让我更加觉得温暖。因为，一个人即便写出了伟大的作品，他仍然还是一个肉体凡胎。

我猜想，存留在那些圣人脑海中的、违背他们意志的那些下流、丑陋、卑劣且自私的想法，一定在他们将生命献给崇高的事业，并通过忏悔救赎自己过去的罪孽的时候，折磨着那些圣徒。正如我们所知，圣依纳爵·罗耀拉①在去蒙塞拉特②的时候，做了一次总忏悔并得到了宽恕。但他仍然受到罪恶感的困扰，令他几乎想要自杀。在他皈依天主教前，他过着与当时出身良好的年轻人一般无二的生活。他对自己的外貌颇为自负，他通奸、赌博。但至少在一个场合中，他表现出了罕见的宽宏大量，并且他一直都很可敬、忠诚、慷慨、勇敢。如果说，他还没有得到内心的安宁，那似乎是因为，他不能原谅自己的那些想法。即便是那些圣人，也会受到这样的折磨。了解这点多少是一种安慰。我曾经见

---

① 圣依纳爵·罗耀拉（St. Ignatius Loyola, 1491—1556）：天主教耶稣会创始人，西班牙贵族。
② 蒙塞拉特（Montserrat）：英国属地，加勒比海小安地列斯群岛的一个岛屿。

过，世间的那些伟人庄重地端坐在那儿，显得如此地正直、尊贵。我常常问自己，在那样的一些时刻，他们是否会忆起，他们独处的时候，脑子会想些什么；在他们想起自己潜意识中的那些秘密的时候，是否会觉得局促不安。我似乎认为，了解这些幻想是人所共有的，能促使我们更容忍自己、也更容忍别人。了解这点是否也能让我们幽默地看待其他人，即便是那些身居高位、值得尊敬的人；是否也能让我们了解，别把自己太当回事。如果是这样，那也是不错的。当我听到法官在法庭上虚情假意地进行道德说教时，我常常问自己，他们有没有可能像他们的话语所展现的那样，彻底忘记了自己的人性。我一直盼望，在中央刑事法庭的法官席上，除了一束鲜花之外，还放着一包厕纸。这能提醒法官，他和其他人一样，也是一个凡夫俗子。

五　十八岁时，我决定将文学当作终身事业

有人说我愤世嫉俗。有人谴责我把人写得比他们的本来面目更糟糕。我不认为我做过这样的事。我做的只不过是凸显了很多作家忽视的一些特征。我觉得，人们最让我吃惊的地方主要在于他们缺乏一致性。我从没见过始终如一的人。最不相协调的一些特征，可能存在于同一个人身上，并产生了一种貌似合理的和谐，这点让我颇为惊讶。我常常问自己，那些似乎不可调和的个性，如何能在同一个人身上共存。我见过会自我牺牲的骗子、性情温柔的小窃贼、认为是否物有所值事关荣誉的妓女。我能做出的唯一解释是，每个人都本能地相信，自己在世间是独一无二的，并享有某种特权。因此他认为，他所做的事情，无论在别人看来有多少过错，都是可以宽恕的，即便那并不是正常的或者正

确的。我对自己发现的这一人性的对比很感兴趣，但我自认为并没有过于强调这点。人们时不时对我发起责难的原因，也许是我没有明确地对我创作的那些人物的性格缺陷予以谴责，也没有对他们的优点予以赞扬。对别人犯下的罪孽，如果没有影响到我本人，我并没有大感震惊。即便影响到我，一般来说我也学会了宽容他们——我这样做一定是不对的。我满足于不对别人期望太多。如果别人对你好，你应该感恩。如果别人对你不好，你也不应受其扰乱。因为正如那位雅典陌生人①所说，每个人差不多都是由他欲望的取向和灵魂的本质所造就的。人们不能从别人的观点出发看待问题，只能受限于自己的观点，是因为他们缺乏想象力。如果因为他们缺乏这一机能而生他们的气，那就不够通情达理了。

如果我只看到了人们的缺陷，而无视他们的美德，那我应当受到指责。但我想事实并非如此。没有什么比美德更加美好。展现那些根据普通的标准、将受到人们无情谴责的那些人身上的种种美德，常常让我满心欢喜。我展现他们的美德，正是因为我看到了他们身上的美德。有时我似乎觉得，这些人身上的美德更加闪亮，因为它们被罪恶的黑暗包围着。我把好人的美德看作理所当然，当我发现他们的缺陷或罪恶时，我会觉得好笑。而看到恶人的美德时，我会深受触动，并且我非常愿意宽容地对待他们的

---

① 雅典陌生人（Athenian Stranger）：柏拉图《对话录》中的人物，曾经和苏格拉底一起讨论哲学问题。

恶行。我并不是我兄弟的监护人。我不能妄自评判我的同伴们，观察他们就让我满意了。我的观察结果让我相信，总的来说，好人和坏人之间并没有巨大的差异，而那些道德学家却想让我们相信，他们之间存在天壤之别。

总的来说我不会以貌取人。我不知道这种冷静的审查能力，是否遗传自我的列祖列宗。如果他们的天性不够精明、容易受到外表的蒙骗，那么他们不可能成为成功的律师。或者说，这应该归功于：我再见到人时不会过于亢奋激动，而过于亢奋会让很多人"把鹅当成了天鹅"——就像俗语说的那样。我学医时受到的训练，当然也有助于这一点。我不想做医生，除了当作家，我什么都不想做。但我太害羞了，没有把我的想法说出来，而且在当时谁都没听说过这样的事情：一个来自于体面家庭的十八岁男孩，竟然想把文学作为终生事业。这个想法是那样的荒谬可笑，所以我从未想过把这个想法告诉任何人。我一直以为，我会从事法律行业，但我的三个比我年长得多的哥哥，已经在干这一行了，因而这一行似乎也没有我的发展空间了。

我很早就离开学校了。父亲去世后，我被送入预备学校学习，但我在那儿过得并不开心，因为那所学校在坎特伯雷，离我叔叔和监护人担任教区牧师的惠特斯特布尔只有六英里远。它附属于历史悠久的国王学校，我十三岁时按时进入了那所学校。在我念完低年级——那儿的老师都是一些可怕的恶霸——后，我相当满意。但一场疾病迫使我在法国南部悲惨地度过了一个学期。我母亲和她唯一的姐姐都得肺结核死了。当我的叔叔和婶婶发现我的肺也受到了感染后，他们非常担心。他们把我安顿在耶尔的一位家庭教师的家中。当我回到坎特伯雷后，我没有那么喜欢那儿了。我以前的朋友们都已经交上了新朋友，我很孤单。我已经进入了高年级，在缺席了三个月后，我找不到自己的位置了。我的年级主任也在我耳边不断聒噪。于是我劝说叔叔，如果能让我在里维埃拉度过接下来的这个冬天，而不是待在学校里，一定对我的肺大有好处；在此之后如果送我去德国学习德语，对我也很有价值。我可以继续在德国学习进入剑桥大学所必需的科目。我的叔叔是一个软弱的人，而我的那些理由似乎也说得过去。他并不喜欢我，但我不能怪他。因为我觉得我自己并不是一个讨人喜欢的小男孩。此外，花在我教育上的都是我自己的钱，因此他非常乐意让我自行选择。婶婶非常赞成我的计划。她自己是个德国人，身无分文但出身高贵；她家有一枚盾形纹章，上面有扶盾人的图案和大量四分纹，对此她很自豪。我在别处提到过，尽管她只是一个穷牧师的妻子，她却不愿去拜访一个富裕银行家的妻子——他们就住在附近的一套避暑小屋中，因为他们是经商的。她进行安排，让我住在海德堡[①]的一户人家中，那是她从慕尼黑的亲戚那儿打听来的。

---

① 海德尔堡（Heidelberg）：坐落于内卡河畔，是德国著名的旅游文化之都。

但是，当我从德国回来时，我已经十八岁了，我对自己的未来早已有了明确的想法。我比以前更加快乐。我第一次尝到了自由的滋味，无法想象进入剑桥学习、再次受到束缚的生活。我觉得自己已经长大成人了，迫切地想要立刻开始真正的生活。我觉得不能再浪费一分一秒了。叔叔一直希望我做牧师，尽管他应该知道：我患有口吃，没有一个职业比牧师更不适合我。当我告诉他我不想去念大学时，他一如寻常的漠然接受了我拒绝去剑桥的意见。我还记得当初关于我该从事什么职业的那场荒唐讨论。有人提议，我该做公务员，于是叔叔写信给他的老朋友、牛津大学的同学征求意见，那个人现在在内政部身居要职。那个人回信说，由于考试制度和由此进入政府部门的工作人员的阶层，现在那儿已经没有位置可以给一位绅士了。于是问题解决了。最后的决定是，我应该成为一名医生。

我对医生这个职业没有兴趣，但我能利用这个机会在伦敦生活，并获得我渴求的生活经历。1892年秋，我进入圣托马斯医院学习。我发现头两年的课程非常枯燥，因此除了应付考试之外，我没有付出更多的努力学习。我绝不是一个让人满意的学生，但我获得了梦寐以求的自由。我喜欢拥有自己的住所，在自己的住所中，我可以做我自己：我把住所整理得漂漂亮亮、舒舒服服，并以此为傲。我把所有的闲暇时间，还有应该学医的时间，都用来阅读和写作。我博览群书，在一本本笔记本上写满了对各种故事和戏剧的看法、对话和思考的片段。这些关于我阅读的书籍和各种经历的思考，都很率真。我没怎么涉足医院的生活，也没在那儿交什么朋友，因为我忙着做其他事情。但两年之后，当我成为一个门诊部的文书时，我逐渐对医院的事务产生了兴趣。没过多久，我开始在病房中工作，我对医院的兴趣变得更浓厚了。有次，在给一具高度腐烂的尸体验尸之后，我得了化脓性扁桃体炎，不得不卧床休息，但我迫不及待地盼望能早日痊愈，继续履行我的职责。为了获得证书，我必须参加几次分娩手术。这意味着，我得前往伦敦朗伯斯区的一些贫民区，进入一些连警察也不愿轻易入内的肮脏院子，但我的黑色医生包给我提供了充分的保护：我发现工作很有吸引力。在一段短暂的日子中，我需要日夜值班，为紧急病例提供急救。这活儿让我精疲力竭，但也让我非常兴奋。

六　在医院，我学会观察人性的艺术

因为，在这儿我接触的是我最想要的东西——原汁原味的生活。三年中，我充分见识了人类所能表达的每一种情感。它开发了我的戏剧潜能，激发了我的小说家潜质。即便是四十年后的现在，我仍然清晰地记得当初见到的一些人，甚至能画出他们的模样。当时我听到的一些话语，至今仍然在我的耳朵中回荡。我目睹了人们怎样死去、怎样忍受痛苦。我见识了希望、恐惧和解脱是什么样的；我目睹了绝望在人们的脸上画出的那一条条暗纹。我也见证了勇气和坚定。我目睹了人们眼中如何闪耀着充满信心的光芒——他们相信的东西，在我看来只是一种幻想；我还见证了豪侠一般的骑士风度：一名男子用嘲讽的玩笑话来面对死亡的预言，因为他很骄傲，不愿让别人看到他灵魂深处的恐惧。

在那段时期（对大多数人来说，那段日子相当轻松，和平是肯定的，繁荣也能指望），有一些作家美化了苦难的道德价值。他们声称，苦难有益于身心健康；他们声称，苦难会让人们更富有同情心、也更加敏感；他们声称，苦难为人们开辟了通向美好的新道路，让我们的灵魂得以接触神秘的天国；他们声称，苦难能让人的性格更加坚强，能提纯人性，使其脱离人类的粗俗，并给那些没有刻意躲避苦难、而是刻意追寻苦难的人，带来更完美的幸福。一些鼓吹苦难的书籍大获成功，那些书籍的作者——他们住在舒适的房屋中，享用着一日三餐，并且拥有健康的体魄，因此而声名大噪。我在笔记本上写下了我看到的事实，不是写了一遍两遍，而是在几十个地方提到了这些事实。我知道苦难并不会让人更高贵，反而会让人更卑微。苦难会让人变得自私、卑鄙、琐屑、猜忌。苦难会令人把精力全部消耗在小事上。苦难没有让人更像一个人，而是让人更不像一个人。我毫不留情地写道，让我们学会顺从的，并不是我们自己所承受的苦难，而是别人的苦难。

对我来说，这一切都是珍贵的经历。我不知道什么样的训练，比在医疗行业中干上几年对作家更有帮助。我猜，也许在律师事务所中，也能对人性有很多了解。但总的来说，在律师事务所，你所面对的那些人，都是能完全控制自己的人。人们在律师事务所撒的谎，也许和在医院中撒的谎一样多，但他们在律师那儿撒起谎来更加连贯一致。这也许是因为，律师并不需要知道真相。此外，律师最关心的通常是材料。他从一个专业化的角度，见识了各种各样的人性。但医生，特别是医院中的医生，看到的是赤裸裸的人性。一般来说，他们能让沉默寡言的人开口说话，而更常见的情况是，根本就不存在沉默寡言的病人。在很大程度上，恐惧足以击垮一切防线，即便虚荣心也没有藏身之所。大多数人都很喜欢谈论自己，只有别人不想听他们说话时，他们才会三缄其口。对大多数人来说，矜持都是一种后天习得的性格特点，是在遭到多次断然拒绝后的结果。但医生很慎重，倾听是医生的职责所在。对医生的耳朵而言，没有什么细节是过于私密的。

　　当然了，人性也有可能在你面前展露出来。但是，如果你没有一双慧眼，你也许什么都学不到。如果顽固的偏见已经先入为主，如果你的性格多愁善感，那么也许在你穿过医院的那些病房后，仍然和没去过那儿时一样一无所知。如果你想从这样的经历中受益，你必须有开放的思想，并对人类感兴趣。我认为自己很幸运，因为尽管我并不是特别喜欢人，但我觉得人很有趣，我几乎不会对他们感到厌烦。我并不是特别喜欢说话，但我非常乐意聆听。我并不在乎人们是否对我有兴趣。我没有向别人传授我所学知识的愿望。如果他们错了，我也觉得没有必要纠正他们。如果你能保持冷静，便能从乏味的人身上，发现许多有趣的地方。我记得，有次在外国，一个好心的女士一定要带我四处转转，所以我随她坐在车里兜了个风。她说的都是一些老生常谈的观点，而且她的话语中充斥着陈词滥调，让我不屑去回忆她说了什么。

但她说的一个词，却和少数几句隽言妙语一样，深深地印在了我的脑海中。当时，在我们经过海边的一排小屋时，她对我说："这些是周末小屋，你能明白我的意思吗？换句话说，人们会在周六来到这些小屋中，在周一离开。"如果我错过了这句话，一定会很遗憾。

我不想和无趣的人相处太长时间，但我也不想和有趣的人相处太长时间。我发现社交让人筋疲力尽。我想，与人交谈会让大多数人感到既兴奋又轻松。对我来说，与人交谈一直都是一件费劲的事。在我年轻时，我口吃得厉害，长时间说话会让我疲惫万分。即便现在，在某种程度上，我已治好了自己的口吃，但交谈仍然会让我紧张。我能离开社交场所去看一本书的时候，对我来说就像是一种解脱。

无论什么时候，我都绝对不会宣称，在圣托马斯医院度过的那些岁月，让我完全了解了人性。我想谁都不该抱有那样的奢望。四十年来，我一直在有意识或无意识地研究人性，但我仍然发现人类难以描述。我所熟悉的人，也许会做出让我全然意想不到的举动，或者，他们会暴露出我之前从未意料到的某种性格特点，让我大吃一惊。也许是因为我受到的那些医学训练，让我产生了扭曲的观点。在圣托马斯医院中，我接触的大多是一些病人、穷人、没有受过多少教育的人。我试着避免这种情况，我也试着避免让自己产生先入为主的偏见。我对别人缺乏天生的信任。我更倾向于认为，他们会做坏事，而不是做好事。这是拥有幽默感所要付出的代价。幽默感会引导你在人性的矛盾中找到乐趣，引导你不相信那些伟大的誓言，总想寻觅其背后所隐藏的毫无价值的动机。表象和现实之间的不一致，会让你高兴。当你没发现这种不一致时，你还乐意去创造这种不一致。你对真、善、美闭上眼睛，因为它们不能给你的荒诞感提供发挥余地。富有幽默感的人能一眼识别骗子，却未必能认出圣人。但是，如果说带着偏见看人，是拥有幽默感所必须付出的沉重代价，那么幽默感也能带来有价值的补偿。当你嘲笑别人时，你不会生他们的气。幽默感能让人学会宽容。幽默的人会笑一笑，也许再叹口气，更有可能会耸一耸肩，而不是谴责别人。他不会向别人说教，因为他能理解别人并满足于此。而理解就意味着怜悯和宽恕，真的是这样。

但凭借这些年来我一直试着记住的那些事情，我必须承认，我在随后那些年中的经历，只不过证实了我当年在圣托马斯医院的门诊部和病房中所做出的对人性的观察。我当年并非有意观察人性，而是无意识的，因为我那时还很年轻。自从在那儿看到各种各样的人之后，我一直在观察他们，并且把他们塑造了出来。我的画像也许不够真实，我知道很多人觉得那样的画像让人不快。毫无疑问我的画像是片面的，因为毫无疑问，我是带着自己的眼光来看待别人的，这点很自然。一个活泼、乐观、健康和敏感的人看到的一个人，也许和我看到的那个人完全不同，尽管那其实是同一个人。我只能说，我看到了他们的整体。在我看来，很多作家似乎根本没有进行观察，只是凭着自己的想象创造出量身定做的人物。他们就像是凭着记忆绘制古董图案的画师，从没想过根据活生生的模特作画。他们充其量只能给自己头脑中的幻想，塑造出一幅活生生的形体。如果他们思想高尚，他们就会给你塑造出一些高尚的人物。即使这些人物缺乏日常生活中必有的无限复杂性，那也没什么关系。

我一直是根据活生生的模特进行创作的。我记得，一次我在解剖室中复习功课时，示教讲师问我，某一条神经叫作什么神经，我回答不上。他告诉了我。我马上提出了异议，因为那条神经所在的位置不对。但他坚持说，这就是我徒劳无功地找了半天，却依然没找到的那条神经。我抱怨说，这是异常情况。他笑着说，在人体解剖中，完全正常的情况才是罕见的。当时我被惹恼了，但这句话深深留在了我的脑海中。从那时起，我被迫认识到，解剖学是这样，人性也是这样。完全正常的情况非常罕见，完全正常只是一种理想。那是根据人类的一般个性特征拼接而成的一幅图景，想在某一个个体身上找到所有这些特征，几乎是不可能的。我刚才提到的那些作家，就把这样一副虚假的图景当成了他们的模特。他们描绘的对象是如此罕见，因此很少能给人带来一种真实感。自私和厚道、理想主义和肉欲、虚荣、羞涩、公正、勇气、懒惰、紧张、顽固和内向，这些性格特征都能在一个人身上共存，并形成一种貌似真实的和谐。说服读者相信这一事实,已经花去了我很长时间。

我认为,过去几个世纪的人和我们今天认识的人,并没有什么本质上的不同。但在他们的同代人眼中,他们的性格一定比我们现在了解的更一致,否则作家们就不会那样去表现他们了。按照人的脾气性格去描绘他,似乎是很合理的。守财奴除了吝啬之外就没有别的了,花花公子就是纨绔浮华,贪吃鬼就是饕餮成性。似乎谁都从没想到,守财奴有可能浮华并且贪吃,而我们经常看到这样的人。更少有人看到,那个吝啬鬼也是一个诚实、正直的人,他对公共事业有一种无私的热情,并且对艺术有一种真正的激情。当小说家开始揭示他们从自己或别人身上发现的人的多面性时,人们就会指责他们是在诋毁人类。据我所知,第一个故意这样做的小说家,是写《红与黑》的司汤达[1]。同时代的批评家们对此义愤填膺。即便圣伯夫[2]——他只需要观察一下自己的内心,就能发现各种矛盾的特质能和谐共存——也严厉地斥责他。于连·索雷尔[3]是小说家们创作过的最有趣的人物之一。我并不认为,司汤达成功地把他塑造成了一个合情合理的人,但我相信这另有原因,我会在本书中的其他地方提到这些原因。在小说的前四分之三,他是一个高度一致的人。有时他让你毛骨悚然,有时

---

[1] 司汤达(Stendhal, 1783—1842):原名马里-亨利·贝尔(Marie-Henry Beyle),"司汤达"是他的笔名。司汤达是著名的十九世纪法国批判现实主义作家,代表作有《阿尔芒斯》《红与黑》《帕尔玛修道院》等。

[2] 圣伯夫(Charles Augustin Sainte-Beuve, 1804—1869):法国文学批评家,是将传记方式引入文学批评的第一人,代表作有《文学肖像》《周一的讨论》等。

[3] 于连·索达尔(Julien Sorel):司汤达著名小说《红与黑》中的主人公。

他却富有同情心。但这个人物的性格有一种内在的一致性,所以尽管他经常让你战栗,你还是能接受他。

早在司汤达之前,就有人在这一方面取得了成功。才华横溢的巴尔扎克①根据旧的模式创作人物。他把他们塑造得非常生动,几乎让读者把他们当成了真实人物。但实际上,他们和古代喜剧②中的人物一样滑稽。他笔下的人物让人难忘,但都是作家以其主要志趣作为出发点而塑造出来的,其主要志趣还影响了那些和他们接触的人物。我猜想,将人看成是同质的,是人的一种天生的、先入为主的印象。塑造一个非此即彼、没有悬念的人物——要么就是个完美无瑕的人,要么就是一个道德败坏的卑鄙小人,显然会更容易一些。一个救国英雄竟然是个吝啬鬼,或者那个给我们打开了新视野的诗人竟然是个势利鬼——这样的一些发现会让人不安。我们天生的自我主义思想,会促使我们根据别人与我们的关系来评判别人。我们希望他们是这样的或者那样的,对我们来说,他们就是这样的人,而关于他们的其他特征对我们没有用处,所以我们将那些都一概忽略了。

这些原因也许解释了:为何人们不愿接受多面的、矛盾的人物性格;为什么当忠实的传记作家揭示了真实的名人之后,读者

---

① 巴尔扎克(Honoré de Balzac,1799—1850):法国批判现实主义小说家、剧作家,被称为"现代法国小说之父",代表作有《人间喜剧》《朱安党人》《驴皮记》等。

② 古代喜剧(Old Comedy):指公元前五世纪前后古希腊的旧喜剧。

会沮丧地抛开那些作品。《名歌手》①五重奏的作曲家,在金钱问题上并不老实,并且对那些帮过他的人忘恩负义,想到这点的确让人苦恼。但如果他没有这些重大缺陷的话,也许他也就没有那些了不起的优点了。有人说,我们应该忽略名人的缺陷,我不认为这种说法是对的。我觉得我们最好还是了解一下他们的缺点。这样的话我们就能相信:尽管我们知道自己有和他们一样的明显缺点,但这并不会妨碍我们拥有和他们一样的优点。

我在医学院受到的训练,除了教我学会观察人性之外,还让我掌握了最基本的科学知识和科学方法。在那之前,我只关心艺术和文学。我在医学院掌握的知识非常有限,因为当时的课程要求不高。但无论如何,它给我指了一条路,带我通向了一个我一无所知的领域。我渐渐了解了一些科学原理,由此得以匆匆一瞥的那个科学世界,是完全唯物主义的。由于许多科学观念和我自己的一些先入为主的想法不谋而合,我很乐意接受它们。因为正如蒲柏所说,让人们说他们想说的,但别去附和别人的意见,除非别人和自己的意见是一致的。我很高兴地了解到:人(本身也是自然进程的产物)的思维是大脑的功能,和人体其他部位一样,人的思维也受到自然法则中因果律的支配,而这些自然法则就是支配恒星和原子运动的那些法则。宇宙不过是一台巨大的机

---

① 《名歌手》(*Meister singer*):即歌剧《纽约堡的名歌手》,十九世纪德国著名作曲家瓦格纳(Wilhelm Richard Wagner, 1813—1883)的名作。

器，其中的万事万物都受到之前发生的事物的影响，因此任何事物都不能脱离原来的面目而存在。这样的观点让我大喜过望。这些观念不仅迎合了我的戏剧潜能，还让我尝到了一丝自由的可口滋味。年轻气盛的我非常欢迎"适者生存"的假设。地球不过是绕着一颗正在逐渐冷却的二等恒星旋转的一些泥土；创造了人类的生物进化过程，会通过迫使人类不断根据环境作出改变，剥夺人类拥有的一切特质，只保留那些能让他抵御日益严寒的天气的特质；最后，地球会成为一片冰磴，再也无法支持任何生命体。当我了解这些后，我感到满意极了。我认为，我们就像可怜的木偶，被无情的命运牵着鼻子走；而且由于受到无情的自然法则的束缚，我们注定会为了生存下去进行永无止境的无望抗争，并且会不可避免地被击败。我了解到，人不过是受到野蛮的利己主义思想驱动的动物，爱不过是为了物种的延续，是自然和我们开的一个龌龊的玩笑。而且我断定，无论人们给自己设立了什么样的目标，他们都受到了蒙蔽。因为除了自私自利的快乐之外，人类不可能有什么别的目标。有次，我恰好帮了朋友一个忙（至于为了什么原因，我连想都没有多想，因为我已明白，人类的一切行为，都出自于一片私心），他想表达自己的感恩之心（他当然不必这么想，因为我显然是出于好心），问我想要什么礼物。于是我毫不迟疑地回答，我想要赫伯特·斯宾塞[①]的《首要原理》。我心满

[①] 赫伯特·斯宾塞（Herbert Spencer，1820—1903）：英国哲学家、社会家，著名的"社会达尔文主义之父"，著作有《社会静力学》《人口理论》《心理学原理》等。

意足地读了这本书，但我无法忍受斯宾塞对社会进步所持的优柔寡断的看法。我所了解的世界，正在变得越来越糟糕。一想到我的那些遥远的后代——他们早已忘了艺术、科学和手工艺，赤裸裸地蜷缩在洞穴中，眼巴巴地等待寒冷和永夜的来临，我就高兴万分。我是个极端的悲观主义者。但总的来说，我照样能从生活中找到很多乐趣，因为我有充沛的精力。我野心勃勃，想让自己成为一个名满天下的大作家。无论什么活动，只要它能给我带来更多我想要的经历，我就会去参加。无论我手头有什么书，我都会去读。

七　我是一个后天造就的作家

　　那段时间，我和一群年轻人一起生活。他们的天赋似乎比我高得多。他们会写作、画画、作曲，他们的天赋让我妒忌。至于他们具有的艺术鉴赏力和批判性本能，我已经不再奢望获得了。在这些人中，有几个尚未大展宏图已然夭折，其余在世的也默默无闻。现在我明白了：他们所拥有的，不过是年轻人的天然创造力。写散文、写诗、在钢琴上弹出几首小曲、画画——很多年轻人都有这样的本能。这是玩耍的一种形式，因为他们当时还年富力强。其实这并不比孩子在沙地上筑城堡更重要。我想一定是我自己太天真朴实了，所以我如此欣赏朋友们的天赋。如果我不是那么无知，我也许就能发现，那些我以为是他们原创的观点，其实只是二手的；而他们的诗句和他们的音乐，更多来自于他们的好记忆力，而并非源自于他们生动的想象。我想说的是：他们的这种天赋，就算不是人所共有的，也是非常普通的，不能让人从中得出任何结论。年轻就是一切灵感的源泉。艺术造成的一大悲剧就是：很多年轻人受到这一转瞬即逝的多产创作力的误导，将他们的一生投入到了创作的努力中。随着年龄的增长，他们的创作才华抛弃了他们。现在他们面临着前方漫长的岁月，但他们已经不适合再去从事那些更为单调乏味的职业了。于是他们绞尽脑汁，想要获取创作素材，结果却一无所获。如果他们能从事和艺术相关的新闻或教育工作并借此谋生，那他们就是幸运的，当然我们能了解他们内心的痛苦。

当然，只有那些天生拥有这种才能的人，才能成为艺术家。如果没有这样的才能，他就无法拥有才华。但才能也只是才华的一部分。我们每个人一开始都生活在只有自己意识相伴的孤独世界中。我们凭借从外部获得的数据，随着我们和他人的交流，并根据自己的需要构建了我们的外部世界。由于我们都是生物进化过程的产物，我们所处的环境也多多少少地具有相同之处，所以我们构建的外部世界也是大同小异的。为了简单和方便，我们认同，我们的外部世界是同一的，并称之为一个共同的世界。艺术家的特殊性就在于，他在某些特别的地方和别人不同，因此他构建的外部世界也就截然不同。这种特质是他的资质禀赋中比较好的那一部分。当他所描绘的个人世界的图景能吸引某些人时——或者是出于陌生感、或者是出于内在的兴趣、或者是和他们先入为主的观念相一致（因为我们每个人都和我们的邻居不太一样——尽管我们有可能非常相似,但并不是所有人都能全然接受我们的共同世界),那么他的才华就会得到这些人的认可。如果他是一个作家,他就能满足他的读者们的某些需求。这些读者将在他的引领下,拥有一种优于环境强加给他们的、更让他们满意的精神生活。但另一些人没有受到这种独特个人特质的吸引,他们对这个个人构建的世界没什么耐心——实际上他们会对此感到厌恶,那么艺术家就会对他们无话可说,他们也会否认艺术家的才华。

我不认为天才和才华是完全不同的。我甚至不能确定,它是否依赖于艺术家天然天赋中的巨大差异。举例来说,我不认为塞万提斯[1]在写作方面具有格外的天赋。但很少人会否认他是个天才。同样,在英语文学中也很难找到比赫里克[2]更有天赋的诗人,但没人可以宣称,除了令人愉快的才华之外,他还拥有别的什么优点。在我看来,天才是天然的创作天赋和个人特质的综合。而这种独特的个人特质,让天才能从个人的制高点看待世界,同时具有一种不是吸引这类人或者那类人,而是吸引所有人的普世情怀。他的个人世界和普通人的个人世界相似,但相对更为丰富、凝练。他能与所有人交流。所有人都能感觉到,他向世人传达的那些内容非常重要,尽管他们无法说清究竟重要在什么地方。他

---

[1] 塞万提斯(Miguel de Cervantes Saavedra, 1547—1616):文艺复兴时期西班牙小说家、剧作家、诗人,代表作有《唐吉诃德》《训诫小说集》等。

[2] 赫里克(Robert Herrick, 1591—1674):英国资产阶级时期和复辟时期的"骑士派"诗人之一,代表作有诗集《西方乐土》等。

极为正常。他凭借令人愉快的意外禀赋和充沛活力，以大多数人看世界的健全方式，观察拥有无限多样性的生活。用马修·阿诺德的话来说，他能稳定地、全面地看到所有一切。但一百年中只能出现一两个天才。解剖学的原理在这儿再次适用：没有什么比正常的事物更加罕见。现在有很多人，看到某个人写了半打令人满意的戏剧，或者画了二十幅还不错的画，就赞美那个人是天才。这样做太愚蠢了。拥有才华是非常棒的，但很少人拥有才华。仅仅依靠才华只能成为二流艺术家，但艺术家不必为此而感到不安，因为很多二流艺术家创作出了极为不俗的作品。当你想到，二流艺术家创作出了像《红与黑》那样的小说、像《什罗普郡一少年》[1]那样的诗歌，还有像华托[2]的作品那样的画作，那你就不会为身居二流而感到羞愧了。才华无法让你登峰造极，但能在将你引向顶峰的路上，看到很多意料之外的动人美景：人迹罕至的林间谷地、潺潺流淌的小溪，或者某一处浪漫的洞穴。人的天性是如此率性而为，因而有时当它受命去对人性进行最广阔的探索时，它便会踟蹰不前。它会从托尔斯泰《战争与和平》的异彩中退缩，满意地转向伏尔泰的《老实人》[3]。对很多人来说，一直

---

[1] 《什罗普郡一少年》（*The Shropshire Lad*）：英国诗人阿尔弗雷德·豪斯曼（Alfred Edward Housman, 1859—1936）所著诗集。

[2] 华托（Jean-Antoine Watteau, 1684—1721）：法国十八世纪洛可可艺术画派的著名画家，代表作有《西泰尔岛的巡礼》等。

[3] 《老实人》（*Candide*）：伏尔泰（Voltaire, 1694—1778）哲理性讽刺小说的代表作。

面对着米开朗琪罗在西斯廷教堂①留下的穹顶画作有点困难，但谁都能轻松面对康斯太勃尔②笔下的索里兹伯里大教堂③。

我的交感能力是有限的，我只能做我自己。我部分受天赋的影响，部分受生活环境的影响，所以我只是部分的自己。我不是一个社会人。我无法喝得酩酊大醉，并因此而产生一种对同胞的大爱。欢乐的宴会总是让我多少有点厌烦。当人们坐在啤酒屋中或坐着小船顺流而下并开始纵情歌唱时，我总是静默着不出声。我甚至连一首赞美诗都没有唱过。我不太喜欢被人触碰。当别人挽着我的手臂时，我总要做出些许的努力，才能克制自己不去挣脱别人的手臂。我从来不会忘乎所以，世人的过度亢奋让我讨厌。没有什么比身处一群沉浸在极度欢乐或悲伤中的人之中，更让我感受到自己的冷漠超然。尽管我曾经多次陷入情网之中，但我从没有体验过两情相悦的幸福。我知道，那是生命所能赐予我们的最美好的事物，而且几乎所有人都曾享受过它的美妙，尽管他们也许只享受了极为短暂的一段时光。我最爱的人，都不太在乎我，或者完全不在乎我。而别人对我的爱，让我感到尴尬。这是一种窘境，我不知道该如何处理。为了不伤害他们的感情，我

---

① 西斯廷教堂（Cappella Sistina）：罗马教宗的私用经堂，位于意大利罗马城中，其穹顶有米开朗琪罗所画的《创世纪》壁画，共有九幅，均为宗教题材。
② 康斯太勃尔（John Constable, 1776—1837）：英国风景画家，代表作有《干草车》《白马》等。
③ 索尔兹伯里大教堂（Salsibury Cathedral）：英国著名天主教堂，十三世纪早期的哥特式建筑，位于英国索尔兹伯里市。

经常装出我并未感受到的激情。我试着从他们的爱给我带来的束缚中抽身而出——如果可能的话，就尽量温和地躲开；如果没有这个可能，就只能恼怒地逃离。我妒忌我自己的独立。我无法彻底臣服于谁。所以，既然我从来没有感受到正常人的一些基本感情，那么我的作品当然也不可能具有那种最伟大作家所呈现出的亲密感、人情味，以及动物一般的宁和平静。

让公众置身幕后是很危险的。他们的幻象很容易破灭，然后他们就会迁怒于你，因为他们喜欢的是幻象。他们不明白，你所感兴趣的，是你创作幻象的方式。已经有三十年没人读安东尼·特罗洛普[①]写的作品了，因为他坦白，他每天定时写作，并会留心让自己的书卖个好价钱。

但对我来说，现在我快要走完人生之旅了，隐瞒真相会让我觉得不舒服。我不希望任何人把我想象成比我实际更好。让那些喜欢我的人，接受真实的我，让其他人离我而去吧。我的性格强于我的脑力，我的脑力又强于我的某些特殊的天赋。很多年前，我曾经对一个很有魅力的杰出批评家说过类似的话。我不知道是什么在驱使我这样做，因为我一般不喜欢在人前谈论自己。那是在蒙迪迪耶[②]，那儿几个月前刚刚开战。当时，我们在去佩罗讷的

---

① 安东尼·特罗洛普（Anthony Trollope，1815—1882）：英国维多利亚时代的作家，代表作有《巴彻斯特养老院》和《巴彻斯特大教堂》等。

② 蒙迪迪耶（Montdidier）：法国索姆省的一个旅游古城，位于亚眠东南三十公里处。下文的佩罗讷（Peronne）也是法国地名。

路上停下来吃午饭。我们已经辛苦工作了好几天,能慢吞吞地吃顿午饭是一件赏心乐事,而且我们胃口都不错,因此这顿饭似乎特别好吃。我猜,我喝了点酒,脸有点红。另外我从市场中的一个雕塑发现,蒙迪迪耶正是帕尔芒捷[①]的出生地,就是他把土豆引入了法国。我敢说,这个发现让我兴奋起来。不管怎样,就在我们从容不迫地享用咖啡和美酒时,我突然激动起来,对我自己的才华进行了一番精确而坦率的分析。数年之后,当我在一份重要报纸的专栏中,看到几乎完全引用我原话的一段分析时,我感到惴惴不安。我几乎有点恼怒,因为自己透露有关自己的事情,和让别人讲述你的事情,是很不一样的。如果这位批评家能补充说,这一切都是他听我亲口所说的,那我就会喜欢他了。但我责备了自己。我以为,他认为自己有深刻的洞察力,他爱这么想是很自然的。而且事实就是这样。对我来说这件事有点不幸,因为这位批评家有一定影响力。他文中提到的那些内容,被人们重复引用了多次。在另外一个坦诚的时刻,我告诉我的读者们,我拥有异乎寻常的语言能力。要不是这句话,也许那些批评家永远不会发现这件事。但自那时起,这个形容词就多次被用来形容我,并且是带着贬义。竟然有这么多仅仅和艺术有间接关系的人,如此不屑地看待语言能力,这让我觉得挺奇怪的。

我听说,有的歌手是天生的,有的歌手是后天造就的。当

[①] 帕尔芒捷(Antoine-Augustin Parmentier, 1737—1813):法国军医,曾在法国及欧洲推广马铃薯这一食材。

然，后天造就的歌手也必须有一副好嗓音，但他更应将成功归功于后天的训练。好的品位和音乐能力能帮他弥补器官方面的不足。他的歌声能带来很多欢乐，特别是对内行来说；但他永远不能像天生的歌手那样打动你。天生的歌手那纯粹的、动听的歌声，能让你欣喜若狂。天生的歌手也许没有受过良好的训练，他也许既没技巧也没知识，他也许违背了所有的艺术法则，但他的声音就是有那么一种俘虏你的魔力。当那天籁般的嗓音让你的耳朵沉醉之时，你会原谅他的自由散漫、他的粗鄙庸俗、他的情感外露。我是一个后天造就的作家。但如果我认为，我如今所取得的成果，都应归功于自己刻意的设计安排，那我就太自负了。我常常受到一些非常简单的动机的驱使，去做各种各样的事情。只有在回望过去时，我才发现，我自己在无意识地向着一个目标努力。这个目标就是：培养我的性格，以此弥补我天赋的不足。

　　我有一颗清晰且富有逻辑的头脑，但不够精细，也不够强大。我一直希望自己有更好的头脑。我的头脑还没有我希冀的一半好用，这点过去常常让我恼火。我就像一个只会做加法和减法的数学家，尽管也想进行各种复杂的运算，却知道自己缺乏那样的能力。我花了很长时间才认命了，并说服自己尽力而为。我觉得，无论我从事什么职业，我的头脑足以带我走向成功。有的人只精于自己的专长，对其他事情一概一窍不通，我不是那样的人。如果你想要从事法律、医疗和政治，那么清晰的思维以及对人性的深刻洞察力，是非常有用的。

我有一大优势：从来不缺乏写作主题。我头脑中的故事，总是比我有时间写下来的故事更多。我经常听作家们抱怨，他们想写点什么，但没什么可写的。我记得一位杰出的作家曾经告诉我，为了找到一个写作主题，她正在通读一些概括了所有使用过的情节的书籍。我从未陷入这样的困境之中。正如我们所知，斯威夫特曾经声称，无论什么主题他都能写。于是有人挑战他，让他写一篇关于扫帚柄的论述文。结果他顺利地完成了任务。我几乎想说，我无论和谁在一起待上一个小时，都能找到素材，并且足以写出一个关于此人的、具有可读性的故事。脑子中有这么多故事让人愉快，因为无论你当时的情绪怎样，你都有个故事可以想上一个小时、想上一个星期，你可以让你的想象力尽情驰骋。幻想是创造性想象的基础。这是艺术家的特权。对艺术家来说，这并非像其他人那样在逃避现实，而是他把握现实的手段。他的幻想是有目的的。幻想能给他带来快乐——感官的快乐与之相比顿时黯然失色，并让他确信自己拥有自由。有时，他不愿用沉闷和失落的写作来交换这种乐趣，这也不足为奇。

但是，尽管我创作了这么多作品——这一点都不奇怪，因为这是各种各样的人性带来的产物，我的想象力却非常有限。我只是把活生生的人，置于人物性格所揭示的各种或悲或喜的情境之中。我完全可以说，是他们创作了自己的故事。我并不能坐在宽敞的翅膀上扶摇而上、直上青云。我的想象力从来都不厉害。我对可能性的感知，一直在阻碍我的想象力发挥。我用画架作画，我画的并不是壁画。

八　我是如何训练阅读能力的

我由衷地希望，在我年轻时，有一个睿智的人指导我如何阅读。我在那些读后对我没有什么裨益的书上，浪费了大量时间。每每回想到这点，我就会发出一声叹息。我得到的那一丁点指教，来自于一位年轻人。当时他和我一起住在海德堡的一户人家家中。我就叫他布朗吧，布朗二十六岁从剑桥大学毕业后，取得了律师资格。但他有一点钱，当时物价并不昂贵，所以那点钱够他生活了。他觉得法律这行让人讨厌，决定投身于文学事业。于是他来到海德堡学习德文。我一直了解他的经历，直到他四十年后去世。在二十年的时间里，他以思考如果自己动笔写作会写些什么来自娱自乐。在接下去的二十年中，他以思考如果命运对他仁慈一些，他一定写出了什么作品来自娱自乐。他写了许多诗歌。他既没有想象力，也缺乏热情，而且他的耳朵也有缺陷。他花了好几年时间，翻译柏拉图的对话，但其中的大多数内容经常有人翻译。而且我怀疑，他是否曾经完整翻译过其中的某一段对话。他完全缺乏意志力，多愁善感、自负虚荣。他个子不高，却很英俊，拥有精致的五官和卷曲的头发，长着一双淡蓝色的眼睛，脸上一副沉思的表情。他的外形符合人们对诗人的想象。在无所事事地度过大半辈子后，老年的他谢了顶、形容消瘦，一副苦行僧的模样，因此你有可能把他当作一个多年勤奋而无私地研究学问的大学教师。他那专注精神世界的表情，暴露出一个苦心探索存在的各种秘密，但除了虚无之外一无所获的哲学家的厌世的怀疑主义倾向。在慢慢消耗光了他那笔小小的财富之后，他宁可依赖别人的慷慨施舍过活，也不愿通过自己的劳动赚钱，所以他常常发现自己入不敷出。他一直都是那么自以为是，因此他能无怨无悔地忍受贫困，并超然地看待一次次的失败。我想他一定从未察觉，他是一个可恶的骗子。他的一生就像一个谎言在他弥留之际，如果他知道自己将去向何方——所幸他并不知道，我敢断定，他一定认为自己的一生没有虚度。他富有魅力、从不妒忌别人，尽管他很自私，不愿帮助别人，但也不至于不近人情。他拥有真正的文学鉴赏力。当我们长时间地在海德堡的那些小山上散步时，他和我聊书籍，聊意大利和希腊——其实这两个地方他都不了解，但他激发了我年少时的想象，于是我开始学意大利语。我带着类似改变信仰者的狂热，全盘接受了他告诉我的一切。他让我疯狂地崇拜上了一些作品，尽管时间证明这些作品并没有那么值得崇拜。但我不该因此归咎于他。他刚搬来的时候,发现我正在读从公共图书馆借来的《汤姆·琼斯》①,他告诉我,看这本书也无伤大雅,但我还不如读一读《彷徨中的戴安娜》②。那时他就是一个柏拉图主义者了,他把雪莱翻译的《会饮篇》③送给了我。他跟我聊勒南④、红衣主教纽曼、马修·阿诺德,他认为马修·阿诺德有点俗气。他跟我聊斯温伯恩的《诗歌与民谣》⑤和莪默·伽亚谟⑥的作品。他记得不少四行诗,在我们散步时他会背诵这些诗篇给我听。我既对这种浪漫的伊壁鸠鲁享乐主义充满热情,又对布朗的背诵感到困窘。因为他朗诵诗歌时,就像高教会派的牧师在一个昏暗的地下室中吟诵连祷一样。但是,如果你想成为文化人,而不是一个英国俗人,那么有两个作家的确值得你崇拜,他们是沃尔特·佩特和乔治·梅瑞狄斯。为了达到我所希求的目标,我准备照他说的去做。我大笑着读完了《沙格帕的修面》⑦,这一定让

---

① 《汤姆·琼斯》(*Tom Jones*):传记体小说,是英国小说家亨利·菲尔丁(Henry Fielding, 1707—1754)的代表作。

② 《彷徨中的戴安娜》(*Diana of the Crossways*):英国作家乔治·梅瑞狄斯(George Meredith, 1828—1909)的作品。

③ 《会饮篇》(*Symposium*):古希腊哲学家柏拉图的一篇对话式作品,写的是几位雅典男子在一次酒宴之中的对话,讨论了爱的本质。

④ 勒南(Ernest Renan, 1823—1892):法国哲学家、历史学家、作家,著有《基督的一生》等。

⑤ 《诗歌与民谣》(*Poems and Ballads*):英国诗人阿尔加侬·查尔斯·斯温伯恩(Algernon Charles Swinburne, 1837—1909)的作品。

⑥ 莪默·伽亚谟(Omar Khayyam, 1048—1131):波斯诗人、数学家、天文学家、医学家、哲学家,著有《鲁拜集》等。

⑦ 《沙格帕的修面》(*The Shaving of Shagpat*):英国作家乔治·梅瑞狄斯(George Meredith, 1828—1909)模仿《天方夜谭》的作品。

人觉得不可思议。我觉得这本书写得有趣极了。然后我一本又一本地看完了乔治·梅瑞狄斯的小说。我觉得这些小说很棒,但并没有我骗我自己的那么棒。我对这些作品的仰慕之情并非出自内心。我仰慕它们,是因为作为一个有文化的年轻人,我应该仰慕这些作品。我不愿听从内心深处发出的那个吹毛求疵的声音。现在我知道,这些作品中有很多浮夸的言辞。但奇怪的是,当我再次阅读这些作品时,我会回忆起第一次读它们的那些岁月。那些阳光明媚的早晨、我正在觉醒的才智、还有我年少时的美梦,现在想起来这一切是那样美好。因此即便在我合上梅瑞狄斯的一部小说——比如《埃文·哈林顿》[①],并判定这本书虚伪得令人气恼、势力得让人厌恶、冗长得让人无法忍受,并下定决心我再也不读他的任何作品的时候,我的心还是被融化了,并觉得这本书气势恢宏。

另外一方面,我对同时阅读的沃尔特·佩特的作品并没有这样的感觉,尽管我读他的作品时也怀着类似的兴奋之情。我没有愉快地联想到他没有声称的任何优点。我觉得他的作品和阿尔玛·塔德玛[②]的画一样乏味。有人竟然会欣赏这样的散文,在我看来真是太奇怪了。那些作品一点都不流畅,也没什么气韵,就像一个没有高超技艺的工匠,为了装饰车站餐厅墙壁而精心砌起来

[①] 《埃文·哈林顿》(*Evan Harrington*):英国作家乔治·梅瑞狄斯(George Meredith, 1828—1909)的作品。

[②] 阿尔玛·塔德玛(Lawrence Alma-Tadema, 1836—1912):英国维多利亚时代著名画家,出生于荷兰,代表作有《克洛维儿子的幼年教育》等。

的马赛克。佩特对他周围的生活的态度是隔绝疏离的、略带傲慢的、绅士派头的，简而言之就是学究式的装模作样，让我感到厌恶。艺术应该表现出力量和热情，而不该因为害怕公共休息室里吹毛求疵的评论，而带上不温不火、不以为然的优雅。但沃尔特·佩特是个弱小的生物，没必要对他大加谴责。我不喜欢他，并非是针对他，而是因为他代表着文学界的一种常见的、可恶的类型。这样的人充满了文化自负。

　　文化的价值在于其对人们性格的影响。如果它不能让人性变得更高尚、更强大，那它就一无是处。文化应该服务于生活。其目标不在于美，而在于善。正如我们所知，文化常常引发人的自满之情。谁没有见过学者在纠正一处错误引用时的抿嘴微笑？谁没有见过鉴赏家在别人赞美一幅他不喜欢的画时的痛苦表情？读过一千本书，并不比犁过一千块地更有功劳。能正确描述一幅画作，并不比能找到汽车熄火的原因更有价值。各个行业都有各自的专业知识。股票经纪人和工匠都掌握着自己的专业知识。知识分子以为只有自己的知识最重要，这是一种愚蠢的偏见。真善美并不是那些上昂贵的学校、爱泡图书馆、常去博物馆的人才有的品质。艺术家没有理由居高临下地对待别人。如果他认为，自己的知识比别人的知识更重要，那么他就是一个傻子。如果他认为他们不能和他平起平坐，那么他就是一个白痴。马修·阿诺德坚持反对庸俗主义，这是在拖文化的后腿。

十八岁时，我学了法语、德语和一点意大利语，但我受到的教育仍然远远不够。我仍然非常无知，我很清楚这一点。我看到什么，就读什么。那时我的求知欲是如此之强，我愿意去读秘鲁史、一个牛仔的回忆录，也愿意读一篇关于普罗旺斯诗歌的论文，或是圣奥古斯丁①的《忏悔录》。我想，博览群书赋予了我一定的通识，这些知识对作家很有用处。我们永远不会知道，那些貌似无关的信息，什么时候能派上用场。我把读过的书列成了几张清单，其中一张清单现在还在我的手上，当然这纯属意外。那是我两个月中所读图书的清单。要不是我列那份清单纯粹是给自己看的，我简直无法相信这份清单是真实的。按照清单所示，我读了三部莎士比亚的戏剧、两卷蒙森②的《罗马史》、朗松③《法国文学史》中的一大部分、两三本小说、一些法国经典著作、几本科学著作，还有一部易卜生的喜剧。我真是一个勤奋的学徒。在圣托马斯医院养病的那段日子里，我系统地阅读了英国、法国、意大利和拉丁文学。我读了很多史书、一些哲学书、大量科学著作。我的求知欲是如此之强，以至于我根本没留出什么时间，来思考我读过的作品。我迫不及待地想要看完一本书，然后迫不及待地开始看下一本书。读书像是探险。当我翻开一部名作

---

① 圣·奥古斯丁（Saint Aurelius Augustine 354—430）：古罗马帝国时期的天主教思想家、神学家，著有《忏悔录》《论三位一体》等。

② 蒙森（Christian Matthias Theodor Mommsen, 1817—1903）：德国古典学者、法学家、历史学家、作家，代表作有《拉丁铭文大全》《罗马史》等。

③ 朗松（Gustave Lanson, 1857—1934）：法国文学史家、文学批评家，著有《法国文学史》等。

时，我的激动之情不亚于一个理智的年轻人要去为自己的球队击球，或者一个美丽的姑娘要去参加舞会时的兴奋。不时有寻找新闻素材的记者问我，我人生中最激动的一刻是在何时。如果我没有感到羞愧的话，我也许会回答，那是我开始读歌德的《浮士德》的那一刻。我一直没有完全失去这种感觉，即便现在，有时在翻开一本书的前几页时，我仍然会觉得全身热血沸腾。对我来说，阅读就是一种休息，和别人交谈或打牌一样。不仅如此，读书对我来说是必需品。如果剥夺我片刻的阅读权，我就会像一个被剥夺了毒品的瘾君子一样躁怒。我宁愿去读时刻表和目录，也不愿什么都不看。这还不止。我曾经度过了不少愉快的时光，阅读军用物品商店的价目表、二手书商名录和火车时刻表。所有这些是那样浪漫，它们比世上的一半小说更加有趣。

只有在我意识到，时光倏然飞逝、生活才最重要的时候，我才会放下书本。我踏入社会，是因为我知道这是获取人生经历所必须的，否则我就无法写作。但我踏入社会，也因为我需要那样的人生体验。我似乎觉得，仅仅当个作家是不够的。根据我为自己设计的人生模式，既然生而为人，我就应该不负此生。我希望能感受寻常的痛苦和喜悦，那都是寻常人生的一部分。我觉得没有理由让我的感知臣服于精神欲望的诱惑，我决意从社会交往、人际关系、美食、美酒、性爱、奢侈品、运动、艺术、旅游、还有——像亨利·詹姆斯说的那样——从随便什么事物中，获得人生的完满。但这只是一种努力，最后我总是回归书本、回归自己的世界，并感到如释重负。

然而，尽管读了这么多书，我仍然是一个糟糕的读者。我读书很慢，不能做到一目十行。我无法对一本书半途而废，无论这本书有多糟糕，或者我读得有多无聊。我没有从头到尾读完的书，十个手指就能数得过来。另一方面，我很少会把一本书读上两遍。我完全明白，有很多书只看一遍，是不能获取其全部价值的，但他们给予了我当时所能获得的一切。尽管我也许会忘了书中的很多细节，它们仍然能给我永远的滋养。我知道有的人会反复读同一本书。那只能说明，他们是用眼睛在看书，而不是用自己敏锐的感知在阅读，只是一种机械的动作。毫无疑问，这是一种无害的消遣，但如果他们认为，这是一种智力活动，那就错了。

年轻时，当我对一本书的本能感受和权威批评家的见解相左时，我会毫不犹豫地得出结论：一定是我错了。我不知道批评家是否经常接受传统观点；我也从没想到，他们会大言不惭地谈论他们并不太懂的事物。很久以后我才意识到，对我而言，一个艺术作品唯一重要的一点，就是我对它的看法。现在我对自己的判断有了一定的自信，因为我注意到，四十年前我对自己当时阅读的作品的那些本能感受，那些和当时流行观点向左、我未曾留意的看法，现在已经被广泛接受了。尽管如此，我仍然大量阅读那些评论文章，因为我认为，那是一种非常讨人喜欢的文学形式。

我们未必总是希望通过阅读让我们的灵魂受益，但是如果想要打发掉一两个小时，再也没有比读上一堆批评文论更让人愉悦的了。意见相同让人愉悦，意见不同也很有趣；而且了解一个聪明人如何评论一些作家——比如说亨利·莫尔①或里查森②——也许你永远没机会阅读他们的作品，总是很有趣的。

  但一本书唯一重要的一点是，它对你来说有什么意义。对批评家来说，也许那部作品有更加深刻的意义，但它对你也许没什么价值。我不会为了一本书本身如何而去读它，我读一本书是为了我自己。我的任务不是评判书的优劣，而是从书中吸收我能吸收的内容，就像一颗变形虫吸收异体微粒一样。至于不能吸收的内容，就和我无关了。我不是学者、学生或批评家，我是一个职业作家，现在我只读对我的职业有所助益的内容。谁都能写一本打破人们数百年来对托勒密王朝③的传统看法的书，而我可以心安理得地不去阅读那本书。他也能写一本描述他在巴塔哥尼亚④腹地冒险之旅的奇妙经历，而我也可以完全忽略这部作品。小说家无须成为各行各业的专家，只需精通自己那行就可以了。成为一个

---

  ① 亨利·莫尔（Henry More, 1614—1687）：英国神学家、自然哲学家、伦理学家，十七世纪英国剑桥柏拉图学派的主要代表人之一。

  ② 理查森（Samuel Richardson, 1689—1761）：英国小说家，开创了英国家庭小说的一种模式和英国感伤主义文学的先河，代表作有《查尔斯·葛兰底森爵士》等。

  ③ 托勒密王朝（Ptolemaic dynasty）：也称为"托勒密埃及王国"，存在于公元前305—公元前30年，是古代马其顿君主亚历山大大帝死后，其将军托勒密开创的一个王朝。

  ④ 巴塔哥尼亚（Patagonia）：地名，大部分位于阿根廷南部，小部分属智利，该地区分布着大量的自然保护区和国家公园。

百事通反而对他有害，因为人的天性是软弱的，他很难抵制不恰当地使用那些专业知识的诱惑。小说家太了解专门技术就失之偏颇了。大量使用行业术语的做法，在九十年代非常流行，这种做法让人厌倦。没有那些行话术语，也能取得逼真效果。而在那时，小说的气氛是以枯燥乏味的高昂代价换来的。小说家应该了解一些与人相关的重大事件，因为人永远是他们的主题。不过，如果他对此只有些许了解，通常也足够了。他必须不计一切代价地避免卖弄学问。但即便做到了这一点，书籍仍然浩如烟海，我一直试着只读那些对我的目标而言具有重要意义的作品。你永远不会对你笔下的人物了解过多。传记作品、回忆录和一些有关专门技术的作品，常常会给你带来私密的细节、生动的感受、富于启迪的暗示，而这些你也许永远无法从一个真人模特那儿获得。人是很难了解的。诱导他们告诉你对你有用的、有关他们自己的特殊事件，是一个缓慢的过程。你不能像看一本书一样，看他们一眼就把他们抛在一旁，这是观察真人的一大缺点。你只能从头到尾了解他们的全部，最后却发现，他们能告诉你的实在有限得很。

九 二十三岁,我在西班牙遭遇爱情

一些急于写作的年轻人,有时会让我给他们开列必读书目清单——他们这样做是在恭维我。我列了书单,但他们很少会去读那些书,因为他们似乎没什么好奇心。他们并不关心,前辈们做了一些什么。他们读了两三本伍尔芙[1]的小说、一本E·M·福斯特[2]的小说、几本D·H·劳伦斯[3]的小说、还有——说起来奇怪得很——《福尔赛世家》[4],就觉得他们已经了解了有关小说艺术的全部。没错,当代文学的确有一种古典文学向来缺乏的吸引

---

[1] 伍尔芙(Adeline Virginia Woolf,1882—1941):英国女作家、文学批评家,意识流文学的代表人物,代表作有《达洛维夫人》《到灯塔去》等。

[2] E·M·福斯特(Edward Morgan Forster,1879—1970):英国作家,代表作有《看得见风景的房间》《霍华德庄园》等。

[3] D·H·劳伦斯(David Herbert Lawrence,1885—1930):英国小说家、批评家、诗人、画家,代表作有《儿子与情人》《恋爱中的女人》等。

[4] 《福尔赛世家》(Forsyte Saga):英国作家高尔斯华绥的长篇代表作,《福尔赛世家》三部曲包括:《有产业的人》《骑虎》《出租》。

力，而且对于年轻作家来说，了解当代作家在写些什么、怎样写，也是一件好事。但是，文学也有风尚，要辨别出当下恰巧流行的某一种写作风格，具有什么样的内在价值，并非易事。而了解过去的名著，能提供相当不错的比较标准。我有时会想，那么多灵巧聪明、技巧娴熟的年轻作家惨遭失败，是否是因为他们太无知了。他们写了两三本既出色又成熟的作品，然后就再也没有佳作问世了。但这种现象不能让一个国家的文学作品变得丰富起来。因为一个国家必须拥有一些不是只写一两本书，而能写出很多作品的作家。当然这些作品的质量是参差不齐的，因为一部杰作的诞生，需要很多幸运的条件同时作用。但一部杰作更可能是一个辛勤耕耘的作家的巅峰之作，而不是某个未曾受教的天才幸运的意外收获。一个作家只有不断进行自我更新，才能实现多产；而一个作家唯有不断拥有新鲜的体验，从而不断丰富自己的心灵，才能不断进行自我更新。要做到这一点，没有比探索过去那些伟大的作品更富有成效的来源了。

因为艺术作品的创作，并不是奇迹的结果。它需要多方面的准备。想让土壤永远保持肥沃，就必须经常施肥。艺术家必须通过不断地思考、刻意的努力，拓宽、加深自己的性格特征，并使其更加多样化。然后必须让土壤休息一段时间。和基督的新娘一样，艺术家必须等待灵光一现的那一刻——那一刻将产生新的灵性生命。他耐心地耕耘着自己的副业，而潜意识正在进行一些神秘的工作。随后，灵感突然来了，好点子突然冒了出来。但它就像播种在石地上的玉米一样,很容易枯萎。作家必须对它精心呵护、及时照料。艺术家必须调动自己的全部脑力、所有技巧、全部经验以及他的个性和性格中于此有益的一切成分。唯有这样,他在历经千辛万苦之后,才有可能完成这部大作。

我建议这些年轻人去读莎士比亚和斯威夫特——这是应他们要求我才说的,但我不会对他们不耐烦。他们却告诉我,他们在托儿所就读过《格列佛游记》,在学校中就读过《亨利四世》[①]。如果他们觉得《名利场》[②]让人无法忍受、《安娜·卡列尼娜》[③]无足轻重,那是他们自己的事。除非你乐在其中,否则读什么书都没有意义。至少我可以这样说他们:他们并没有因为对自己的知识过于自负而受到折磨。他们不该受到世俗文化的影响,而对那些正是他们写作素材的普通人失去同情心。他们离他们的同胞更近了,并且他们练习的那种艺术并不神秘,和其他技艺是平等的。他们写小说和戏剧,就像其他人生产汽车一样自然。这样很有好处。对于艺术家特别是作家来说,他们以自己孤独的内心世界,创造了一个不同于他人的世界。让他成为作家的独特个人气质,将他和别人区分开来。当他试图如实地描述他人,而天资却让他无法真实地了解他们的时候,悖论就出现了。这就好比:他

[①] 《亨利四世》(*Henry IV*):被认为是莎士比亚历史剧中的代表作。

[②] 《名利场》(*Vanity Fair*):19世纪英国批判现实主义作家威廉·萨克雷创作的长篇小说,描绘了19世纪英国贵族资产阶级上层骄奢淫逸、尔虞我诈的众生相。

[③] 《安娜·卡列尼娜》(*Anna Karenina*):俄国作列夫·托尔斯泰创作的长篇小说,讲述贵族女子安娜追求爱情幸福的不幸故事。

急切地想要看清一样东西，但就在他做出观察的举动时，一块幕布从天而降，挡住了这样东西。作家被挡在了自己的举动之外。他就像一个没有完全入戏的喜剧演员，因为他同时扮演着观众和演员的双重角色。诗歌来自于宁静时回忆起的情感，此话不假。但诗人的情感是特殊的，它更像是一个诗人的情感，而不是一个普通人的情感，因此永远无法做到彻底的平静。这就是为何直觉敏锐、具有常识的女人常常发现，诗人的爱不能让人满意的原因所在。现在的作家似乎更加贴近他们的写作素材，他们更像是普通人中的一员，而不是另外一个世界中的艺术家。也许现在的作家能打破这一因为他们的特殊天赋而形成的障碍，从而比过往任何时候更贴近朴素的事实，但到时你就得费劲去搞清楚真实和艺术的关系了。

我曾经也充满知识分子的傲慢。如果说，我已经如愿地抛弃了这种傲慢，那么我不该将此归功于自己的德行或智慧，而应感谢，我比大多数作家有更多机会旅行。我是英国人，但英国并没怎么给我带来家的感觉。和英国人在一起时，我总是很腼腆。对我而言，我在英国有不想履行的义务，也有烦恼的责任，总觉得不太自在。直到我的祖国和我之间至少隔开了一条英吉利海峡之后，我才自在起来。有的幸运儿能在自己的头脑中找到自由。我的精神力量不如他们，但我在旅行中找到了自由。我还在海德堡的时候，就去了德国的不少地方（在慕尼黑，我看到易卜生在马克西米连纳霍夫一边喝啤酒、一边阴沉着脸看报纸),我还去了瑞士。但我第一次真正的旅行,是意大利之行。我先看了不少沃尔特·佩特、拉斯金和约翰·阿丁顿·西蒙兹①的作品,为旅行做准备。我有六周的复活节假期供我自由支配,口袋里还有二十英镑。我先去了热那亚和比萨。在比萨,我长途跋涉了许久——漫长得似乎永无止境,就为了在雪莱阅读索福克勒斯②的作品后写下一首关于吉他的诗篇的那片松树林中坐上片刻。随后,我在佛罗里达的一位孀居的女士家中住了一个月不到的时间。我和她女儿一起读《炼狱篇》③。我还带上拉斯金的书,去参观风景名胜,度过了几天辛苦的日子。我崇拜着拉斯金告诉我去崇拜的一切(甚至包括乔托那座可怕的钟塔④),并对他所谴责的一切,厌恶地转过身去。拉斯金的追随者一定没有比我更狂热的了。随后我去了威尼斯、维罗纳和米兰。我洋洋得意地回到英国,并热衷于鄙视任何不同意我(也是拉斯金)对波提切利⑤和贝利尼⑥的看法的人。那年我二十岁。

----

① 约翰·阿丁顿·西蒙兹(John Addington Symonds,1840—1893):英国诗人、历史学家,著有《意大利文艺复兴》等。
② 索福克勒斯(Sophocles,公元前496—公元前406):古希腊悲剧作家,雅典三大悲剧作家之一,代表作有《安提戈涅》《俄狄浦斯王》等。
③ 《炼狱篇》(Purgatorio):即但丁《神曲·炼狱篇》,讲述了维吉尔引领但丁穿越炼狱山的三天中的见闻。
④ 乔托钟塔(Giotto's Campanile):佛罗伦萨百花大教堂旁的四角形的柱状塔楼,高八十二公尺,由建筑家乔托设计,建于1334—1359年。
⑤ 波提切利(Sandro Botticelli,1445—1510):欧洲文艺复兴早期佛罗伦萨画派的最后一位画家,也是意大利肖像画的先驱者,代表作有《春》《维纳斯的诞生》等。
⑥ 贝利尼(Giovanni Bellini,1430—1516):意大利威尼斯画派画家,当时最伟大的风景画家之一,代表作有《在花园里苦恼》《小树与圣母像》《诸神之宴》等。

一年以后,我又去了意大利,一直旅行到了那不勒斯,还发现了卡普里岛①这个好地方。卡普里岛是我见过的最迷人的地方。第二年夏天,我在那儿度过了整个假期。那时卡普里岛还鲜为人知,在海滩和集镇之间没有缆索铁路,很少有人去那儿度夏。所以你只要花四先令一天,就能找到食宿(包含酒水),并能从卧室的窗户远眺维苏威火山。那时那儿还有一位诗人、一位比利时作曲家、我来自海德堡的朋友布朗,一两个画家,一个雕塑家(哈佛·托马斯)和一个曾在南北战争中为南方而战的美国上校。我在阿纳卡普里②上校家中、在广场③旁边的莫尔迦诺酒馆,心潮澎湃地听他们谈论艺术、美、文学和罗马史。我看到两个人大打出手,因为他们对埃雷迪亚④的十四行诗的诗性价值持有不同的看法。我认为这一切都很崇高。为艺术而艺术,是这个世界上唯一重要的事情。只有艺术家给这个荒诞的世界带来了意义。政治、商业、那些需要高深学问的职业——从绝对真理来看,这些算得了什么?我的这些朋友(死了,他们都死了),或许对一首十四行诗或一块希腊浅浮雕(希腊,我的眼睛!我告诉你,那是罗马的复制品,我告诉你的就是事实)的价值持有不同的看法,但他们都同意这一点,他们都燃烧着宝石般的滚滚烈焰。我太羞涩,没

---

① 卡普里岛(Capri):意大利那不勒斯湾南部的一个小岛,是著名的旅游胜地。
② 阿纳卡普里(Anacapri):意大利小岛、旅游胜地,与卡普里岛相对。
③ 广场:此处应指翁贝托一世广场(Piazza Umberto):意大利南部卡普里岛上最著名的广场。
④ 埃雷迪亚(Jose-Maria de Heredia,1842—1905):出生于古巴的法国诗人,著名诗作有《尼亚加拉瀑布颂歌》《流亡者之歌》等。

敢告诉他们，我已经写完了一部小说，另一部小说也完成了一半。因此尽管我也燃烧着宝石般的滚滚烈焰，却被他们当成一个俗人——除了解剖尸体之外什么都不关心，并且会乘人不备给朋友灌肠的人，这对我来说是莫大的羞辱。

不久我就有资格那样做了。我已经出版了一部小说，并且取得了意想不到的成功。我以为我赚大钱了。为了成为作家，我放弃了医学，去了西班牙。当时我二十三岁。在我看来，我那时似乎比现在二十三岁的年轻人无知得多。我在塞维利亚安顿下来。我蓄了胡须、抽着菲律宾雪茄、开始学起了吉他。我买了一顶平顶宽边帽，戴着这顶帽子在塞尔佩斯街大摇大摆地走着。我还想买一件内衬红绿丝绒的飘逸披风，但考虑费用后我没有买。我骑着朋友那儿借来的马，在乡间纵情驰骋。生活是如此愉快，让我无法专心于文学艺术。我计划在那儿待上一年，直到学会西班牙语。接着去罗马——之前我只是罗马的一个旅客，完善一下我会的那点意大利语。然后我要去希腊一游，我想学一点当地的方言，借此对古希腊语有所了解；最后去开罗学阿拉伯语。这是个雄心勃勃的计划，但我为自己没有将它付诸实施而感到庆幸。我按时去了罗马（我在那儿写了自己的第一出戏剧），但随后我回到了西班牙，因为发生了一些我没有预料到的事情。我爱上了塞维利亚[①]，爱上了那

[①] 塞维利亚（Sevilla）：西班牙第四大城市。

儿的生活，还碰巧爱上了一个长着一双碧眼、一脸灿烂笑容的小东西（但我还是走出了这段感情）。我无法抵挡塞维利亚的诱惑，每年我都会重返那儿。我在那些洁白的、静悄悄的小巷中漫步，沿着瓜达尔基维尔河①散步，在大教堂附近闲逛。我去看斗牛，和那些可爱的小东西们眉来眼去。她们对我的要求，不会超过我微薄的财产所能满足她们的量。在一个人的青春花季，生活在塞维利亚，就像天堂一样美好。我将我该接受的教育，推迟到了一个更加方便的时间。结果是，我只看过英文版的《奥德赛》②，并且从未实现看阿拉伯文《一千零一夜》的雄心壮志。

当知识分子开始占领俄国时，我想起了加图③在八十岁时才开始学希腊文，于是我开始学俄语，但那时我已经失去了年轻时的热忱。我的俄语水平，从没超过能够看懂契诃夫戏剧的程度，而且我早就连那一点点都忘得精光了。我现在觉得，我的这些计划都没什么意义。语词并不重要，重要的是其意义。就算掌握六七种语言，也不能带来任何精神方面的优势。我见过一些通晓多国语言的人。我并没有发现，他们比其他人更加睿智。如果你去一个国家旅行，那么知道一点当地的语言，能让你方便地问路或觅食。如果这个国家有了不起的文学作品，能够阅读它们也让人愉

---

① 瓜达尔基维尔河（Guadalquivir）：西班牙的第五长河。
② 《奥德赛》（*Odyssey*）：古希腊最重要的两部史诗之一，相传为盲诗人荷马所作。
③ 加图（Marcus Porcius Cato，公元前234—公元前149）：通称为老加图，罗马共和国时期的政治家、演讲家、罗马历史上第一个重要的拉丁语散文作家。

快。这样的知识能够轻易获得,而试图学得更加精深,是徒劳无功的。除非你想穷尽一生学习语言,你永远无法完美地学会说一种外语;你永远无法百分之百地了解该国的人民和文学。因为一个国家的人民,还有他们创造的文学,并不仅仅是他们表现出来的行为、使用的语言所构成的——要获得这两者并不难,而是凝聚着祖先的本能、凝聚着他们从母乳中吸取的细微情感、还有那种外国人无法完全把握的内在态度。我们连自己本国的国民都很难了解。如果我们——特别是我们英国人——认为,我们能了解其他国家的人民,那就是在欺骗自己。因为这个四面环海的岛屿,将我们与世隔绝。而共同信仰所形成的纽带,一度缓和了我们那偏狭封闭的岛国性质。但现在由于宗教改革,这一纽带已经突然断开。大费周章地学习一种永远只能流于浅表的知识,好像并不值得。因此,我觉得外语学习只需浅尝辄止,否则就是浪费时间。法语是唯一的例外。因为法语是有教养的人的通用语言,能用法语应付谈话中突然出现的任何话题,当然会很方便。并且法国文学博大精深。其他国家——除了英国之外,与其说有了不起的文学传统,还不如说有那么几个了不起的作家。直到最近二十年,法国文学对世界的影响一直是非常深远的。如果能像阅读本国语言一样轻松地阅读法语,那简直好极了。然而,无论你能把法语说得多流利,毕竟是有限的。通常来说,你最好对那些能说完美法语的英国人有所提防:他很可能是一个以诈赌纸牌为生的骗子,或是一个外交部门的使馆随从人员。

十　聊聊我开始戏剧创作的原因

我从来都不迷恋舞台。我认识一些戏剧家，他们每晚都在上演他们戏剧的戏院中晃来荡去。他们声称，这样做是为了监督演员有没有偷懒。我猜，他们一定是永远也听不够自己写的台词，所以才会这样。在幕间休息时，他们坐在化妆室内，谈论这一幕或那一幕，困惑地思考着，为何今晚的演出效果平平；或者庆祝自己这一幕的成功，同时观察演员化妆，这一定给他们带来了无穷快乐。他们一定觉得当天戏院中的各种闲言碎语很吸引人。他们喜欢戏院以及和戏院有关的一切。演员化妆用的油彩，似乎已经渗透到了他们的骨髓中。

我从不这样。对我来说，遮盖着防尘布的道具、黑乎乎的观众席、未经布置的舞台、堆在后墙边的平面布景、唯一亮着的脚灯——这样的戏院是我最喜欢的。在演员排练时，我度过了很多欢愉的时光。我喜欢他们单纯的友情；我喜欢和一位演员一起，在街角的餐馆匆匆吃午饭；我喜欢在下午四点，享用打杂女工送来的下午茶：一杯浓郁的苦茶，配上厚片土司和黄油。当我听到成年男女说出那些轻松滑落我笔端的台词时，我不由产生了一种夹杂着惊喜和欢乐的兴奋之感，那种小小的兴奋感至今仍未消失。我饶有兴趣地看着我创作的人物形象，在演员的努力下变得丰满、生动起来：一开始演员只是毫无生气地念台词，最后他们却活灵活现地演出了我所构思的那个人物。各种重要的讨论，不时转移我的注意力，比如：一件家具该摆放在哪个具体位置，导演过于狂妄自大，女演员不满意自己的位置而大发脾气，老演员狡猾地一心想要霸占舞台中央的位置，还有对出现的各种问题的散漫讨论。最精彩的是带妆彩排。第一排座位上坐着六七个人，他们是服装师。他们表现得就像在教堂中一样温顺，但很认真。在表演过程中，他们不时相互交换着简短、急促的评论，并打着一些重要的手势。你知道，他们是在讨论裙子的长短、袖子的剪裁、帽子中的羽毛。帷幕落下的那一刻，他们早已把别针咬在嘴中，匆匆从后台来到舞台上。导演喊道，"升幕布"。当帷幕升起时，一个女演员匆匆从两个穿着黑衣的严肃女士身旁走开，他们刚刚结束热火朝天的聊天。

"哦，辛先生"，她大声说道，"我就知道金银线镶边有问题。弗洛斯太太说，她要把它拆下来，换上蕾丝。"

坐在正厅前座的是摄影师、管理人员和售票员、女演员的妈妈、男演员的妻子、你自己的经纪人、你的某个女性朋友，还有三四个二十年来都没有得到任何角色的老演员。这些人组成了完美的观众。在每一幕结束后，导演会宣读他匆匆记下的评论。他们还会和电工吵上一场，电工只需负责开关，但他却开错了灯。而剧作家既因为他这样粗心而生气，同时又原谅了他。因为他想，电工一定是沉浸在精彩的戏剧中了，所以才忘了自己的本职工作。也许一两幕场景会再重复一下。随后，大伙摆好了造型，闪光灯闪了几闪，定妆照拍好了。帷幕再次落下，为下一场戏布景，演员各自散去，到化妆室更换戏服。服装师消失了，老演员们溜到一边去喝上一杯。管理人员颓废地吸着廉价香烟，演员的太太们和母亲们低声交谈着，剧作家的经理人在看晚报中的赛马消息。这一些都不像是真实的，却又那么令人兴奋。最后，那些服装师穿过防火门，回到自己的座位上。相互竞争的公司的代表们彼此离得远远的，露出傲慢的模样；而舞台经理则把头伸到帷幕里面打量着。

"都准备好了，辛先生"，他说。

"好。开始。升幕布。"

但彩排是我的戏剧给我带来的最后乐趣。在我早年的几部剧本上映的第一晚，我会惴惴不安，因为演出后的反响，决定了我的未来。当《弗雷德里克夫人》上演时，我已经快把二十一岁时继承来的那点儿钱都用光了。写小说不足以让我维持生计，而写新闻也没让我赚到什么钱。此外，我时不时得到一些写评论文章的机会。一次，我说服编辑，让我写一篇戏剧短评，但我显然没那方面的天赋。事实上，那位编辑告诉我，我没有剧场感。如果《弗雷德里克夫人》失败了，我想我只能回医院待上一年，复习一下我的医药知识，然后谋一个外科医生的职位，除此之外我好像没有别的出路了。当时想申请那样一个职位的人不多。那些获得伦敦当地大学学位的人，很少会申请这样的职位。后来，在我成为一个成功的剧作家后，我非常注意辨别戏剧首演那晚观众的反应，以判断我的水平是否有所下滑。对观众来说，戏剧的首演不过是出现在19：30吃点心之后、23点吃晚饭之前的一桩趣事。至于这部戏剧是否成功，对他们来说并不重要。我曾经试着把我的剧作首演夜，当成别人的剧作首演夜，带着这样的心态去观看我的戏剧的首演。但即便如此，我发现那仍然是一种令人不快的体验。听到插科打诨引发的满堂大笑，或者一场戏圆满结束时，伴随着帷幕落下而爆发的满堂喝彩，对我都没什么好处。因为事实上，即便在我最轻松的剧作中，我仍然投入了太多的自我，所以当我听到这一切被暴露在大庭广众面前时，我会觉得非常尴尬。因为这些我亲笔所写的语句，对我来说有一种亲密感，我不太想和众人分享它们。即便我观赏的是已被翻译成其他语言的我的剧作，当我作为一个陌生观众坐在戏院中时，也会产生这样一种不合理的情感。说真话，如果我觉得没有必要去看看观众对一部戏的反响、并揣摩该如何写戏剧的话，我永远不该去看自己的戏剧，无论是在首演夜，还是别的时候。

做演员很难。我说的并不是时下那些漂亮的女人。她们能上舞台，是因为她们长着一张漂亮的脸蛋。如果长相漂亮是做打字员的必要资格，那么她们也许就去办公室打字了。我说的也不是那些年轻的男人，他们做演员，是因为他们除了外形俊美之外别无所长。他们在这一行中一会进、一会出：女演员后来嫁了人，男演员去了酒商的办公室，或者转行去做内部装修了。我说的是那些职业演员。他们具有与生俱来的天赋，并愿意发挥这种天赋。为了精益求精，他们需要不断努力并付出艰苦的劳动。因此，当一位男演员懂得如何去扮演各种类型的角色时，他往往已经太老了，所以只能饰演其中的几个角色。这个职业需要无限的耐心，充满了种种失望。演员必须被迫忍受长时间的无所事事；酬劳很低，只能维持很短一段时间；回报也少得可怜；演员成功与否全凭运气与观众偶尔的抬举。一旦他不再讨人欢心，他就被人们遗忘了。曾经成为大众偶像，对演员现在的生活毫无用处。他有可能正在挨饿，但人们对此并不关心。每当我想到这点，我就能够宽容那些演员处于巅峰时的装腔作势、无理苛求和虚荣浮华。如果他喜欢，就让他浮华去吧，就让他荒唐去吧。这一切都是转瞬即逝的。毕竟，演员的自我中心主义，也是他天赋的一部分。曾经有那么一段时间，舞台就像是通向浪漫的入口，所有与舞台有关的人，似乎都那么激动人心、神秘莫测。在十八世纪的文明社会中，演员给生活带来一种奇幻感。在理性的时代，他们那种无序的存在，对人们的想象力来说是一种诱惑。而他们所饰演的英雄人物、所朗诵的诗篇，给他们笼罩上了一圈光环。在歌德那本精妙但被忽视的作品《威廉·迈斯特》中，你能看到，诗人是以何等的温柔，看待那些二流的巡演剧团。在十九世纪，演员让人们得以逃避工业时代带来的所谓的"体面"。他们的那种玩世不恭的波希米亚气质，激发了那些被迫在办公室中谋生的年轻人的想象力。他们是清醒严肃的世界中的放肆之徒、小心谨慎的世界中的轻狂之人，而幻想给他们罩上了一层迷人的外衣。在维克多·雨果的《随见录》中有一段因为带有无意识的幽默而打动人心的文字：一个敏感的小人物，带着对野性的敬畏、震惊和一丝妒忌，描述了他和一位女演员的晚宴。在他的人生中，他第一次感受到了那种伟大。天啊，在她的公寓中，香槟是怎样流淌着，还有那无尽的奢华、耀眼的银器、昂贵的虎皮！

现在那种荣光已经消失了。演员们已经变得稳定、体面了，他们过着优裕的生活。如果他们被当成另类，他们会觉得自己受到了冒犯，因此他们竭尽所能让自己和别人表现得一样。他们向我们展示在光天化日之下没有化妆的容颜，并且恳请我们看到，他们也打高尔夫球、也纳税、也是会思考的男男女女。对我来说这些都是胡说八道。

我和一些演员非常熟识，我发现他们是很好的伙伴。他们的模仿天赋、讲故事的本领、敏捷的才智，总能给我带来特别的乐趣。他们宽宏、和蔼、勇敢，但我一直未能把他们当成普通人，一直未能和他们热络起来。他们就像无法找到符合线索的合适词语的填字游戏。我猜,事实上,他们的个性由两部分组成,一部分是他们扮演的各种角色,还有一部分是其难以名状的基底。那是一种柔软可塑的东西,能够呈现出任何形状,并涂抹上任何颜色。一个机智的作家曾经暗示:假如长久以来,演员一直被拒绝葬在神圣之地,这其实并不值得惊讶,因为设想他们也有灵魂,是很可能的。这也许是夸大其词。他们当然也非常有趣。如果一个小说家足够诚恳的话,他不得不承认,他和演员之间存在一种相似性:演员们的个性和他的个性一样,带着一种不太合理、可信的和谐。他们是他们能够表现的所有人,而他是他所能创造的所有人。作家和演员所表现的情感,是自己当时根本没有体会到的。为了满足他们的创造本能,他们一脚站在生活之外,来表现这种形象。伪装就是他们的真实,而公众是他们的素材和评判人,也是他们愚弄的对象。因为虚构就是他们的现实,他们也能把现实看成是虚构的。

我开始创作戏剧,我猜,原因和大多数年轻作家一样:我觉得将人们说的话写在纸上,比构建一个叙事体系似乎容易一些。很久以前,约翰逊博士就说过,编对话比编探险经历容易多了。翻阅我从十八岁到二十岁期间记下的脑海中构思的戏剧场景,我发现总的来说,对白比较容易写。那些笑话不再让我感到好笑了,但都是用当时人们说话的方式写的。我本能地抓住了口语体的特点。然而那些笑话太少,并且不太文明。我那些戏剧主题阴暗,总免不了忧郁、绝望和死亡的结尾。在我第一次去佛罗伦萨旅行时,我随身带着《群鬼》①。当时我在正儿八经地研究但丁。因此,为了获得技巧性的知识,我把德文版的《群鬼》翻成了英文,以此作为消遣。我还记得,尽管我非常崇拜易卜生,我仍然觉得曼德斯牧师②有点让人厌烦。当时圣詹姆斯剧院正在上演《第二任谭格瑞夫人》。

在随后的两三年中,我完成了几部开场戏,把它们寄给了各位经理人。有一两部作品没有退还给我,由于我没留副本,那两部稿子就这样丢失了。其他的几部作品让我气馁,被我丢到了一旁或销毁了。在那时,还有之后很长一段时间,一位无名的剧作家要出品一部巨作,比现在困难多了。因为一部戏剧的演出周期很长、费用很低,所以完全能指望以皮尼罗③和亨利·亚瑟·琼斯④为首的少数几位剧作家,随时为各大剧院提供需要的戏剧作品。法国舞台仍然非常繁荣,对删节版的法语剧作进行改编,在当时颇为流行。我考虑到了这种情况,根据乔治·莫尔⑤的《阿灵

---

① 《群鬼》(Ghosts):易卜生于1881年创作的剧作,这部暴露丑恶现实的作品是易卜生代表作之一。

② 曼德斯牧师:易卜生戏剧《群鬼》中的人物。

③ 皮尼罗(Sir Arthur Wing Pinero,1855—1934):英国演员,后来成为著名的剧作家和导演。上一段中的《第二任谭格瑞夫人》(The Second Mrs Tanqueray)为其代表作之一。

④ 亨利·亚瑟·琼斯(Henry Arthur Jones,1851—1929):英国戏剧家,代表作有《马加尔及其失去的天堂》《说谎者》等。

⑤ 乔治·莫尔(George Augustus Moore,1852—1933):爱尔兰小说家、诗人、戏剧家和批评家,代表作包括《一个青年人的自白》等。

福德的罢工》①在独立剧院上演这一事实，我认为先为自己博取作家的声名，是让我的戏剧登上舞台的唯一机会。所以我把戏剧放在一边，着手创作小说。读者也许会认为，这样一种条理化、商业化的工作方式，和年轻作家的身份太不相称了。这表现了一种讲求实际的思想转变，而不是用艺术作品丰富这个世界的天赐冲动。在我出版了几部小说，并有一卷小说故事集等待出版时，我坐下来开始写作我的第一部标准长度的剧本。这部作品叫作《一个体面的男人》②。我把它寄给了福布斯·罗伯森③，当时他是一个很受欢迎的演员，以拥有不凡的艺术气质而出名。三四个月后，他把剧本退给了我。我又把它寄给了查尔斯·弗罗曼④，他也退了稿子。我重写了这部作品。终于，在我又出版了两部小说，并且其中一部（《克雷杜克夫人》⑤）大获成功之后，人们开始把我看成一个严肃而有前途的小说家了。于是我把作品寄给了舞台协会，他们接受了这个剧本。协会的一位委员 W·L·考特尼特别喜欢它，他在《双周评论》中刊登了剧本全文。之前他只出版过

---

① 《阿灵福德的罢工》(*The Strike at Arlingford*)：英国作家乔治·莫尔在 1893 年创作的剧作。
② 《一个体面的男人》(*A Man of Honour*)：毛姆创作的戏剧，1898 年首演。
③ 福布斯·罗伯森 (Sir Johnston Forbes-Robertson, 1853—1937)：英国演员、剧场经理。
④ 查尔斯·弗罗曼 (Charles Frohman, 1856—1915)：美国戏剧制作人。
⑤ 《克雷杜克夫人》(*Mrs Craddock*)：毛姆代表作之一，写的是十九世纪末英国一个衰败大家族的后代的爱情故事。

一部剧作,是克利福德夫人①的《夜之肖像》②,因此这是一种莫大的荣誉。

像舞台协会这种性质的机构,在当时仅此一家,所以它推出的作品非常引人注目。评论家们严肃对待了我的这部作品,就像它已经在一家有影响力的戏院中上演了很长一段时间似的。那些以克莱蒙特·斯科特③为首的老顽固,猛烈地抨击这部作品。而《星期日泰晤士报》的一个评论家甚至声称,这部作品没有展现出任何戏剧天赋。我忘了他是谁了。但那些受到易卜生影响的评论家,认为这是一部值得关注的作品。他们很有同情心,令人鼓舞。

我以为,既然我已经往前迈进了一大步,那么未来的路应该没有太大困难了。不久之后我就发现,除了学到了不少戏剧创作的技巧之外,我一无所获。我的戏剧在演了两场后就没有下文了。我的名字只有对实验戏剧感兴趣的一小伙人听到过。毫无疑问,如果我写出了合适的剧本,舞台协会一定会考虑上演它们。但这样似乎并不能让我满意。在排演期间,我接触了一些对舞台协会,特别是对格朗维尔·巴克④感兴趣的人,他在我的那部戏剧

---

① 克利福德夫人(Mrs Clifford):即露西·克利福德(Lucy Clifford, 1846—1929):英国小说家、新闻工作者。

② 《夜之肖像》(*The likeness of the Night*):克利福德夫人的剧作。

③ 克莱蒙特·斯科特(Clement William Scott, 1841—1904):十九世纪末一位很有影响的戏剧评论家、剧作家、抒情诗人、旅行作家。

④ 格朗维尔·巴克(Harley Granville-Barker, 1877—1946):英国演员、导演、剧作家、评论家。

中饰演主角。我发现他们对我的态度是敌对的，他们居高临下、颇为偏狭。当时格朗维尔·巴克非常年轻。我那时才二十八岁，我想他比我还小一岁。他迷人、快乐，有一种放浪不羁的优雅。他满脑子都是别人的观点，但我能感受到他对生命的敬畏，尽管他试图通过蔑视普通人，不让别人发现这一点。很难找到他不鄙视的东西。他缺乏精神上的活力。我觉得一位艺术家需要拥有更多的魄力、更多的活力、更多的率真、更多的胆量、更多的冲劲。他写过一个剧本——《安·利特的婚姻》，我觉得这个剧本死气沉沉、矫揉造作。我热爱生活，想要尽情享受生活，想从生活中得到尽可能多的东西。一小群知识分子的欣赏并不能让我满足。我有一点怀疑他们的资质，因为我曾经观看过舞台协会推出的一出愚蠢且平庸的小闹剧，并看到协会成员沉浸在剧情中，不时发出大笑声。我并不确定，他们对更高水准的戏剧的关注，是否只是在装腔作势而已。我不需要这样的观众，我想得到大众的认可。另外我穷得要命。如果可以的话，我并不想住在阁楼中啃面包屑度日。我已经发现，金钱就像第六感，如果没有金钱，你的其他五大感官也无法完全发挥效用。

在《一个体面的男人》的排演期间，我发现，第一幕中有几处轻佻的玩笑能把人逗乐，我认为我可以据此写一出喜剧。现在我下定决心要写一出这样的喜剧了，并把它取名为《面包和鱼》。主人公是一个世故而有抱负的牧师。故事说的是：他追求一位富有的寡妇，并密谋获得主教职位，最后他成功捕获了一位漂亮女继承人的芳心。没有一位经理人会考虑这样的剧本。嘲笑牧师的戏,在人们看来是不可忍受的。于是我得出结论:如果为一个女演员写一出由她扮演重要角色的喜剧,那么我最有可能获得成功。如果她愿意的话,她还可以劝说那个戏院经理试演这出戏。我问自己,什么样的角色最有可能吸引一位领衔女演员。在我想清楚这个问题后,我创作了《弗雷德里克夫人》。但这部戏中最有影响的一幕,也是后来让这出戏大获成功的一幕说的是:为了让一位年轻的爱慕者不再抱有幻想,女主角让他来到自己的更衣室中,让他看到自己没有化妆、头发凌乱的模样。在那个遥远的时代,化妆并不普遍,很多女性戴着假发。但没有一位女演员会让观众看到自己那副模样,因此一个个戏院经理都拒绝了这个剧本。于是我下定决心,要构思一个没有任何让人反对的内容的剧本。我写了《朵特夫人》①,它也遭受了和其他剧本一样的命运。经理们认为这个剧本太微不足道了,他们抱怨这个剧本的情节太少。当红演员玛丽·莫尔小姐建议我增加一个入室抢劫的情节,让剧情更加紧张刺激。我开始想,我也许永远也没法写出一个让女主演喜欢上,并坚持要演的剧本,于是我转而开始创作男人的戏。我写了《杰克·斯特洛》②。

之前我一直有这样一种印象:我之前在舞台协会所取得的小

---

① 朵特夫人(Mrs Dot):毛姆于1904年创作的喜剧,写的是家缠万贯的娇俏小寡妇爱上破落贵族青年的故事。
② 《杰克·斯特洛》(*Jack Straw*):毛姆于1907年创作的戏剧。

小成功,能让那些戏院经理对我产生良好的影响。让我倍感羞辱的是,事实并非如此。事实上,我和那个机构的渊源,反而让他们对我产生了偏见。因为他们认为,我只能创作出一些格调阴郁、不能获利的戏剧。他们不能说我的喜剧也很阴郁。但他们感到,我的喜剧隐隐约约地让人不快,因此他们确定这些戏剧也无法盈利。我本来一定会绝望地放弃让我的剧本上演的努力,因为一部手稿被拒,总让我非常沮丧。但幸运的是,戈尔丁·布莱特认为我的剧本有销路,接手了这些剧本。他把这些剧本交给了一个又一个剧院经理。最后,在经过十年的漫长等待后,1907年,《弗雷德里克夫人》终于在宫廷剧院上演了,当时我已经写出了六部标准长度的戏剧。三个月后,《朵特夫人》在喜剧剧院上演,《杰克·斯特洛》在歌舞剧剧场上演。六月,路易斯·沃勒在抒情剧院演出了一部名为《拓荒者》[①]的戏剧,那是我在创作了《一个体面的男人》之后立马创作的作品。我终于得到了我想要的东西。

---

① 《拓荒者》(*The Explorer*):毛姆于1899年创作的戏剧。

十一　戏剧创作规律谈

前三出戏演出了很长时间。《拓荒者》不过是没有失败而已。我并没有赚很多钱,因为那时一出受欢迎的戏剧带来的收入,远远低于现在,我的版权税非常有限。但不管怎样,我终于摆脱了经济上的窘迫,我的未来也似乎没有悬念了。事实上,同时有四出戏上演,反而给我带来了坏名声。为此,伯纳德·帕特里奇①还为《笨拙》②杂志画了一幅漫画。在漫画中,威廉·莎士比亚在对着一个广告板咬手指头,而广告板所宣传的正是我的剧作。有很多人给我照相,也有很多人来采访我,许多名人都想要结识我。我的成功引人注目,并且在意料之外。而我自己由此得到的解脱,远远大于兴奋。我觉得自己缺乏那种感到惊喜的能力,正如

---

① 伯纳德·帕特里奇(Bernard Patridge, 1861—1945):英国著名插画家。
② 《笨拙》(*Punch*):英国著名的幽默杂志。

在我的旅途中，那些最古怪的景象、最新奇的环境，在我看来完全是平淡无奇的。所以，我得强迫自己认识到，它们是值得注意的。因此现在我觉得这些忙乱也很自然。一天晚上，我在自己的俱乐部中独自用餐，而在我旁边一桌，一个陌生的俱乐部会员，正在宴请一位客人。他们正要去看我的一出戏，并开始聊起了我。那个陌生人提到，我也是这个俱乐部的会员，于是他的客人问道：

"你到底认识他吗？我猜这家伙忘乎所以了。"

"哦，没错，我很熟悉他"，那位会员回答，"再大的帽子，也没有他的脑袋大。①"

他这样说我是不公平的。我认为，我所取得的成功是自己应得的。我把恶名当成消遣，但这并没有给我留下多么深刻的印象。我对那段时间留下的唯一确定无误的回忆，是一天傍晚我走在潘顿街上的那一幕：当我经过喜剧剧院时，我恰好抬起头来，我看到落日照亮了云彩。我驻足观赏这一美景，并且想到：谢天谢地，现在我看到落日时，不必再想该如何去描述这一幕了。我当时的打算是，我再也不写书了，我将把我的余生全部投入到戏剧创作中。

尽管公众热情地接受了我的戏剧，不仅在英国和美国，也包括欧洲大陆，但评论却没有那么整齐划一。那些较为大众化的媒

---

① Swollen-headed 在英文中兼有"忘乎所以"和"脑袋很大"二义。

体，赞扬它们的机智、欢快和良好的戏剧效果，但不满于戏剧中流露出来的玩世不恭。而更为严肃的评论家则恰恰相反，他们觉得这些作品太污秽了。他们觉得这些作品廉价并且琐碎。他们告诉我，为了金钱，我已经出卖了自己的灵魂。而知识界——我也是其中谦虚且体面的一员，不但对我不理不睬——这已经够糟糕的了，还把我像撒旦一样头朝下抛入万丈深渊之中。我大吃一惊，并略感耻辱，但我坚强地忍受了这些羞辱，因为我知道，这并不是故事最后的结局。我渴望实现某一目标，并采用了我认为唯一可行的方式，以期实现这一目标。如果有人愚蠢到没法看到这一点，那我也只能耸耸肩。如果我继续创作像《一个体面的男人》那样苦涩的剧作，或者是像《面包和鱼》那样嘲讽的剧作，那我永远也无法创作出另外一种风格的作品。而即便是那些最严肃的评论家，也不会拒绝夸赞那样的作品。评论家们指责我，说我为了迎合大众而降格以求，事实上我并没有这样做。当时我情绪高昂，能创作出引人发笑的对话，拥有能发现喜剧元素的锐眼，还带着一种轻率的欢快情绪。除了这些之外，我还有别的特质，但我暂时把那些都放到一旁，只利用我的这些有利于目标实现的特质创作喜剧。创作它们的目的是让人愉悦，它们实现了这个目标。

  我不想在辉煌之后走下坡路，因此我又创作了两部戏剧，以巩固我在大众心中的地位。这两部作品有点大胆。如果在现在看来，这两部作品是适度而质朴的。但在当时，它们却遭到了保守派的攻击,说这些作品下流不堪。其中的一部作品《珀涅罗珀》①一定具有一些可圈可点之处,因为二十年后,当该剧在柏林重演时,整个演出季几乎场场爆满。

到那时,我已经学会了所有我能学到的戏剧技巧。另外,除了《拓荒者》之外——出于某个我心知肚明的原因,我知道这部作品无法取悦于人——其他的作品都接二连三地获得了成功。于是我想,是时候尝试更加严肃的作品了。我想知道,我能否驾驭那些更加严肃的主题。我想进行一两个技巧方面的试验——我自以为它们会带来不错的戏剧效果。我想看看观众是否喜欢我的那些作品。于是我创作了《第十个人》②和《乡绅》③,并且我终于推出了《面包和鱼》,这部作品已经在我书桌上躺了十多年了。这些作品没有一部失败,但也没有一部成功。戏院经理人既没有靠它们赚钱,也没有因为它们而亏本。《面包和鱼》上演的时间不长,因为当时的观众为牧师遭到嘲笑而深感不安。这个剧本写得比较夸张,更像是一出闹剧,而不是一部喜剧,但里面也有一些有趣的场景。另外的两部作品两边都不讨好:一出描写了乡绅们狭隘死板的生活,而另一出描写的是政治和金融世界。这两个世界我都很熟悉。我知道,我的作品必须让人感兴趣、让人感动或让人发笑,所以我进行了一些渲染。它们既非完全写实,也非完全夸

---

① 珀涅罗珀(Penelope):毛姆于1908年创作的戏剧,在荷马史诗《奥德赛》中,珀涅罗珀是奥德修斯忠贞的妻子。
② 《第十个人》(*The Tenth Man*):毛姆于1909年创作的戏剧。
③ 《乡绅》(*Landed Gentry*):毛姆于1910年创作的戏剧。

张。我的这种犹豫不决是致命的。观众们觉得这些作品不合他们的口味、也不够真实。接着我休息了两年,然后创作了《可指望的土地》①。在大战爆发时,这部戏剧已经上演了好几个月,观者如潮。我在七年内一共创作了十部戏剧。知识分子已经做出了他们的判断,他们选择忽略我,但我却赢得了观众们的喜爱。

在战争年代,我时不时地有一点闲暇。一开始是因为我所做的工作,只占我一天中的部分时间,而写戏剧是一种转移注意力的便捷方式。后来,我感染了肺结核,必须长时间卧床休息,写作成了消磨时间的有趣方式。我很快创作了一系列戏剧。这段时间中,我创作的第一部作品是 1915 年的《比我们高贵的人们》,最后一部作品是 1927 年创作的《忠贞的妻子》。

这些戏剧大多数都是喜剧,是我循着在文艺复兴时期盛行一时的传统方式写的。戈德史密斯②和谢里丹③延续了这一传统。这一戏剧传统风靡了很久,因此有人认为,这其中一定存在某种特别符合英国人口味的东西。不喜欢这种风格的人,认为这是一种矫揉造作的喜剧,并且愚蠢地认为他们在谴责这种喜剧。这是一种以对话而非动作为主的戏剧。它以放纵的愤世嫉俗,和时尚世

---

① 《可指望的土地》(*The Land of Promise*):毛姆于 1913 年创作的戏剧。
② 戈德史密斯(Oliver Goldsmith, 1728—1774):英国作家,代表作有《屈身求爱》等。
③ 谢里丹(Richard Brinsley Sheridan, 1751—1816):英国社会风俗喜剧作家、政治家、演说家,代表作有《少女的监护人》《造谣学校》等。

界的幽默、愚蠢与罪恶相抗争。它有时显得过于温文尔雅、多愁善感——因为这正是英国人的国民性格特征，还有那么一点不够真实。它一点都没有说教意味：有时它会引出什么道德训诫，但其态度不过是对此耸一耸肩，像是让你不要太把它当回事。有一次，伏尔泰去拜访康格里夫①，想要与他探讨当代戏剧。康格里夫告诉他：自己是一个英国绅士，不是一个剧作家。来访者回答道："如果您只是一位绅士，我就不会大费周章地来拜访您了。"伏尔泰先生无疑是他那个时代中最睿智的人，但在这儿他显得有点缺乏智慧。康格里夫先生的话很深刻，他的话说明他很清楚一点：喜剧作家从喜剧的立场出发，需要考虑的第一个人，就是他自己。

到那时，我已经形成了许多自己的戏剧观点。

我得出的一个结论是，散文剧和新闻报纸一样短命。剧作家和记者所需的天赋非常类似：发现精彩故事和有力观点的锐眼，生气勃勃、生动的写作方式。除此之外，所有的戏剧家都需要拥有一种特殊的本领。我不知道是否有人能够发现，这种本领是由什么组成的。这种本领学不到，它脱离于教育或文化而独立存在。这是一种能力，它让剧作家的遣词造句栩栩如生，让它们似乎能穿越舞台的脚灯，立体可感地向观众呈现一个故事。这是一

---

① 康格里夫（William Congreve, 1670—1729）：英国剧作家，代表作《以爱还爱》曾轰动英国舞台。

种非常罕见的本领：这就是为何剧作家的收入，比其他艺术家高出很多的原因。这种本领和作家的文学才能并无关联。因为据我们所知，大多数著名小说家在试图创作戏剧时都失败了，令人惋惜。这只是一种感官能力，就像凭听觉记忆进行弹奏或演唱一样，并不具备精神层面的重要性。但如果没有这种本领，即便你的观点再深刻、主题再原创、笔下的人物再鲜明，你仍然写不出一部戏剧，永远都写不出。

关于戏剧写作的技巧，前人已经有过大量论述了。我已经津津有味地阅读了大部分有关这一主题的书籍。最好的学习戏剧写作的方式，是去观看一出自己创作的戏剧。这将让你学会：如何写出能让演员觉得朗朗上口的台词；并且，如果你的听觉够灵敏的话，你能思考一下，如何在让语言保持流畅的前提下，使句子的节奏和韵律更上一层楼。这样做能让你发现，什么样的话语、什么样的场景是最有效果的。但我认为，戏剧创作的秘诀可以归纳成两大准则：紧扣主题，多做删减。第一条原则需要你拥有清晰的逻辑。很少有人具备这一点。一个想法会引出第二个想法，如此延续下去非常愉快，尽管这些内容已经和主题没有直接关联了。容易跑题是人类共有的倾向。但剧作家必须竭力避免跑题，甚至要比圣人避免罪恶更加努力。因为，罪行是可以宽恕的，而跑题却是致命的。作家该遵循的原则就是兴趣导向。这点对于小说来说也很重要，但小说的发挥空间更大，因此允许更宽泛的话题。此外，在唯心主义者的眼中，邪恶会转化成绝对主义者眼中的完美。同理，某些跑题也是主情节发展过程中必不可少的部分。[《卡拉马佐夫兄弟》①中佐西马神父（*Elder Zossima*）的早年历史，就是一个很好的例子。]也许我该解释一下，我说的"兴趣导向"是什么意思。这是剧作家使用的一种让你关心特定人物在特定情况下的命运，并让你一直保持关注，直到问题解决的一种诀窍。如果剧作家让你的思绪游离到了主题之外，那么他也许再也无法吸引你的注意力了。这是人类的一种心理特性：观众会对剧作家在戏剧开场时引入的人物产生浓厚的兴趣。一旦作品的重心转移到了之后场景中出现的某个人物身上，观众就会产生一种强烈的失望感。因此，聪明的剧作家会尽早引入作品中的主要人物。假如为了戏剧效果，必须随后才引入主要人物，那么在幕布升起之后演员的对话，一定会让观众的注意力聚焦于主要人物身上。这样的推迟亮相，反而增加了观众的期待。没有人比大剧作家威廉·莎士比亚更严格遵守这一原则。

兴趣导向的困难，使创作氛围剧变得格外困难。最著名的氛围剧，当然是契诃夫的作品。由于关注的焦点并非集中在两三个人身上，而是集中在一群人身上，也由于这类戏剧的主题是人物彼此之间的关系、人物和环境的关系，剧作家必须注意一点：观众有这样一个自然倾向，他们会聚焦于一两个剧中人，而非所有

---

① 《卡拉马佐夫兄弟》（*Brothers Karamazov*）：俄国作家陀思妥耶夫斯基创作的长篇小说，发表于1879—1880年。作品通过一桩真实的弑父案，展现了错综复杂的社会、家庭和人性。

人。剧作家必须注意抵消这种倾向。没有焦点人物,观众有可能会对剧中的任何人,都没有特殊的感情。此外,剧作家必须认识到,在他的各条情节线中,没有哪一条更重要,因此更能吸引观众的注意力。所有的事件必须都控制得比较低调一些,这样又很难避免观众产生单调感,因为没有任何东西——无论是事件还是人物,能给他们留下特别深刻的印象。当一出戏结束时,他们很可能看得糊里糊涂。事实证明,这样的戏剧唯有完美演绎,观众才能容忍。

现在我来谈谈我的第二大准则:无论一个场景有多么精彩、一句台词有多么机智、或一个想法有多么深刻,如果它对一出戏剧来说可有可无,那么剧作家必须把它删去。如果一位剧作家也是一个文人,那么这点对他是有利的。因为,纯粹的剧作家会觉得,能把源自于自己脑海中——如果不是直接来自上天——的词句写在纸上,简直是个奇迹,他会把这些词句当成是神圣的。他无法忍受牺牲其中的一字一词。我记得很清楚,亨利·亚瑟·琼斯曾给我看他的手稿,我惊讶地发现,他竟然用三种方式写"你的茶里要放糖吗?"这样简单的句子。难怪那些不善于遣词造句的人,会如此重视那些没有节制的语词。而文人已经习惯了写作。他已经学会了驾轻就熟地表达自己的意思,因此他舍得大刀阔斧地进行删减。当然,每个作家都会不时涌现出一些在他看来似乎非常欢乐的想法、一些似乎非常俏皮的表达,要删了它简直比拔牙更痛苦。此时他就该在自己的心头镌刻上这句金言:能删则删。

现在这样做比过去更有必要，因为现在的剧场观众比以往任何时候的观众反应更快、更缺乏耐心。我们用各种方式创作戏剧，因为它们能满足观众。过去的观众愿意干坐着观看精心编排的、错综复杂的每一幕，认真倾听剧中角色尽情展露心扉的每一句台词。现在情况可不一样了。我猜，这种不同应归因于电影的出现。如今，观众——特别是英语国家中的观众，已经学会了一眼看穿一幕戏的主旨，他们一旦看懂剧情后，就希望能马上跳到下一幕。他们听到片言只语，就明白了谈话的要点，一旦明白后，他们的注意力很快就分散了。作家必须克制自己想要充分展现一幕场景的全部价值，或让他的那些角色一览无余地表达自我的愿望。只要一点暗示就足够了，观众能懂。对话必须像是口语速写的风格。他必须删减再删减，直到他能最大化地抓住观众的注意力。

一出戏是剧作家、演员、观众——我想现在还应该加上导演——通力合作的成果。我先来谈谈观众。所有最优秀的剧作家写作时都会考虑观众。尽管他们在提到观众时，更多流露出的是轻蔑而非好意，他们知道自己必须依赖观众。掏钱的是观众，如果一出戏所带来的娱乐，不能让观众满意，那么它只能靠边站。一部喜剧作品不能脱离观众而独立存在。事实上，戏剧的定义就是：一部对话作品。而设计这些对话的目的是让演员念诵它们，让数量不定的观众倾听它们。一出写作目的是供书房阅读的戏剧，其实是一种对话体的小说，而其作者出于某种个人原因（我们大多数人对此并不清楚），抛弃了叙述性语言的优点。一出不能吸引观众的作品也许也有其可取之处，但我们不能说这样的作品是戏剧，就像我们不能说骡子是马一样。（唉，我们所有剧作家都会时不时地炮制出一些差强人意的杂种作品）。所有和剧院打过交道的人都知道，观众的反应会多么奇怪地影响戏剧。日场观众和夜场观众看的戏也许完全不同。我们听说，挪威的观众把易卜生的剧作看成是笑声不绝于耳的喜剧。而英国观众从不觉得这些折磨人的戏剧，有什么好笑的地方。观众的情感、兴趣、笑声，都是戏剧演出的组成部分。在某种程度上，观众也在创造戏剧，就像我们通过自己的感官给客观事物增光添色，创造出了阳光的美好、海洋的平静一样。观众并不是一出戏中最不重要的角色。如果观众没有发挥应有的作用，那么整出戏就会变得支离破碎，这时的剧作家，就像孤零零站在场上、没有对手与其比赛的网球选手一样。

现在的观众是一种好奇心很强的动物，他们的精明胜过智慧，其心智低于大多数知识分子。如果从 A 到 Z 对心智进行分级，并按照降序排列，直到末等的歇斯底里的女售货员，我得说，他们的心智大概相当于字母 O 的水平。这种心智很容易受外界影响。有的人尽管没有听懂一个笑话，却会跟着别人发出笑声，因为其他听懂的人笑了。这种心智也富有情感，但它本能地讨厌情感受到剧烈激荡，随时准备着一笑了事、逃避情感。它是多愁善感的，且只会接受自己的那种多愁善感。所以，在英国人们能接受和家庭有关的情感，但儿子对母亲的爱，只会引起人们嘲讽。如果某种情境激发了这种心智的兴趣，那么它就不会在意这种情境是否有可能发生，莎士比亚就大加利用了这一特性。但它却拒绝接受不合理的事物：不少人都知道，自己常常会冲动。但作为观众，他们却坚持，每一个情节都必须有其合理的缘由。他们的道德观念是从众的，他们会为某种情感而感到震撼，而那种情感并不会伤害他们中的任何人；它并没有用自己的大脑思考，而是用自己的腹腔神经丛思考。它很容易感到厌倦。它喜欢别出心裁，但那一定是符合旧观念旧思想的别出心裁，这样的新奇让它兴奋而非惊慌。它喜欢以戏剧形式表达各种思想，但必须是它自己早已产生却由于胆怯而从未昭示于人的思想。如果它受到了伤害或者冒犯，就会愤而离去。它的主要愿望是：确保虚构的就是真实的。

总的来说，观众从未改变，但在不同时期和相同时期的不同国家，他们的世故程度不同。戏剧描绘了当时日常生活的风俗习惯，又反过来影响这些风俗习惯。随着人们风俗习惯的变迁，戏服和戏剧主题也随之出现了小小的变化。比如说，电话的发明让很多场景都成了冗余，大大加快了戏剧的节奏，并避免了某些不可能发生的剧情。可能性是一个可变的因素。它只不过是观众准备接受的事物，通常未必合情合理。和伊丽莎白时代一样，人们经常乱丢有损名誉的书信，或者偶然听到不该听的话。而矢口否认这样的事情，只是一种传统而已。更重要的一点是，随着文化的变迁，人心也发生了改变，所以很多剧作家从前偏爱的主题，现在已经没人写了。我们不再像过去那样复仇心切了，现在一部表现复仇的戏剧，就显得不太真实可信。也许因为我们不复以往的激情，甚至是因为，基督教的教义终于穿透了我们厚厚的脑壳，现在我们认为复仇是可耻的。有一次，我冒昧地提出，女性解放和女性刚刚获得的性自由，已经严重影响了男人对贞洁的重视，所以妒忌不再是悲剧的主题，而仅仅是喜剧的主题了。但我的看法引起了众怒，所以我不会再详述这个话题。

十二　时代需要怎样的剧作家

我对观众做了一番小小的分析，因为对于剧作家来说，观众的特性是最重要的戏剧传统，他的创作必须符合这种传统。每一位艺术家都必须接受他所从事的艺术的传统，但这些传统的特质，有可能会把艺术本身挤到一旁。十八世纪的诗学传统排斥热情，主张想象力必须受到理性的遏制，所以诗人们创造出来的都是一些二流诗歌。现在，事实上，大众在心智上远远不如知识分子，作家必须考虑到这个因素。我认为，这绝对降低了散文剧的地位。人们一次次注意到，剧场的表现落后于时代三十年；而知识分子由于剧作思想的贫乏，大体上已经不再频频光顾戏院了。我的观点是，当知识分子开始在剧院中寻觅思想时，他们展现出来的智慧，就会低于人们对他们的预期。思想是私密的，是理性的产物。它依赖于人类个体的心智和受到的教育。思想从孕育它的那颗头脑中传递到准备接受它的那颗头脑中的过程,也是私密的。如果说,汝之蜜糖,彼之砒霜,那么一个人的观点,很可能对另一个人来说不言自明。但观众会受到集体暗示的影响,而集体暗示会受到情绪的激发。我曾经斗胆提出,如果从 A 到 Z 把观众的心智进行分类,如果以《泰晤士报》评论家的心智作为 A 类心智,以托特汉姆法院路的小店里卖甜点的姑娘的心智作为 Z 类心智,那么观众的平均心智大致在字母 O 的位置。你怎么能写出一部思想深刻的剧作,既能让《泰晤士报》的评论家端坐在正厅的前排座位中看得津津有味,又能吸引坐在顶层楼座的女店员,让她忘记旁边那个正牵着她手的年轻人呢?当各色人等聚合成一个观众群体时,唯一能影响他们所有人的,就是那些常见的、基本的观点,而这些观点几乎都和人类的情感有关。这些也是诗歌的根本理念:爱、死亡和人类的命运。对于这些主题,并不是每一个剧作家都有话可说,他能想到的话题也许早已被表达过千百次了。伟大的真理如此重要,因而早已为人熟知。

除此之外,思想并不是长在醋栗树丛中的。一代人中,有自己新思想的人可谓凤毛麟角。一个既幸运地拥有创作成功剧本的能力,又是原创型思想家的剧作家,是不存在的。如果他没有具象性思维,也不会成为一个剧作家。他必须有一双善于发现的锐眼,我们没有理由期待他拥有概念性思维。也许他具有冥想的气质,喜欢对他的时代进行思考,但这与拥有创意思维相比,还相去甚远。如果剧作家也是哲学家,也许挺不错的。但事实上,这种可能和他们也是国王一样地微乎其微。在我们这个时代中，只有两个剧作家同时也是思想家，他们就是易卜生和萧伯纳①。这两位很幸运，生逢其时。易卜生所处的时代，恰逢使女性摆脱长期从属地位的女性解放运动。而萧伯纳的时代，正是年轻人反叛维多利亚时代的陈规陋习和种种束缚的时代。对他们来说，这些新颖而又能展现舞台效果的题材，完全可以信手拈来。萧伯纳意气风发、幽默诙谐、机智风趣，善于创作喜剧作品，这些长处对剧作家来说非常有用。而正如我们所知，易卜生的创造力极为贫乏。他笔下的不同人物只是名字不同的单调重复，而他在不同作品中的内容情节也鲜有变化。他唯一的绝妙高招就是：一个陌生人突然走进一个闷热的房间，他打开窗户，而坐在那儿的人因此着了凉，闹得大家都很不愉快——这样说并非是多离谱的夸张。如果你思考一下这些剧作家提供的思想内容，除非你受到的教育太少，否则你一定会发现，他们作品中反映的思想，不过是合乎当时大众文化的思想。萧伯纳会生动活泼地向人民传达他的观点，但只有过去的观众才会为此感到惊奇，因为他们的智商有限。

现在的观众再也不会为此感到惊奇了。事实上，年轻人开始把它们看成过时的插科打诨。通过戏剧传播思想的缺点是，如果这些思想是可以接受的，人们就会轻易地接受它们，而帮助传播这些观念的戏剧就完蛋了。因为在剧场中，再也没有什么比被迫

---

① 萧伯纳（George Bernard Shaw, 1856—1950）：爱尔兰现实主义剧作家，代表作有《圣女贞德》《伤心之家》等。

听取被你当成理所当然的那些观点阐述更无聊的事了。既然现在大家都承认女性拥有自己的独立人格，那么就不可能在观看《玩偶之家》时毫无不耐之感。那些把戏剧建立在观念之上的剧作家，在搬起石头砸自己的脚。戏剧的生命非常短暂，因为戏剧必须穿上时尚的外衣。随着时尚的改变，戏剧作品就失去了时代感，而时代感正是它们的吸引力之一。如果把戏剧作品建立在一些马上就会过时的观念上，就会让这些戏剧更加短命，这似乎很可惜。在我说戏剧的生命短暂时，并不是指那些诗剧。诗歌这种最伟大、最崇高的艺术，能借力给它那卑微的伙伴，赋予它生命力。我说的是那些独霸现代剧场的散文剧。我想不出有哪部严肃的散文剧，能够超越它被创作出来的那个年代而继续存在、长盛不衰。有几部喜剧作品已经很偶然地流传了好几个世纪。它们现在又复活了，剧中的某个著名角色，吸引了时下的某个名角；或者，一个缺乏剧目、想要应急的戏院经理会考虑，把一部无须支付版税的作品搬上舞台。它们都是珍贵的文物。观众们会为剧中的机智会心一笑，为剧中的胡闹而尴尬地笑。他们不会太过矜持，也不会全情投入。他们不会相信，因此也不会沉迷在戏院中的幻象中。

但是，如果戏剧的生命注定是短暂的，那么剧作家们也许会问，他们为什么不能把自己看成是记者——那些地位比自己更高、为六便士一份的周刊撰文的记者，并且创作一些和当代政治、社会挂钩的作品呢？说起观点的原创性，剧作家不会比不上那些正经八百的年轻记者。为什么他们的观点就无趣了？这完全没有理由。而且等到这些戏剧不再上演时，这些观念也过时了，那又怎么样？反正那部戏剧已经死亡了。现在对这个问题的答案是：如果这部作品侥幸取得了成功，并且如果他认为创作这部作品很值得的话，那就完全没有理由。但有一点必须预先警告他，就是：别指望从评论家那儿得到什么感谢。因为，尽管批评家们大吹大擂地宣扬观念戏剧，但是当剧作家把作品拿给他们时，如果剧中的观点是他们熟悉的，他们就会嗤之以鼻，慎重地认为他们的观点非常普通。如果剧中的观点是他们不熟悉的，他们就会认为，那完全是胡说八道，并用一千块砖头砸向剧作家。即便是得到他们认可的萧伯纳，也没有逃脱这一两难的困境。

为了满足一些蔑视商业剧院的人的需要，创作一些他们爱看的作品，不少戏剧协会先后成立了。这些协会并不成功。知识分子们不会被人说服去惠顾这样的作品。即便他们愿意去观赏这些戏剧，他们也希望能免费观看。有些剧作家穷尽一生的努力，一直在创作一些只在这样的协会出品的戏剧。他们试图做一些不适合戏剧的事。只要能使人们走进戏院，这些人就成了观众，那么，即便他们的平均心智比普通人略强一些，他们同样会受到支配观众的那些反应的制约。他们受到了感情的支配，而非理性的影响。他们要求动作而非辩论。我说的动作，当然并不仅仅是身体动作。从戏剧的角度来说，说"我头疼"的角色，和从尖塔上摔下来的角色，做出的动作一样多。当这些剧作家创作的作品失败时,他们就会说,失败是因为观众缺乏欣赏这些作品的能力。我认为他们说的不对。他们的作品失败,是因为作品本身缺乏戏剧价值。我们不要以为,商业剧成功是因为质量很差。也许商业剧叙说的故事很老套、对话很普通、人物很平常,但它们仍然获得了成功,因为它们具有一个关键的优点——尽管无疑有点细微,即,其特有的吸引力能深深吸引观众。不过这未必是商业剧的唯一优点,洛佩·德·维加①、莎士比亚和莫里哀②等人的剧作,已经表明了这一点。

我这样大谈特谈观念剧,是因为我觉得,正是对观念剧的需求,导致戏剧令人叹惋地走向式微。评论家鼓吹观念剧,而现在这些评论家无疑是最糟糕的戏剧评判者。不妨想一想,戏剧需要吸引观众整体的注意力;从一位观众传递给另一位观众的感染力,对一位剧作家来说是至关重要的。他希望能引起群情振奋。他必须让观众全情投入,这样他们才能成为戏剧家演奏的乐器,而他们的反馈——他们的共鸣、语调、情感,也将融入他的剧作中。但批评家不是在那儿感受的,而是去评判剧作的。他必须和那些观众保持距离,保持沉着冷静,不能受到情感的左右。他的脑袋必须始终牢牢固定在他的肩膀上。他必须注意,不让自己沦

---

① 洛佩·德·维加(Lope de Vega, 1562—1635):文艺复兴时期西班牙诗人和剧作家,有"西班牙民族戏剧之父"之称,代表作有《羊泉镇》等。
② 莫里哀(Moliere, 1622—1673):法国十七世纪古典主义文学作家,代表作有《无病呻吟》《伪君子》《悭吝人》等。

为普通观众中的一员。他并不是去参与其中的,而是去从局外观察的。这样做的结果是,他看到的戏剧和观众看到的不一样,因为观众们在剧中扮演了自己的角色。那么,他对剧作的要求,就会有别于观众对剧作的要求。为何要满足他的要求呢?完全没有道理。戏剧并不是为剧作家创作的,或者至少不该这样做。但剧作家是一些极为敏感的生物。当有人告诉他们,他们写的作品,是对成年人智商的侮辱时,他们就会沮丧难受。他们希望能做得更好,那些年纪轻轻、抱负远大的剧作家,仍然在追逐荣誉的浮云,于是他们开始坐下来创作观念戏剧。这是可以做到的,并能为他们带来荣誉和财富,萧伯纳的例子就说明了这一点。

萧伯纳给当今英国舞台带来了毁灭性的影响。公众对他的剧作的喜爱,未必总是超过易卜生,但在看过他的戏剧之后,他们喜欢上了这些较少根据旧式传统创作的作品。决意追随他的后学者纷纷涌现,但结果证明,如果没有他那样的伟大天赋,就不可能取得他那样的伟大成就。在这些追随者中,最有天赋的是格兰维尔·巴克[①]。正如他剧作中展现的许多场景所示,格兰维尔·巴克是一个天生的剧作家。他拥有戏剧的天赋,能够创作出平易、自然、有趣的对白,并有一双善于挖掘具有戏剧效果的人物的慧眼。萧伯纳对他的影响,让他重视某些原本平庸的观点,并认为自己散漫的思维也是优点。假如他没有听信别人的劝说,认为大众都是傻子,应该被威吓而不是哄骗,他一定能通过常见的反复

[①] 格兰维尔·巴克(Harley Grandville-Barker, 1877—1946):英国剧作家、评论家,代表作有《沃伊齐的遗产》《冬天的故事》和《荒废》等。

尝试之法，学会如何纠正自己的错误，并为这个国家多贡献几部通俗而又优异的剧作。萧伯纳的一些不怎么样的追随者，却只复制了他的缺点。萧伯纳能在舞台上取得成功，并非因为他是一个创作观念戏剧的剧作家，而是因为他是一个剧作家。然而他是不可模仿的。他的独创性来自于他的某种特质——当然对他来说并不特别，但这样的特质之前从未在戏剧舞台上展现过。英国人——无论他们在伊丽莎白时代怎样，并不是一个多情的民族。对他们而言，爱情是多愁善感的，而非激情的。为了繁衍后代，他们当然足够性感，但他们无法压制一种来自本能的感觉：性行为是恶心的。他们更倾向于把爱看成一种友爱、一种善意，而不是一种激情。他们赞同学者们在博学的著作中描述的那样，爱是一种感情的升华，但他们对坦率直白的爱意表达却充满厌恶或嘲讽。有人发现，英语需要从拉丁语中借用一个贬义词 unorious（"怕老婆的""溺爱妻子的"），来表达男人对妻子专一的爱。这种爱将消耗一个男人，在他们看来那是不值得的。从这一点来说，英语在现代语言中独一无二。在法国，一个因为女人而毁了自己的男人，通常会受到人们的同情和赞赏。人们会觉得那是值得的，而这样做的男人，事实上甚至会为此而感到自豪。在英国，人们会把他当成一个可怜的傻瓜，他自己也会这样认为。这就是为什么《安东尼与克里奥佩特拉》[①]一直是莎士比亚那些较为优秀的戏剧中最不受欢迎的一部的原因。观众们觉得，为了一个

[①] 《安东尼与克里奥佩特拉》（*Antony and Cleopatra*）：莎士比亚于 1607 年前后创作的一出罗马悲剧。

女人而放弃一个帝国,是可鄙的。事实上,如果这部作品并非建立在已被人广为接受的传说的基础上,他们会异口同声地断言,这样的事情是难以置信的。

有的观众被迫坐着看完一些爱是错综复杂的剧情中的主线的戏,但他们自己本能地觉得,尽管爱很美好,却并没有剧作家所表现的那样重要,因为毕竟世界上还有政治、高尔夫球、工作和其他各种事情。对于他们来说,遇到一个认为爱情无聊烦人、是次要的事、是瞬间冲动的迅速满足且往往带来尴尬后果的作家,是一种愉快的解脱。尽管舞台上的一切难免以夸张的方式呈现(而且永远不要忘了,萧伯纳是一个技巧高超的剧作家),但这种令人留下深刻印象的态度之中,仍然有足够的真实。它与盎格鲁-撒克逊民族那根深蒂固的清教主义遥相呼应。可是,如果说英国人并不多情,他们的确多愁善感、感情丰富,他们认为这并非是完全真实的。当其他的剧作家重复表现这一点时——他们并不是和萧伯纳一样,是一种个性的自然流露;而是因为表现这一点引人注目、效果不错——这种片面性就变得极为明显,让人厌烦。作家向你描述他的个人世界,如果你对那个世界有兴趣,你就会关注他。你为什么要去自寻烦恼地阅读二手的描述呢?这完全没有道理。萧伯纳已经说得那么好了,再去重复他的话,是多么地笨拙。

在我看来,当现实主义的要求导致戏剧放弃诗歌这一装饰之后,戏剧的发展出现了错误的走向。诗歌具有一种特殊的戏剧价值,任何人只要看看拉辛①的戏剧或莎士比亚的任何一部伟大的剧作中的长篇演说,就会感到兴奋,就能发现这一点。这和理性无关,而是因为韵文语词中的情感力量。还不止于此:韵文聚焦于一种能够增强审美效果的传统形式,它能让戏剧获得一种散文剧所无法获得的美。无论你有多么钦佩《野鸭》②《不可儿戏》③或《人与超人》④,当你赞叹它们的美的时候,都不可避免地滥用了"美"这个词。但是,诗歌的主要价值是,它能让戏剧从清醒的现实中脱离出来。它让戏剧上升到另一个层次之上,脱离生活,让观众更容易调整到一种特定的情感状态中。在那种情感状态下,观众最容易感受到戏剧的特殊魅力。在那种人为的媒介中,戏剧并非对生活的逐字逐句的翻译,而是一种自由的转换和表现,剧作家因此获得了表现艺术效果的广阔空间。戏剧是虚假的,它并不重在表现现实,而是重在表现效果。柯勒律治⑤笔下的那种"自愿的怀疑暂停状态",对戏剧而言非常重要。对剧作家来说,真实的重要性,在于它能增添趣味。但对他们来说,真实只是逼真而

---

① 拉辛(Jean Racine, 1639—1699):法国剧作家,与高乃依、莫里哀并列17世纪最伟大的三位法国剧作家,代表作有《昂朵马格》《讼棍》等。

② 《野鸭》(*Wild Duck*):挪威剧作家易卜生的第一部象征主义喜剧。

③ 《不可儿戏》(*The Importance of Being Earnest*):十九世纪爱尔兰剧作家奥斯卡·王尔德写的一部讽刺风俗喜剧。

④ 《人与超人》(*Man and Superman*):爱尔兰剧作家萧伯纳写的一部哲理喜剧。

⑤ 柯勒律治(Samuel Taylor Coleridge, 1772—1834):英国浪漫主义诗人、文艺批评家,代表作有《抒情歌谣集》《忽必烈汗》等。

已,它是剧作家说服读者接受的东西。如果观众们愿意相信,一个男人会因为别人告诉他,他妻子的手帕在别人那儿,就怀疑妻子是否忠诚的话,那么好吧,这就足以成为他心生妒忌的动机了。如果他们相信,一顿包括六个菜肴的晚宴,能在十分钟内吃完,那么好吧,剧作家就能继续写下去了。但是如果要求他表现出更多的真实——包括在动机上和行为上,并要求他不要给生活加上欢快或浪漫的装饰,而是原样复制,那么他将失去大部分的资源。他将被迫放弃旁白,因为在自然状态下,人们不会对自己大声说话;他也许无法通过压缩情节加快节奏,而必须将它们按照现实生活中发生的那样记录下来。他必须避开偶然事件和偶然机遇,因为我们知道(在戏院中),这样的事不会发生。然而事实表明,现实主义往往只能带来枯燥无聊的戏剧作品。

当有声电影出现后,散文剧毫无招架之力。电影能更加有效地展示情节,而情节正是戏剧的精华所在。银幕带来了一种人为效果,而诗歌也曾给戏剧带来这样一种人为效果,这就出现了一种别样的写实标准:只要情势使然,不可能的事也是可以被接受的。它给各种各样的新奇事物、生动画面和戏剧效果带来了展现的机会,让观众兴奋、让观众激动。而写作观念戏剧的剧作家不得不吞下苦果:他是为那些知识分子创作戏剧的,知识分子却对他的戏剧毫不在乎,反而去观赏闹剧并看得捧腹大笑,以及陶醉在电影带给他们的刺激和大场面中。事实当然是:他们已经臣服于舞台剧竭力摆脱的那种氛围中了,并受到了虚构的摆布。而那些第一次看洛佩·德·维嘉①和威廉·莎士比亚的戏剧的观众，也曾被这样的虚构所迷住。

我一直避免做一个预言家，并将改造同行们的大任留给别人，但我不得不在此陈述我的观点：我曾为之付出不少时间的散文剧，很快就会消亡。二流的艺术依赖于一个时代的风俗习惯，而不是扎根于深层次的人类需求，它们来得快也去得快。无伴奏的合唱歌曲曾经是一种流行的音乐娱乐形式，它的流行激发作曲家们争相创作这种作品，并形成了一个精深的表演流派，然而，当音响效果更美妙动听的乐器发明出来后，它就走向了式微。散文剧没有理由不遭受到同样的命运。也许有人会说，电影永远无法像有血有肉的真人表演那样让你兴奋、让你感同身受。也许有人曾说，丝竹永远不能像人声那样亲切自然。但事实证明，它们可以做到。

有一件事似乎是确定无疑的，那就是：如果舞台表演有机会存活下去的话，绝不是靠着去做电影更擅长的事而实现的。有的剧作家试图通过大量的小场景，模仿电影中的快节奏情节和多变的布景，其实他们是误入歧途了。我想，如果戏剧家现在试着回归现代戏剧的本原，并借助于诗歌、舞蹈、音乐和露天历史剧，利用一切可能的娱乐资源吸引观众，也许才是最明智的。但我知道，资源丰富的电影在任何方面都能比戏剧做得更好。当然了，

---

① 洛佩·德·维嘉（Lope de Vega，1562—1635）：文艺复兴时期西班牙黄金世纪最重要的诗人、剧作家、小说家，代表作有《羊泉村》《笨贵妇》《诗韵集》等。

这样的戏剧要求剧作家同时也是诗人。也许现实主义剧作家现在拥有的最佳机会，就是着眼于那些直到目前为止电影还没有成功表现的内容——那些重在表现人物内心而非外在动作的戏剧，以及以机智幽默见长的喜剧。电影要求有身体的动作。难以用动作传达的情感以及只可意会不可言传的幽默，对电影没多少价值。无论如何，也许在某个合适的时间，这样的剧作也会有它们的吸引力。

但是说到喜剧，应该认识到，要求喜剧表现现实是不合理的。喜剧人为的痕迹很重，因此只有流于表面，而非真实的自然主义才是合适的。我们得自己寻找笑点，为了发笑而发笑。剧作家的目的不是真实呈现生活（这是悲剧该做的事），而是以讽刺和好笑的方式评论生活。不该让观众提问，"这样的事情真的会发生吗？"应该让他们满足于发笑。现在的喜剧应该比以往任何时候更展现出一种"搁置怀疑"的状态。所以当批评家抱怨说，喜剧在时不时地沦为闹剧时，他们就错了。事实证明，三幕纯粹的喜剧，无法自始至终地吸引观众的注意力。因为喜剧吸引的是观众群体的意识，而群体意识会变得疲乏。闹剧吸引的是更加强健的器官——观众群体的肚皮。伟大的喜剧家，比如莎士比亚、莫里哀和萧伯纳，从来不会讨厌引人发笑的闹剧。这是赋予喜剧活力的生命之血。

十三　艺术上的完美始终是我的至高目标

这些想法模模糊糊地浮现在我的脑海中，让我对戏剧的不满与日俱增，最后我决定和它做个了结。与人合作向来让我觉得不自在。正如我说过的那样，相对于任何其他艺术产品，戏剧更是集体劳动的成果。我发现，和同行们和睦地合作，对我来说变得越来越困难了。

人们常说，优秀演员的演绎，胜过剧作家的描述。这是不对的。一个优秀的演员，能在扮演一个角色时发挥自己的天赋，他往往能给那个角色注入一种价值，而这种价值往往是门外汉读剧本时没有看到的。但是一个演员发挥到极致，也无法超越剧作家心目中的理想境界。要想做到这一点，他必须是一个演技精湛的演员。在很大程度上，剧作家只能满足于近似于他所想象的理想状态的表演。我很幸运,在我所有的剧作中,都有几个角色达到了我想要的效果。但所有角色都演绎得合我心意的戏剧,一部都没有。这显然是不可避免的,因为最适合扮演某一角色的演员,很可能脱不开身,你就只能接受第二个或第三个最适合,你别无他法。近些年中,每个参与选角的人都知道,纽约的竞争,还有英美两国电影业的竞争,让我们更难找到适合饰演某个角色的人选了。经理人一次又一次发现,他只能请到他明知很平庸的演员,因为他找不到别人。还有一个难题是薪酬问题。一个小角色往往也需要高明的演绎,需要一个经验丰富的演员来饰演。但从经营角度来看,只能付给扮演这个角色的演员一定的薪水。因此为一个小角色物色合适的演员,就有一点不切实际。由于这个角色没有演好,整出戏剧的平衡就这样遭到了破坏。由于没有得到恰如其分的表现,一幕具有一定价值的戏就被毁了。另外,饰演某个角色的完美演员,往往会因为角色太微不足道或未能引发共鸣,而不愿出演那个角色。

尽管我这么说,但我无意忽略我对那些杰出男女演员的感激之情。我的不少戏剧能取得那样的成功,他们有很大的功劳,我对他们深表感谢。让我达成心愿的演员,可以列一份长长的名单,在此我无法一一赘述。但我想特别提到其中一位演员,他从来没有成为明星,所以一直不为人知、默默无闻。这位演员就是C·V·法朗士。他曾出演我的好几部戏剧,饰演的角色个个值得推崇。他演出了我想象中的人物性格的最细微、最特别之处。在英国舞台上，很难找到一个比他更有才干、更有智慧、更多才多艺的演员了。另一方面，我很清楚，在我创作的一些戏剧中，观众无法看到我希望他们看到的一切。选角时犯的错误——特别是被选中的还是著名演员时——往往是无法纠正的，此时人们会根据偏离剧作家原本意图的戏剧表现内容来评判剧作家，这对剧作家来说不啻是一种羞辱。没有不受饰演者影响的角色。有的角色给人们留下了深刻印象，有的角色给人们留下的印象不深——但这些往往是一些重要的角色。无论一个角色多有戏剧效果，只有完美的演绎才能带出那种效果。最滑稽、最有趣的台词，只有以恰当的方式说出来时，才会显得滑稽有趣。无论一幕场景有多么温情，如果没有温柔的演绎，那就什么都不是。还有一个演员给剧作家准备的"陷阱"，往往是不易察觉的。我们往往会选择性情和剧中角色相近的演员，让他们本色出演。这种选择方式，让我们很难避开这一陷阱。剧作家设计出了一个人物，随后一个演员被选中饰演这个角色，因为他符合剧作家所设定的那些个性特点。但是，由于剧作家已经赋予了角色那样的个性特点，如果演员本身也具有类似的个性特质的话，那么两者的叠加会导致一种荒唐的夸张。作家创造的人物原本是真实自然的，却因此而变得怪异可笑。在选角时，我常常特意选择和剧中人物性情相反的演员，但我不知道这种方法是否能得到事实的证明。这样做需要演员具有更强的适应性，而现代演员达不到这一要求。也许剧作家处理这一难题的最佳方式，就是刻意地低调处理他的角色，轻描淡写地表现人物，让演员用自己的个性去充实这些人物。但他必须得找到能做到这点的演员。

这样的夸张和错误的选角，有时是不可避免的，而这足以歪曲剧作家的本意。导演往往会进一步歪曲剧作家的本意。在我刚开始创作舞台剧时，导演对自己职能的认识，要比现在谦虚得多。那时，他们只会删减剧本中过于冗长的内容，凭借自己的巧妙布局来掩盖剧作家的结构错误。他们负责安排演员的位置，帮助他们尽量饰演好自己的角色。我想，第一个要求提高导演在合作中的地位的导演，一定是莱因哈特[①]。在此之后，那些缺乏他那样天赋的导演，也仿效了他的先例，而且不止一次地有人可笑地断言：作家的剧本只能被当成是导演表达自己观念的工具。一些导演甚至把自己想象成剧作家，这样的例子时有出现。一个非常优秀的导演杰拉尔德·杜·莫里耶[②]曾告诉我，他对导演自己无法加以改写的作品不感兴趣。这是一个极端的例子，但想找到一个满足于诠释剧作家原创剧本的导演，确实非常困难。导演常常把这看成是一个自己进行原创的机会。一个剧作家的意图常常由于导演愚蠢的固执而被错误地呈现在观众面前；观众怪罪剧作家粗俗、愚蠢，其实这其中不知有多少应该归咎于导演。如果观众知道这些真相，他们一定会深感惊讶。导演是有思想的人，但有些导演的思想未必有多高明，这是一个灾难。有想法是一件让人愉

[①] 莱因哈特（Max Reinhardt, 1873—1943）：奥地利导演、演员、戏剧活动家。
[②] 杰拉尔德·杜·莫里耶（Gerald du Maurier, 1873—1934）：英国演员、导演。

快的事，但只有在你的想法不会招致不恰当的后果，且在你能恰如其分地看待这些想法的价值时，有想法才是安全的。缺乏想法的人，很难不去过度地尊崇这些想法。一个勉强想出了某个对话片段、些许故事情节、某种场景效果的导演，会如此重视他的想法，以至于他为了插入自己的想法，会兴高采烈地搁置剧本中的情节或歪曲其意义。导演往往是虚荣的、固执己见的、缺乏想象力的。有时他是如此独断专行，甚至会迫使演员模仿他自己的语调和举止。而演员们依赖于他的推荐才能得到角色，为了得到他的青睐而温顺有加，只能像奴隶一般按照他说的做，就这样失去了表演的自主性。最好的导演是插手最少的导演。我很幸运，不时能遇到一些真诚地渴望竭尽全力根据剧本进行创作、并尽力满足我心愿的导演。但要进入别人的思维非常困难，就连最意气相投的导演，也只能大致勾勒出剧作家的意图。我想，他们常常会向观众展现一些相比原作更能讨他们欢心的东西，而那些东西并非剧作家的本意。

补救措施当然就是：由剧作家来导演自己的剧本。只有少数自己曾经做过演员的剧作家，才能胜任这一工作。导演需要告诉演员，某种语调或某个姿势是不对的，仅仅这样还不够。你必须通过言传身教，向他演示什么是正确的。由于现在那些小角色的扮演者演技不行，这样做比以前更有必要。杰拉尔德·杜·莫里耶[①]常常

[①] 杰拉尔德·杜·莫里耶（Gerald du Maurier，1873—1934）：英国演员、经理人。

通过一种羞辱式的但却有效的权宜之策达到这个目标。他会带着讽刺模仿一个演员的表演，然后再向演员展示应该怎样表演。他能这样做，是因为他非常善于模仿，他自己就是一个非常优秀的演员。但这是小事。导演戏剧是非常复杂的工作——或者，如果你喜欢，也可能称之为一种艺术——你得通过努力才能学会。导演得处理戏剧的结构，人物如何上场、如何退场，安排不同剧中人物在场上的位置，使他们的组合比较美观，并通过这样的排列组合，使观众的注意力容易在恰当的时机转向他们。他得考虑到演员个体的特点，当某个演员得完成什么他做不到的事情时，他能通过某个巧妙的方法帮助演员克服困难。他还得注意到演员整体的特点。比如，现在没有一个英国演员能一连说上二十多句台词而不感到难为情。这时导演就得想方设法帮助他们克服羞怯。他需要将观众的兴趣引向一出戏的重心，并通过巧妙的方式诱使他们支持那些连接处和旁白的单调片段，因为这些片段也是必须的；还有对戏剧情节的介绍，没有一出戏能够少得了这些内容。他需要考虑到观众注意力容易分散这个问题，并通过制造一些情节，在危险的节点引起他们的注意。他还要考虑到演员们的敏感脆弱、妒忌虚荣，并留心不让他们的自我中心主义，打乱一整出戏的平衡。他需要确保每一个角色都具有一定的价值，没有一个演员自以为是地抢别人的戏、抢别人的风头。他得决定：什么时候该快，什么时候该慢；什么时候应该着重强调，什么时候应该一笔带过；什么时候应该大肆渲染，什么时候应该轻描淡写。他得负责布景,并确保布景是适合情节发展的、是可行的。他得选择适合不同角色的服装,并密切关注那些为了打扮漂亮、不顾衣装是否符合剧中人物的女演员。他还得留意舞台灯光。导演是一份事业,或是一门艺术,需要精密详尽的技术性知识。成为一名导演,需要机智、耐心、好脾气、毅力和强大的适应能力。就我自己而言,我非常清楚,我没有导演戏剧所需要的知识,我也缺乏成为导演所需要的素质。此外,我患有口吃。而且,在我写完一部戏剧,并最后修改完打印稿后,我对那个剧本就再也提不起什么兴趣了。这两点也会妨碍我导演戏剧。我好奇地想知道我的剧本会被如何演绎,但一旦我把它交给其他人之后,我再也无法把它当成自己的作品那样亲密对待了,就像母狗不再关心已被别人收养的小狗一样。别人常常指责我,他们说,在我和导演的观点相左时,我很容易向导演让步,并接受他们的意见。事实上,我一直认为,别人懂得的比我更多。除非在盛怒之下,我从不爱吵架,很少会勃然大怒。最后一点是,我并不太在意能否做一个导演。让我越来越不喜欢戏剧的另一个原因,并不是导演有时显得很无能,而是究竟是否需要导演。

现在该聊聊观众了。观众给了我名气——如果不是名望的话——和财富,使我能按我父亲的生活方式生活。如果我不对他们表达感谢之情,那就有点忘恩负义了。我曾到世界各地旅行。我生活在一所面朝大海的房屋中,这所房屋位于一个花园中间,静谧且远离其他住户，有许多宽敞的房间。我常想，人生短暂，没时间万事亲力亲为，可以付钱给别人帮我做事。而我也足够富有，能够奢侈地为自己做一些我一个人就能做的事情。我有能力款待我的朋友们，帮助我想帮助的人。这一切都是拜公众所赐。但是，我发现自己对一些戏院观众越来越没耐性了。我已经提到过，事实上，在一开始看我自己的戏时，我会感到特别尴尬。而这种尴尬并没有像我预期的那样，随着剧作数量的增加而减轻，反而变得更加严重。一想到有一大群人正在看我写的戏，我立刻感受到了一种令人厌恶的恐惧。所以每当我写的戏上演时，我发现我会特意绕开戏院所在的那些道路。

我早就得出结论：不成功的戏剧没有太大的意义。而我认为我的确知道，如何写出一部成功的戏剧。也就是说，我知道我能从观众那儿期待什么。如果没有他们的合作，我将一事无成，而且我知道他们能合作到何种地步。我发现我对这一点越来越不满意了。剧作家必须了解观众先入为主的观念，洛佩·德·维加和莎士比亚已经证明了这一点。观众们由怯懦或懒惰，只满足于感知，而不是表达自己的一些想法。在洛佩·德·维加和莎士比亚最大胆的时候，他们也只能做到把观众们的这些想法，用语言表达出来。我只能说出一半真相，因为这就是观众们准备接受的一切，但我已经厌倦这样做了。在日常对话中允许出现的各种真相，却不能在舞台上加以表现，这真荒谬，我对此感到厌倦；仅仅为了有吸引力的剧本必须控制在一定长度内，我必须把戏剧的主题纳入一定范畴中,或者把它拉伸到毫无必要的长度,或者将它压缩到完全不合适的地步,我对此感到厌倦。我试着不让人觉得无聊,我对此感到厌倦。事实上,我再也不想遵从戏剧的种种清规戒律了。我猜我已经摸不着观众的品位了。为了证实这点,我去看了好几出当时正红的戏。我不觉得把观众逗乐的笑话有什么好笑的,而那些把观众感动得热泪盈眶的场景,我也毫不动心。这不就解决了问题。

我渴望小说的自由。我愉快地认为,那一个个孤独的读者,愿意倾听我说的一切,我能和他们建立一种亲密感;而对那些花枝招展的戏院公众,我从来不抱这样的希望。我认识很多曾经流行一时的剧作家。我看到他们可怜巴巴地把自己的剧本写了又改、改了又写,却完全没注意到时代已经变了。我看到很多人竭尽全力地试图把握时代精神,却在他们的努力遭到嘲讽时倍感沮丧。我看到,著名的剧作家把剧本交给经理人时,遭到了无礼的对待,而这些经理人当年曾经拿着合同苦苦哀求这些剧作家。我听到过演员们对剧作家的嘲弄挪揄。我看到,当他们最终认识到观众已经抛弃了他们的时候,他们流露出的那种困惑、恐惧和苦恼。亚瑟·皮尼罗[1]和亨利·亚瑟·琼斯[2]都曾有过自己的辉煌时刻,他们对我说过一模一样的话,一个是带着冷冷的讽刺说的,

---

[1] 亚瑟·皮尼罗(Arthur Wing Pinero,1855—1934):英国演员、编剧,代表作有《迷情豪宅》等。

[2] 亨利·亚瑟·琼斯(Henry Arthur Jones,1851—1929):剧本有《马尔加及其失去的天堂》《说谎者》等。

而另一个则怀着备受困惑的恼怒。他们说的那句话是:"他们再也不需要我了"。所以我想我还是见好就收吧。

我的头脑中还有好几部戏剧。其中有两三部只有一些模糊的梗概,我很乐意放弃它们。但另外四部一直盘踞在我的想象中,已经呼之欲出了。我很了解自己,所以我明白,如果我不把他们写下来,它们还会继续骚扰我。好多年来我一直在酝酿那几部戏,但我一直没有动笔,因为我觉得观众不会喜欢它们。我一直不喜欢那些在我身上亏钱的经理人,我猜这是我的中产阶级本能在作祟,幸好总的来说他们并没有亏损。无利可图和有钱可赚的戏剧大致比例为四比一,这个比例是人们普遍接受的。如果我说,事实证明我的那些戏在四比一之上,我想这并不是什么夸张。按照我的预期,我先后创作了这四部戏剧。我的预期是:它们会一部比一部不成功。在我确定结束我的戏剧创作生涯之前,我不想毁了自己在观众心中的声望。前两部戏相当成功,让我大吃一惊。后两部戏和我预期的一样,不太成功。我只想谈谈其中一部——《毋宁死》[①],因为我在这出戏中进行了一番试验,也许有的读者会觉得非常有趣,值得为它思考上几分钟。在这出戏中,我试图让对白比以往我惯常使用的对白更加正式一些。我的第一部标准长度的戏剧创作于 1898 年,最后一部创作于 1933

---

① 《毋宁死》(*The Sacred Flame*):毛姆创作的一部喜剧,又译为《圣火》。

年。在这段时间中，我亲眼目睹了对白风格的变迁：从皮尼罗式的浮夸和迂腐和奥斯卡·王尔德的优雅和矫揉造作，变成了现在的完全口语化。现实主义的需求诱使剧作家们越来越走向自然主义。正如我们所知，这种风格已经被诺埃尔·考沃德[①]应用到了极致。它不仅避免了文学性，而且为了追求真实感，抛弃了语法、断开了句子。因为，据说在日常生活中，人们说的话都是不合语法的，使用的都是短句或不完整的句子，而且采用的词汇都是最简单、最普通的。人与人之间的对话，全靠耸肩、挥手和做鬼脸补足。在我看来，这种跟风会让剧作家作茧自缚。因为他们再现的这种充满俚语、多省略、残缺不全的言语，只是一个阶层使用的话语，是那些受教育不多的年轻富家子弟——就是报纸中所描述的那些"赶时髦的家伙"——的语言。他们经常会出现在报纸的闲话专栏和带插画的周刊中。也许英国人生性沉默寡言是个事实，但我认为他们还不至于沉默寡言到现在别人说的那种程度。有很多人，包括从事各行各业的职业人士和有文化的女性，他们会用合乎语法、精心选择的语言，给他们的想法穿上华美的外衣。我们可以说，他们能用合适的语词、合适的语序，说清自己想说的话。目前的语言模式迫使法官或名医像酒吧客一样，无法恰如其分地表达自己的思想，这是对事实的严重歪曲。这种情形缩小了剧作家能够展示的人物范围，因为剧作家只能通过言谈展

[①] 诺埃尔·考沃德（Noel Coward, 1899—1973）：英国演员、剧作家、导演、制片人。

示人物形象。当对白沦落成一些简单的口语和符号时，是无法表达人类精妙的思想或复杂的感情的。在这种潜移默化的影响下，剧作家只能选择那些观众认为说话自然的人物作为他作品的主角，而这些人说的话不可避免地十分简单直率。这大大限制了剧作的主题，因为这种所谓自然的对话，难以应对人类生活的一些基本问题，无法分析复杂的人性（以及戏剧主题）。这种自然主义的对话，扼杀了依赖语言风趣的喜剧，而风趣的语言依赖于巧妙的措辞。这等于在散文剧的棺木上又钉下了一颗钉子。

于是我想，我会在《毋宁死》中试着让我笔下的人物不说他们平时会说的话，而使用更正式的书面语言交谈——假如他们事先做过准备，知道该如何用精准且确切的语言来说他们想说的话，他们就会使用这样的语词。似乎我处理得不够好，在排演过程中，我发现那些已经不再使用这些语词的演员，对此感到不自在。他们觉得自己是在背诵台词，所以我不得不简化处理、分割语句。但我仍然保留了很多这样的语言，给批评家们留下了足够的批判空间。我的一些对白，果然因为"太书卷气"而遭到了指责。批评家们告诉我，人们不会那样说话。我从没想过他们会那样说话，但我没坚持己见。我当时的处境，就像一个租约快要到期的租客，不值得再费劲对租房进行结构上的改动了。在我的最后两部喜剧中，我又恢复了之前使用的那种自然主义的对白。

假设你连续多日跋涉山路之间，你一度以为，在绕过你面前的大片山体之后，会看到一片平原。然而事实并非如此。峰回路转之后，你的眼前又出现了悬崖峭壁，令人疲乏的小路继续向前延伸。在这之后你以为一定能看到平原了。不，小径无止无尽地向前蜿蜒，又一座大山拦住了你的路。突然，那片平原出现在了你的眼前，你为之欢呼雀跃。宽广的平原向前延伸、一路阳光普照。群山给你肩头带来的压抑感一扫而空，你欢快地呼吸着舒朗的空气，体验到了自由的美妙滋味。在我写完最后一部出戏时，我就是这样的感觉。

我还无法说，我是否从此一劳永逸地和戏剧拜拜了，因为作家是灵感的奴隶——由于找不到一个更加谦虚的字眼，我只好称之为"灵感"。而且我也无法确定，在未来的某一天，我是否突然想到了一个主题，并且我只能以戏剧的形式把它写下来。我希望这样的事不会发生。因为我有一个想法，我想读者一定会觉得这个想法愚蠢、傲慢得很。我似乎已经拥有了戏剧能够带给我的全部体验。我已经赚到了足够的钱，足以满足我对生活的一切要求，让我能以喜欢的方式生活，我已经"臭名远扬"，甚至还可能一度颇负盛名。我也许应该满足了。但我想实现一个目标，在我看来，我似乎不该指望能通过戏剧实现这个目标：完美。我评判的不是我自己的剧本，我自己剧本中的瑕疵，没人比我更了解——这点让我气恼，而是一直流传至今的那些过去时代的剧本。即便是那些最伟大的剧作，也有极大的缺陷。考虑到它们创作时的时代习俗和当时的舞台条件，你也许可以给它们的不尽如人意找几个借口。那些伟大的希腊悲剧离我们是那样遥远，而且它们所诠释的文明，现在看来是那样陌生，所以我们很难去公正地评判它们。依我看来，也许《安提戈涅》①非常接近完美。我认为现代戏剧中没什么作品比拉辛的部分作品更接近完美。但完美付出的代价是，他的创作受到了多大的限制啊！他以无比精湛的技艺，用心雕刻着一颗樱桃核。只有那些盲目崇拜偶像的人，才拒绝看到莎士比亚戏剧中的一些重大缺陷——很多是处理方式上的缺陷，偶尔也有人物刻画方面的缺陷。正如我们所了解的那样，莎士比亚会为了精彩的场景而牺牲别的一切，因此这些缺陷也就可以理解了。所有这些戏剧都是用不朽的诗句写成的。如果你想从现代散文剧中寻找完美，你一定无法找到。我想大家都承认，易卜生是过去一百年来最伟大的剧作家。但是，尽管他的戏剧具有那么多优点，他的作品是多么缺乏创意，他的人物角色是多么重复。而如果你略加深入发掘，你就会发现，他的许多主题是多么愚蠢！戏剧艺术似乎天生具有这样那样的缺点。为了取得一种效果，你必须牺牲另一种效果。因此要创作一部在各个方面——包括主题的趣味性和重要性、人物的精妙和独创性、情节的真实程度、对白的精彩程度——都完美无瑕的剧本，是不可能的。在我看来，小说和其他短故事有时还能实现艺术上的完美，尽管我对此不敢奢望。我有一个想法：如果借助这些媒介而非戏剧，也许我能更加接近完美。

---

① 安提戈涅（Antigone）：古希腊悲剧作家索福克勒斯于公元前442年创作的一部戏剧作品。

十四　潜心小说创作的那几年

我的第一部小说叫作《兰贝斯的丽莎》①。我寄出去的第一家出版商，就接受了这部作品。有段时间，费希尔·安文（Fisher Unwin）推出了一个"笔名丛书"系列，这套丛书中包含不少广受关注的短篇小说，其中包括约翰·奥利弗·霍布斯②的作品。人们认为他的作品诙谐而大胆。这些作品让作者声名鹊起，也奠定了这套丛书的威望。我写了两个短篇故事，并认为这两本小说合成一卷，恰好符合这套丛书的作品规格。于是我把它们寄给了费希尔·安文。过了一段时间后，他把我的作品退了回来，但他附上

---

① 《兰贝斯的丽莎》（*Liza of Lambeth*）：毛姆的小说处女作，讲述贫民窟女孩丽莎的故事。

② 约翰·奥利弗·霍布斯（John Oliver Hobbs, 1867—1906）：英国小说家、戏剧家珀尔·克雷杰（Pearl Mary Teresa Craigie）的笔名，其作品有小说《葡萄园》、戏剧《大使》等。

了一封信，问我有没有小说可以给他。这是一个极大的鼓励，我立刻坐下来开始创作小说。由于我一天到晚都在医院忙前忙后，我只能在晚上写作。通常我会在六点下班后就回到家中，读完在兰贝斯桥拐角买的《星报》，早早吃过晚饭、清理好饭桌后，就立刻开工。

费希尔·安文对他的签约作家们很苛刻。我年轻、没经验，一部作品被接受了，就欣喜若狂。他利用我的这些弱点，和我签订了一份协议。根据协议，只有在他售出很多册书之后，我才能得到版税。但他知道如何推销书籍，他把我的小说寄给了好几个有影响力的人物。很多人评论了我的作品，尽管各种评论都有。巴兹尔·威尔伯福斯（Basil Wilberforce）——他后来成了威斯敏斯特教堂的领班神父——在大教堂布教时宣传了这部作品。这部作品还给圣托马斯医院的资深产科医师留下了深刻的印象，他给我提供了他手下的一个职位，因为在这本书问世后不久，我就通过了期末考试。但由于我高估了这本书的成功，并一心想要抛弃从医生涯，我不明智地拒绝了他的好意。出版后还没到一个月，这本书就有再版需求了。我当时认为，自己一定能做个作家并以此轻松谋生，我丝毫不怀疑这一点。一年之后，当我从塞维利亚回来后，我收到了费希尔·安文付给我的版税支票，金额是二十英镑，这让我多少有点吃惊。根据《兰贝斯的丽莎》持续不断的销量来看，这本书仍然有点可读性，但要说这本书有什么优点，其实应该归功于我的运气。因为，我当时是一个医科学生，能接触到当时小说家很少了解的生活的另一面。阿瑟·莫里森[①]以他的《穷街陋巷故事集》和《雅各的一个孩子》，吸引了公众对下层社会的关注，引发了人们的兴趣，而我正是得益于这一点。

我对写作一无所知。尽管就我的年龄来说，我读的书不算少了。但我读书不加甄别，读完一本就如饥似渴地读下一本我听到的书，迫切地想要知道书里讲了一些什么。尽管我认为我也有所收益，但在我决定动笔写作时，真正对我产生重大影响的是居伊·德·莫泊桑[②]的小说和短篇故事。我从十六岁时开始读他的作品。无论我什么时候去巴黎，我都会一下午一下午地待在奥德翁一带的那些长廊里，浏览那儿的图书。莫泊桑的一些小说重印成小册子了，每本小册子售价七十五生丁[③]。我买下了这些书。他的另外一些作品要三法朗五十分一本，我拿不出那么多钱来，所以我往往从书架中抽出书来，能看多少就看多少。那些穿淡灰色工作服的工作人员并没有注意到我，因此在没人看我这边的时候，我可以略过一页，然后不受打断地继续看下去。就这样，我在二十岁前，就读过了莫泊桑的大多数作品。尽管他现在的名气没过去那么响亮了，但必须承认，他有不少优点。他条理清楚、直

---

① 阿瑟·莫里森（Arthur Morrison，1863—1945）：英国作家、记者，代表作包括下文提到的《穷街陋巷故事集》（*Tales of Mean Streets*）、《雅各的一个孩子》（*A Child of the Jago*）等。

② 居伊·德·莫泊桑（Guy de Maupassant，1850—1893）：法国批判现实主义作家，与契科夫、欧·亨利并称为"世界三大短篇小说巨匠"，代表作有《项链》《羊脂球》《我的叔叔于勒》等。

③ 生丁：法国旧货币单位，一法朗等于一百生丁。

截了当、注重形式,并且他知道如何从他所讲述的故事中,最大化地挖掘出戏剧价值。我不禁想,作为一位文学大师,他比当时影响了不少年轻人的英国小说家更值得追随。在《兰贝斯的丽莎》中,我描述了我在医院的门诊部和担任助产助理时遇到的那些人,当我挨家挨户地看病时那些让触动我的情景,或者在我无事闲逛时的见闻。我对这些内容的描述既没有添油加醋,也没有夸大其词。我缺乏想象力(因为想象力需要不断练习才能提高。和普遍观点相反,成年人的想象力要胜过年轻人的想象力),所以我只能把我亲眼看到、亲耳听到的见闻直截了当地记录下来。我的那部作品取得的成功,完全应该感谢运气,并不能说明我未来是否有前途。但我当初并不知道这一点。

当时,费希尔·欧文催促我再写一本关于贫民窟的书,篇幅需要再长一点。他告诉我,这是大众的要求。他预言这本书将比《兰贝斯的丽莎》更成功,因为我现在已经打开局面了。但我根本没有这样的想法。我那时候野心勃勃,我有一种感觉——尽管我不知道这种感觉从何而来:你不该追逐成功,而应飞向成功。并且我从法国人那儿学到,不要太重视地域小说。我已经写了一本关于贫民窟的书,我就对它不感兴趣了,而且事实上我已经完成了另外一本内容迥异的小说。费希尔·安文收到这本书后,一定会大感失望。这是一本描写文艺复兴时期的意大利的小说,是我在阅读了马基亚维利[①]的《佛罗伦萨史》后,根据其中的一个故

[①] 马基亚维利(Niccolo Machiavelli, 1469—1527):意大利政治思想家、历史学家、剧作家,代表作有《君主论》《论战争艺术》和《佛罗伦萨史》等。

事改写的。我会写这部小说,是因为我读了安德鲁·朗格[①]写的关于小说艺术的一些文章。在其中一篇文章中,他指出:历史小说是年轻作家唯一有希望写成功的文学形式,我对此深以为然。因为年轻作家没有足够的生活经验,无法写好反映当代社会风俗的作品。历史能给他们提供故事和人物,而年轻的热血和浪漫的激情,又赋予了他写作这种内容所需的干劲。现在我知道,这完全是胡说八道。首先,说年轻作家没有足够经验,无法驾驭当代的话题,这点就不正确。我认为,一个人在童年时代和成年早期所认识的人,是他最了解的,是在此之后无法超越的。一个人的家人、陪他度过不少童年时光的奴仆、他学校中的老师、其他的男孩和女孩——在他小时候,他太了解他们了。他能一览无余地观察他们。成年人会有意或无意地在小孩面前暴露真我,而他们不会在其他成年人面前这样做。此外,那个孩子——那个男孩,非常了解他的生活环境、他生活的家园、附近的乡村或城镇的街道。了解之细致是日后无法企及的,因为无数过去的印象会让他的感受力变得迟钝。历史小说要求对人物有深刻的认识,这样才能创造出栩栩如生的人物。而在第一眼看去,这些举止、观念各不相同的人物原型,对我们来说是如此陌生。此外,重塑过去不仅需要广博的知识,也需要丰富的想象力,我们很难期待年轻人拥有如此丰富的想象力。我也许应该说,事实真相和安德鲁·朗格所说的恰恰相反。小说家应该在其职业生涯的晚期再开始创作历史

[①] 安德鲁·朗格(Andrew Lang, 1844—1912):英国文学家、历史学家、诗人,代表作有《朗格童话》等。

小说，因为那时他的各种思绪和自己人生中的起起落落，将让他更了解这个世界。而且，多年以来他一直在探索周围人的人性，因此，他现在对人类的本性拥有一种直觉式的了解，这有利于他了解并重塑过去的人物。我已经基于我的了解，创作了我的第一部小说。但这时我却受到了他那糟糕建议的蛊惑，开始创作历史小说了。我当时在卡普里岛度长假，我就在那儿开始创作。我的热情是如此惊人，每天早上六点，我就把自己叫醒，并开始写作，直到饥饿迫使我休息片刻，去吃早餐。至少我还知道，在海上度过早上的剩余时间。

我不需要再说那部小说了吧。在接下去的几年中，我一直在写小说。其中一部小说《克雷杜克夫人》（Mrs Craddock）并不算不成功，我在作品选集中再版了这部小说。至于其他的作品，有两部是根据没上演的戏剧改编的小说，在很长时间中，它们就像丢脸的事一样，让我深感良心不安。我本该大力镇压这种不安，但我现在知道，我的担忧完全是不必要的。哪怕最伟大的作家，也写过一些很糟糕的作品。巴尔扎克的很多作品，都没收进《人间喜剧》中。尽管如此，《人间喜剧》中仍然有不少作品，只有那些学生才会费神去读。作家希望被人们忘记的那些作品，一定会被读者忘记，对此作家们大可放心。我也写过一部这样的作品，因为我得赚足够的钱，来维持第二年的生活。而另一部糟糕的作品之所以会问世，是因为我当时喜欢上了一个有奢华品位的女子。我的追求失败了，因为更加富有的仰慕者们也注意到了她，他们能为她提供各种奢侈品,那些正是她那浅薄的灵魂所渴望的。我没有什么可以给她的,只有一片真心和一丝幽默感。我决定写一本能让我赚上三四百英镑的书,这样我就能和那些竞争者相提并论了。因为那个年轻女子太有吸引力了。但即便你再努力,也需要很长时间才能写出一篇小说。你还得把作品出版,然后再等上好几个月之后,出版商才会付稿费给你。结果,等我拿到那笔钱时,我当初以为永恒不灭的爱火,早就已经熄灭了,我再也不想和先前计划的那样花这笔钱了。我用这笔钱去了埃及。

除了这两本书之外,在我成为职业作家后的第一个十年内,我写的那些书都是练手的,我希望能借此精进我的技艺。困扰职业作家的一大难题是,他必须以牺牲读者为代价,才能提高自己的写作水平。他必须依赖于自己内心的本能写作,而他的大脑中充斥着各种题材。但他没有处理这些内容的本领,他的经验非常有限。他未经雕琢,不知道如何充分利用他所拥有的那些天赋。当他写完书时,如果可以的话,他必须把书出版。这样做的部分原因是赚钱谋生。另一个原因是,在他的作品被印成铅字之前,他没法知道他的作品是什么样的。而且唯有在听取了朋友们和批评家们的意见之后,他才能发现自己的错误。我听说,居伊·德·莫泊桑无论写了什么,都会拿给福楼拜看。在他如此笔耕了好几年后,福楼拜才允许他出版自己的第一部小说。正如世人所知,这部小小的经典之作叫作《羊脂球》[①]。不过这是特殊情况。莫泊

[①] 《羊脂球》(*Boule de suif*):法国作家莫泊桑创作的中篇小说,作品形象地反映了资产阶级在普法战争中暴露出来的丑恶嘴脸。

桑供职于政府办公室,因此既有稳定的生活来源,也有充足的闲暇时间进行写作。很少有人有耐心等上那么长时间,然后再发表作品、到公众那儿去碰碰运气,而能够如此幸运地得到福楼拜这样认真负责的大作家悉心指导的人,更是少而又少。在大多数情况下,作家们因此浪费了不少优秀的题材。如果在他们更了解人生、艺术上也更炉火纯青的时候再动笔,他们原本可以好好利用这些题材。我有时希望,我没有那样的好运,我的第一本书没有立马被读者接受。因为如果这样的话,我就会继续从医,我会得到医院的正式职位,到全国各地做全科医师的助手或代理医生,我将借此获得大量宝贵的经验。如果我的作品一部又一部地遭到拒绝,那么我最终呈现给公众的作品,就会更加完美。我为没人指点我而深感遗憾,也许我本来可以避免许多误入歧途的无用功。我认识一些文人,尽管数量不多。即便是在那时,我也已经感到,他们的陪伴虽让人非常愉悦,对我的写作并无益处。而当时我太腼腆、太高傲、太羞怯,所以没有征求他们的忠告。我研究的法国小说家多于英国小说家,在从莫泊桑那儿学到了我能学到的一切后,我转而向司汤达[①]、巴尔扎克[②]、龚古尔兄弟[③]、

---

① 司汤达(Stendhal, 1783—1842):原名马里-亨利·贝尔(Marie-Henri Beyle),司汤达是他的笔名,法国著名的批判现实主义作家,代表作有《阿尔芒斯》《红与黑》等。

② 巴尔扎克(Honoré-de Balzac, 1799—1850):法国现实主义小说家,被誉为"现代法国小说之父",代表作有《人间喜剧》《驴皮记》等。

③ 龚古尔兄弟(the Gongourts):法国作家,他们是兄弟二人,哥哥是埃德蒙·德·龚古尔(Edmond de Goncourt, 1822—1896),弟弟是朱尔斯·德·龚古尔(Jules de Goncourt, 1830—1870)。他俩合写的小说包裹《夏尔·德马依》等。根据哥哥遗嘱成立的龚古尔学院每年颁发龚古尔文学奖,对后世有重大影响。

福楼拜①和阿纳托尔·法朗士②学习。

我做过各种尝试。其中一种尝试，在当时颇为新奇。我一直热切寻求的人生经历告诉我：如果小说家只抓住两三个人物或一群人描写，专心描述他们精神或物质的种种遭遇，就像世界上不存在其他人，也没发生任何其他事情一样，这样做事实上提供的是一幅非常片面的现实画卷。我自己就生活在好几个彼此毫无交集的圈子中。这让我想到，如果能按照同等的重要程度，同时呈现同一时期不同圈子中所发生的不同故事，也许能创作出一幅更加真实的生活图景。我创作了大量人物，比我以前试图驾驭的人物多得多，并构思了四五个彼此独立的故事。我通过一条极其细微的线索把它们串联在一起：一个老年妇女，在各个圈子里，她至少认识一个人。这本书叫《旋转木马》③，内容相当荒唐：由于受到九十年代的唯美学派的影响，我把每个人物都写得很美——美得不可思议，并且在写作方式上过于紧凑、矫揉造作。但这部作品的最主要缺陷是，缺乏一条能引导读者兴趣的连贯线索。这几个故事并不是同等重要的，让读者的注意力不断从一组人物身上转移到另外一组人物身上，委实让人厌倦。我失败了，因为我

---

① 福楼拜（Gustave Flaubert，1821—1880），法国著名作家，其"客观描写"兼有现实主义和自然主义的特点，代表作有《包法利夫人》《情感教育》等。

② 阿纳托尔·法朗士（Anatole France，1844—1924）：法国小说家，1921年诺贝尔文学奖获得者，原名雅克·阿纳托尔·弗朗索瓦·蒂博（Jacques Anatole François Thibault），阿纳托尔·法朗士是其笔名。代表作有《金色诗集》《波纳尔的罪行》等。

③ 《旋转木马》（*The Merry-Go-Round*）：毛姆的一部作品，通过一个三重奏故事，表现人类挚爱与理性的混乱。

忽略了一个很简单的方法：从一个特定人物的视角，将各种事件和卷入这些事件中的各式人物串联起来。当然，那些自传体小说已经采用了这种方法数百年之久，但将其真正发扬光大的是亨利·詹姆斯[①]。他把"他"换成"我"，从一个无所不知的全能叙述者，退回到一个对情况并不完全了解的"当事人"。通过这种简单的处理，他向我们展示了如何赋予一个故事完整性和逼真感。

我觉得，我比大多数作家成熟得慢。在新旧世纪之交的那几年，人们把我看成一个聪慧的年轻作家，相当早熟、尖刻，还有那么一点讨厌，但值得注目。我的稿费很少，但我的作品都得到了长篇大论的审慎评论。可当我把我的一些早期小说，和现在的那些年轻人的作品进行比较时，我不得不承认，他们的作品要成功得多。我这个年岁渐增的作家一直在关注年轻一代的所作所为，并且时不时地读一些他们的小说。十多岁的小姑娘、上大学的年轻人，他们创作的作品在我看来写得都不错，组织得也不错，并且显得经验丰富。我不知道是否现在的年轻人，比四十年前的年轻人成熟得更快；我也不知道，是不是小说艺术在这段时间中突飞猛进，因此现在写一部优秀的作品很容易，而在当时就连创作一部平庸的作品也非常困难。如果现在有人愿意费神看看

[①] 亨利·詹姆斯（Henry James，1843—1916）：美国小说家，代表作有《一个美国人》《一位女士的画像》等。

《黄面志》①——在当时，这本书似乎已经穷尽了人类智力的复杂，那么他一定会吃惊地发现，里面的大部分作品是多么糟糕。这些作家不管怎样大吹大擂，充其量不过是黑水中的旋涡，最多只会在英国文学史中留下匆匆一笔。当我翻阅这些发霉的书页时，我不由微微颤抖。我问自己，是否再过四十年后，目前那些时髦聪明的年轻文人，也会和眼下他们《黄面志》中的未婚姑妈一样空洞乏味。

我突然成了一个知名的戏剧家，对我来说这很幸运，因为这样我就不必每年创作一部小说并以此养家糊口了。我发现戏剧很容易创作。它们给我带来的"恶名"，也并不让我讨厌。而且戏剧让我赚了足够多的钱，我不必再和以前一样，被迫紧巴巴地过日子了。我一直缺乏那种不为明天担心的波希米亚气质。我从来都不喜欢问人借钱，我讨厌负债。那种卑贱的生活，对我也没有吸引力。我并不是在那种卑贱的环境中长大的。一等我有了钱，我立马在梅费尔②买了一套房子。

有的人看不起钱财。当他们说"艺术家不宜受到金钱的限制"时，他们也许是对的。但艺术家自己并不是这样认为的。他们住在阁楼中，是出于迫不得已，而仰慕他们的人却喜欢在那种地方看到他们。他们奢侈的生活，常常毁了自己。毕竟他们是想象力丰富的生物，名望和地位吸引着他们：精美的房屋、听话的

---

① 《黄面志》(*The Yellow Book*)：1814—1887年发行的一种文艺季刊。
② 梅费尔（Mayfair）：伦敦上流住宅区。

仆人、华美的地毯、美丽的画作和奢华的家具。提香①和鲁宾斯②生活得像王侯一样；蒲柏③有他的洞室（Grotto）和梅花屋（Quincunx）；沃尔特爵士④有他的产业"哥特阿博茨福德"（Gothic Abbotsford）；格列柯⑤有自己的套房，在吃饭时有乐师为他演奏。他还有自己的图书室、华衣美服，他死的时候破产了。艺术家生活在一个半独立式的别墅中，吃着全职女仆做的农家馅饼——这种情况其实是反常的。这反映的不是公正无私的心灵，而是一个无趣且琐屑的灵魂。因为对一个艺术家来说，他喜欢的那些围绕在自己身边的奢侈之物，只是一种消遣。他的房屋、土地、汽车、名画，都只是自娱自乐的玩物，都只是他的能力的可视化象征。这些东西不能穿透他那本质上的超然。就我自己而言，可以说，我已经拥有过钱能买来的一切好东西（类似的体验），如今我能丢下拥有的一切身外之物，而没有一丝舍不得的痛苦。我们生活在动荡不定的年代，我们拥有的一切，随时都有可能失去。只要有足够的粗茶淡饭来满足我小小的胃口，一个自己

---

① 提香（Titian Vecellio，1490—1576）：意大利文艺复兴后期威尼斯画派的代表作家，代表作有《乌比诺的维纳斯》《圣母升天》等。
② 鲁宾斯（Peter Paul Rubens，1577—1640）：比利时画家，十七世纪巴洛克艺术的代表画家，代表作有《十字架上的耶稣》等。
③ 蒲柏（Alexander Pope，1688—1744）：十八世纪英国最伟大诗人，代表作有《伊利亚特》《奥德赛》《田园诗集》《批评论》等。
④ 沃尔特爵士（Walter Scott，1771—1832）：英国小说家、诗人，代表作有《艾凡赫》《惊婚记》等。
⑤ 格列柯（El Greco，1541—1614）：西班牙画家，代表作有《脱掉基督的外衣》等。

的房间、一些从公共图书馆借来的书,还有纸和笔,我就没有遗憾了。我很高兴,作为剧作家,我挣了不少钱。金钱给我带来了自由。我对待金钱的态度很谨慎,因为我再也不想回到那种可悲的状态——因缺钱而无法做自己真正想做的事。

十五　作家这一职业的危险性

　　我是一个作家，本来也可能成为医生或律师。这是一个很愉快的职业，所以即便有很多不具备资质的人也投身于写作，也并不令人惊讶。写作令人兴奋、跌宕起伏。作家可以自由地在自己选择的任何地方、任何时间工作。如果他身体欠佳或精神不佳，他完全可以偷一会懒。这个职业也有它的缺点：整个世界、所有人、所有景象和事件，都可以成为你的素材，你却只能去写那些符合自己天性的内容。矿藏非常丰富，但我们每个人都只能从中获取一定数量的矿石。因此尽管资源如此丰富，作家仍然可能"饿死"。他找不到合适的素材，似乎江郎才尽了。我觉得不存在这种担忧的作家很少。另一个缺点是，职业作家必须取悦于人。除非能找到大量读者来读他的作品，否则他就要挨饿。有时，环境给他的压力是如此之大，因此尽管心中不满，也只能臣服于公众的需求。我们不该对人性有太高的期望，对于他偶尔的粗制滥造之作，我们应该予以宽容。处于独立环境中的作家，应该同情而不是嘲笑那些有时迫于严酷现实，不得不粗制滥造的同行。切尔西的一个小贤人曾说，为钱写作的作家，不是为他而写作的。他说过很多聪明话（作为一个贤人理应如此），但这句话说得很愚蠢。因为作家的写作动机，和读者没什么关系，他只关心结果。很多作家只有在为情势所迫时才会动笔（塞缪尔·约翰逊①就是其中之一），但他们并非是为钱写作。如果他们为钱写作，那他们就太愚蠢了，因为以同样的能力和勤奋，很少有职业比写作挣钱更少。世上很多伟大的肖像画，都是因为有人付钱给画家后才画出来的。绘画和写作有一个共同点：艺术家一旦开始动笔，就会兴奋地全身心沉浸其中。但是，除非画作能让顾客满意，否则画家就拿不到佣金。同样，除非作品能让读者感兴趣，否则读者就不会去看。然而，作家普遍有这样一种感觉：公众理应喜欢他们的作品。如果他们的书卖不出去，问题一定出在公众身上，而不是他们身上。我从未遇到过一个作家愿意承认，读者不买他的书，是因为他的作品很枯燥。许多艺术家的作品在很长一段时间中少有人问津，但最后却声名大噪，这样的例子不胜枚举。然而，那些作品一直遭到忽视的作家，就默默无闻了。这些作家在数量上远远超过前者。那些逝者的呕心力作现在在哪儿呢？如果说，天

---

① 塞缪尔·约翰逊（Samuel Johnson, 1709—1784）：英国作家、文学评论家和诗人，代表作有：《伦敦》《人类欲望的虚幻》《阿比西尼亚王子》《莎士比亚集》。

赋真的是能力和一种特别的世界观的结合，那么非常容易理解，独创性不可能在一开始就受到欢迎。在这个瞬息万变的世界中，人们怀疑新奇的事物，需要给他们一点时间，他们才能适应。一个特别的作家只能慢慢地获得人们的欣赏。首先，他需要一定的时间，才能成为他自己，因为年轻人只有羞怯的时候才是他们自己。其次，他需要一定的时间，才能让芸芸众生——他最终会不无傲慢地把这些人称作"他的读者"——相信，他能提供给他们想要的东西。他会发现，他的个性越强，实现这一点就越困难，并且他需要花更久的时间才能谋生。此外，他也无法确定自己的成功能否持久，因为尽管他很有个性，如果能给予读者的东西不多，那么他很快就会重归默默无闻，而他之前费了那么大劲，才得以脱颖而出。

作家应该另有一个能够谋生的职业，再在业余的闲暇时间写作，这样说说很容易。其实，过去的作家通常都是被迫这样做的，因为他们无论多么优秀、多么受欢迎，仍然无法挣得足够的钱维持生计。在那些读者人数不多的国家中，至今仍然如此。他必须干一份在办公室中上班的工作——最好是政府部门或新闻行业中的工作——以挣钱谋生。但是英语国家的作家，拥有大量的潜在读者。因此他们把写作当成一种职业，也非常合理。要不是以前在英语国家中，人们多少有点轻视文学艺术，做这一行的人可能就会更多。人们有一种似乎合情合理的感觉：从事写作或绘画，不是一个男人该干的事情。这样的社会压力，使得很多人没有进入这一行。你必须有一种坚定而强烈的愿望，才会选择这一至少会让你背负轻微的耻辱感的职业。在法国和德国，写作是一种崇高的职业，选择这一职业，能得到父母的赞成，尽管其经济回报不能让人满意。你经常会遇到这样的德国母亲：当你问她，她的年轻儿子打算做什么时，她会骄傲地回答，他想做个诗人。在法国，有钱人家会觉得，把自家的千金嫁给一个有才华的年轻小说家，是珠联璧合。作家不只在书桌前写作，他整天都在写作——在他思考的时候，在他阅读的时候，在他体验生活的时候。他所见所闻、所知所感的一切，对他的目的都很重要。无论是出于有意还是无意，他总是在不断积累、修正他的种种印象。他不能全神贯注地投入于别的工作中，如果那样，他既不能让自己满意，也不能让他的雇主满意。对他来说，最常见的选择是，接受一份新闻行业的工作，因为这和他的写作生涯似乎联系更为紧密。其实这是最危险的。报纸上的文章有一种冷静客观的特质，这将在不知不觉中影响作家。为报社大量撰文的那些人，似乎失去了从自己的视角去观察事物的能力。他们基于一个中立的视角进行观察，观点往往非常鲜明，有时让人兴奋，但永远不可能独具特色——尽管只反映了部分事实，却洋溢着观察者的个性。事实上，报刊扼杀了撰稿人的个性。写书评也同样有害。评论家忙着看那些和他直接相关的书籍，没时间看别的书了。他们随机地看了成百上千本书，并不是为了从书中汲取精神营养，而只是为了合理、诚实地评论这些作品。这样的阅读将让他的感受力变得麻木，并妨碍他追随自己的想象力自由驰骋。写作是一份全职工作，必须成为作者人生中的主要目标。也就是说，他必须是一个职业作家。如果他很富有，无须为挣钱谋生而操心，那么他很幸运。但另有工作，也并不妨碍他成为一个职业作家。斯威夫特是一个乡村牧师，华兹华斯挂着闲职，但他们和巴尔扎克、狄更斯一样，都是一流的职业作家。

人们公认，绘画和作曲都是只有通过勤学苦练才能掌握的技艺，而业余爱好者的作品理应受到轻视——或者是心平气和的轻视，或者是恼怒不休的轻视。收音机和留声机替我们赶走了客厅里的业余钢琴师和业余歌手，我们都为此感到庆幸。写作并不比其他艺术简单，然而，由于大家都能读写书信，所以人们似乎认为，任何人都能写出美妙的文字，著书立说。现在写作似乎成了人们最喜欢的消遣。全家人都喜欢写作，就像一家人在喜庆的日子一起去教堂一样。女人喜欢用写小说来打发怀孕的时光。无聊的贵族、被精简的官员、退休的公务员，都像冲向酒瓶一样冲向书桌，拿起了他们的笔。国外似乎有这样一个印象：每个人都有写出一本书的潜能。但如果这指的是一本好书，那么这个印象就是错的。业余作家有时也能创作佳作，这点没错。如果他运气不错，他也许天生拥有写作天赋，他也许已经拥有了一些有趣的经历，或者他也许拥有一种迷人或离奇的个性，因此尽管他并非专业人士，也能写出可以付印的作品。但别忘了一点，那句话说的是，每个人都能写一本书，没有说能写第二本。不再去碰运气的业余作家是明智的，他的下一本书一定毫无价值。

业余作家和专业作家的最大区别是，后者具有成长进步的能力。我再重复一下，一个国家的文学，并不仅仅是由屈指可数的几部优秀作品组成的，而需要大量作品，只有专业作家才能创作出那么多作品。那些业余作家创作的作品占大多数的国家，和有不少勉力维生的专业作家的国家相比，前者在文学方面显然失之轻薄。一个作家毕生的全部作品，是他持续不断的长期努力的结果。作家和其他人一样，也是通过反复尝试而成长的。他的早期作品是试验性质的，他尝试着各种题材、各种手法，同时养成自己的性格。这和自我发现是同步进行的，这正是他需要给予读者的东西，他得学会如何以最佳效果展示他的发现。然后，当他拥有了全部才能之后，他会创作出他能创作出的最佳作品。由于写作是一个健康的职业，很可能在此之后他还能活很长时间。到了那个时候，写作已经成为他的一个根深蒂固的习惯，因此他毫无疑问会继续创作那些并不怎么样的作品。而公众也许会完全忽略这些作品。从读者的视角来看，在作家一生所创作的作品中，关键的内容少而又少。（我说的"关键内容"，仅指能够彰显其个性特征的那一小部分，并没有给这个词加上新含义的意思。）但我认为，一个作家只有长期学习并实践、并付出多次失败的代价之后，才能取得这样的成果。想要做到这一点，他必须将文学作为毕生的事业，他必须成为一个职业作家。

我已经谈过了作家这一职业的缺点，现在我得说说它的危险性。

很明显，现在没有一个职业作家，能做到只在自己想写作时才去写作。如果他等到有感觉、有灵感时才动笔，他就会无止境地等下去，最后只写出了很少东西，或者什么都没写出来。职业作家必须自己制造感觉。他也有自己的灵感，但他得给自己定下有规律的工作时间，以此控制自己的灵感，让它们招之即来、挥之即去。但是如果写作已经成为一种习惯——退休的老演员一到他们惯常的下楼去戏院、为晚上的演出化妆的钟点，就会坐立不安；同样，作家一到他惯常的写作时间，就会手痒难耐。然后他就会不由自主地开始写作。一个个词语很容易跃入他的脑海中，而语词是包含思想的。那都是一些陈旧、空洞的想法，但他驾轻就熟，写出了可以接受的作品。随后，他下楼去吃午餐或上床睡觉，信心满满地觉得自己已经完成了一天的工作。艺术家的每一件作品，都是其各种灵魂经历的表露，这是一个力求完美的建议。在一个不完美的世界中，我们也许应该对职业作家宽容一点。但力求完美显然是一个专业作家应该追求的目标。只有在将自己的精神从自己已经思索良久，且业已成为思想负担的题材中解脱出来的时候，他才能写好。如果他够明智的话，他会注意，只为心安而写作。也许打破日常写作习惯的一个最简单的办法，就是改变环境，把环境变得不再适合日常工作。除非你养成了写作的习惯，否则你写不好、也写不多（并且我冒昧地提出，除非你写得够多，否则你就写不好）。不过写作习惯和生活习惯一样，只有那些不再对人有益时能立即破除的习惯，才对我们有用处。

但不幸的是，职业作家面临的最大危险，只有寥寥数人有招架之力。这是作家必须应对的最麻烦的事情。在经过长期的艰苦奋斗后，他终于成功了。这时他却发现，成功给他布下了一个陷阱，这个陷阱将困住他、毁灭他。我们当中很少有人有坚强的意志去避开这一危险，因此必须予以谨慎对待。普遍的观点是：成功会让一个人变得虚荣、利己、自以为是，从而毁了他。这个观点是错的。恰恰相反，成功多半会让人变得谦卑、忍耐、友好；失败会让人变得尖刻和残忍。成功能改善人的性格，但它未必总能改善作家的性格，它很可能会夺走作家获得成功的力量。作家的种种经历、奋斗、受挫后燃起的希望、试图让自己适应一个不友好的世界的种种努力，形成了他的性格。如果一个人的个性没有受到成功的软化影响而发生改变，那他的个性一定非常顽固。

此外，成功往往会结出毁灭的种子，因为它有可能会将作者和带给他成功的写作素材隔断。他进入了一个新的世界，得到了很多关注。如果他能对伟人和美女的注目无动于衷，那他差不多就是一个超人了。他渐渐习惯了另外一种生活方式，很可能比过去习惯的生活方式奢华得多；他逐渐习惯结交的人，也比以前认识的人更有社交风度。他们更有智慧，而且表面上的光彩很迷人。对他来说，现在自由自在地出入于他以前熟悉、并给他提供素材的那些圈子中，是一件多么困难的事。在他的那些老熟人看来，成功已经改变了他，他们再也不和他称兄道弟了。他们也许会妒忌他，也许会崇拜他，但再也不会把他当成自己人。而他的成功给他带来的那个新世界，激发了他的想象力，让他想写这个世界的故事。而他始终是个局外人，永远无法融入其中，成为那个新世界的一部分。在这一点上，阿诺德·贝内特[①]就是最典型的例子。除了他出生、长大的五镇的生活之外，他什么都不了解。只有在他描述那儿的事物时，他的作品才具有鲜明的特色。当成功将他带入了文人、富人和美女的世界之后，他企图去写那个世界的生活，写出来的东西毫无价值。成功毁了他。

一个审慎对待成功的作家，才是明智的。他应该畏惧别人因此对他提出的种种要求、因为成功而被迫背负的责任，以及随后而来的种种妨碍他的活动。成功只能给他带来两大好处。首先，让他能自由地追随自己的心意（从目前来看，这点更重要一些）。其次，让他更有自信。即便他自负且不免虚荣，当他把自己完成的作品，和他之前想要创作出来的作品相比较的时候，他难免会感到惴惴不安。他心中构思的那部作品和他能写出来的最佳作品之间，存在的差异是如此悬殊，因此对他来说，他完成的作品只能算是权宜之作。他也许会对作品中的哪一页上的内容感到高

[①] 阿诺德·贝内特（Enoch Arnold Bennett, 1867—1931）：英国小说家，代表作有《老妇谭》《五镇的安娜》等。

兴，并对某个情节或某个人物感到满意。我认为，一个作家能全然满意于自己作品的情形，一定是非常罕见的。在他内心深处，他会怀疑这部作品是不是一无是处，而公众的赞誉——即便他会怀疑其价值，也仍然是天赐的定心丸。

这就是为什么赞扬对他很重要的原因。渴望赞扬是他的弱点之一，尽管这是一个可以原谅的弱点。因为艺术家应该淡泊地看待褒贬，而只从作品与其自身的关系这个角度，去关注他的作品；至于他的作品如何影响公众，他也许应该从物质层面而非精神层面予以关心。作家创作是为了寻求自己灵魂的解放。创作是他的天性，就像水从山上流下一样自然。艺术家们把自己的作品称为"脑力劳动的孩子"，并将创作的痛苦比作分娩的痛苦，并不是毫无缘故的。他的作品就像一个会慢慢发育的有机体，不仅在他们的头脑中，也在他们的心中、他们的神经和五脏六腑中发育，是他们的创作本能根据他们的身心体验而慢慢演化出来的，最后它令人如此压抑，他们必须将它释放出来。释放出来之后，他们就会感受到一种获得解脱的快乐，并在那甜蜜美好的一时半刻，得到了心灵的宁静。但和人类的母亲不同，他们很快就对自己"分娩"的"孩子"失去了兴趣。那个孩子再也不是他们自己的一部分了。它已经让他们得到了满足，现在他们的灵魂已在迎接一次新的"孕育"了。

在创作作品的过程中，作家实现了自我满足，但这并意味着他的作品对别人有什么价值。一本书的读者或一张画的观赏者，并不关心艺术家的情感。作家已经找到了解脱，但外行人还在寻求交流。外行人自己就能判断，这次交流对他是否有价值。对艺术家来说，他所提供的交流，只是一种副产品。现在我说的不是那些为了教学而学艺的人，他们是艺术的传播者，对他们来说，艺术本身只是细枝末节的问题。艺术创作是一种特殊的活动，能够通过践行得到满足。如此创作出来的作品，有可能是佳作，也有可能很糟糕。这由门外汉来判断，他会根据提供给他的这次交流的审美价值，做出自己的判断。如果作品表现了对现实世界的逃避，他会欢迎这样的作品，但很可能最多将它描述为二流的艺术。如果作品滋养了他的灵魂、改善了他的个性，他当然会称之为伟大的作品。但我坚持认为，这和艺术家毫无关系。如果他给别人带来了欢愉或更强大的力量，他会感到高兴；如果公众没从他的作品中找到合乎他们目的的东西，他也不应介意。他已经满足了自己的创作本能，已经得到了回报。这并不是一个力求完美的建议，这是艺术家朝着他命定的目标——无法实现的完美——而努力的唯一条件。如果他是一个小说家，他会将自己关于人与事物的经验、对自己的了解、自己的爱与恨、他最深刻的思想、他那些一晃而过的幻想，都放入自己一部又一部作品中，描绘出一幅幅人生的画卷。那幅画卷永远都是片面的。如果他足够幸运，到最后他会成功地完成另一件事：他将绘制出一幅关于自己人生的完整画卷。

无论如何，当你把目光投向出版商的那些广告宣传册时，这样的想法就是一种安慰。当你看到长长的书单，并发现评论家们盛赞那些书籍的智慧、深刻、原创和美妙时，你的心沉了下去。你怎么有机会和那些天才一较高下呢？那些出版商会告诉你，一本小说的平均生命是九十天。当你想到，事实上，这些你投入了全部身心、通过好几个月的痛苦劳动才创作出来的作品，会被读者在三四个小时中读完，然后很快就被人遗忘，你很难让自己心平气和下来。没有一个作家不在悄悄地盼望，至少他的作品中有部分章节，能在他过世后再流传上一两代，没有一个作家会目光短浅到不做此想。尽管这对作家来说，并没有任何好处。相信死后的声名是一种无害的虚荣，能给那些失望了一辈子、失败了一辈子的作家带来一丝慰藉。只要看看那些二十年前人们以为一定会永垂不朽的作家，我们就能知道这一点。现在他们的读者在哪儿呢？随着各种书籍的大量涌现，还有那些健在的作家们带来的无休止的竞争，那些已经被人遗忘的作品再度被人忆起的可能性是多么小！后世的读者似乎有一个非常奇怪、在有些人看来很不公平的特点：他们似乎只会注意那些生前作品就受欢迎的作家的作品。那些只在小圈子中受到追捧、却从未受到大众注目的作家，也无法受到后世读者的推崇，因为后世的读者从未听说过他们的大名。对那些受人欢迎，但认为自己受欢迎只能充分证明自己的作品毫无价值的作家来说，这无疑是一种安慰。也许莎士比亚、司各特和巴尔扎克并没有为切尔西的小贤人而写作，看上去他们似乎的确是为后世的读者创作作品的。作家唯有从自己的作品中寻求满足，才是最安全的。如果他能意识到，他的作品带给自己灵魂的解脱，以及在塑造从某种意义上至少能满足自己美感的作品的过程中得到的快乐，那么他付出的劳动就得到了足够的回报，这样他就不会看重外界对自己作品的褒贬了。

但是，作家职业所带来的一大利好是如此有利，它能让作家在写作过程中面临的所有困难、失望，也许还有艰难困苦，都变得不重要，并足以抵消从事写作的不利和危险。这就是：写作给他带来了精神上的自由。对他来说，人生是一个悲剧，而通过自己的创作天赋，心灵得到了净化，消除了遗憾和恐惧。亚里士多德告诉我们，这正是艺术的主旨。因为他犯下的罪孽和错误，降临在他身上的不幸，得不到的爱，生理上的缺陷、疾病，贫困，那些被抛弃的希望，他的种种悲哀和耻辱——所有的一切都被他转化成了写作素材；通过将所有这些付诸笔墨，他也就克服了这一切。所有一切都是他磨坊中的粮食，从街头一个陌生人的一瞥，到让文明世界天翻地覆的一场战争；从一朵玫瑰的芳香，到一个朋友的离世。凡是降临在他身上的一切，没有什么是他不能转换成一节诗、一首歌或一个故事的。写完之后，那个事物也就和他无关了。艺术家是世间唯一的自由人。

正如我们所知，周围的整个世界，对艺术家有一种深深的疑虑，也许这就是原因。鉴于艺术家对常人的种种冲动做出了如此莫名其妙的反应，也许他就不值得信赖。此外，让普通人义愤填膺的是，艺术家从来不觉得自己应该受到普通标准的束缚。他为什么应该受到束缚呢？普通人思考和行动的根本出发点，是满足他们的需求并延续自己的生命。但艺术家通过对艺术的追求，来满足自己的需要、延续自己的生命。别人的消遣之物，对艺术家来说是最严肃的正经事。因此他对人生的态度，永远和他们不一样，他创造自己的价值。普通人认为艺术家玩世不恭，因为艺术家并不重视那些美德，也不反感别人厌恶的罪恶。他并非玩世不恭。只不过，人们所谓的美德和恶行，并不是他特别感兴趣的那类事情。在他通过创作构建自己的自由的过程中，它们对他来说不过是一些无关紧要的因素。普通人应该生他的气，但这对他毫无益处，他是不会悔改的。

十六　对婚姻的憧憬，我创作了《人性的枷锁》

作为一个剧作家，在我取得成功后，我决定将我的余生献给戏剧创作，这个决定真是欠缺考虑。我曾经很快乐、富有、忙碌，脑袋里装满了我想写的剧目。我不知道，究竟是成功没有带来我所预期的一切呢，还是说，这是成功后的一种自然反应。就在我刚刚成为一个受欢迎的剧作家之际，我开始被脑海中涌现的各种过去的回忆所困扰：母亲离世，家庭破裂，糟糕的最初几年学校生涯（我之前在法国度过的童年时代，压根没让我做好入学的准备；我的口吃也让日子变得更加艰难），在海德堡度过的那些轻松、单调、令人兴奋的日子（那时我刚刚迈入精神领域的生活），在医院度过的那令人烦恼的几年，伦敦给我带来的激动。在我睡觉时、在我走路时、在我排演戏剧时、在我参加派对时，这一切简直压得我透不过气来。这给我带来了如此巨大的思想负担，因此我下定决心，得通过小说的形式把这些全都写下来，从而让自己重新获得宁静。我知道这将是一部很长的小说，并且我不想在写作时受到打扰，因此我拒绝了那些剧院经理迫切地想要塞给我的合同，并暂时退出了舞台。

在我取得医学文凭之后，我去了塞维尔。此时，我写了一部同样题材的小说。幸运的是，费希尔·安文拒绝为那本书支付我一百英镑，其他的出版商也不愿以任何价格把书买下，否则我就失去了这个年少时无法驾驭好的题材。那些手稿还在，但在我修正了打字稿后，我就再也没有看过手稿。毫无疑问，那部作品非常不成熟。在当时，书中描写的事件就发生在不久之前，因此我看待它们的眼光不够理性。我也缺乏后来的经历，而这些经历大大丰富了我的最终作品的内容。我觉得，如果写作第一部小说没能将不快的记忆赶回到我的潜意识中，那是因为作家在作品出版之前，并没有从那本书中解放出来。向大众发布作品之后，无论大众对这部作品有多么不在意，这部作品已经再也不是作者的了，他终于卸下了那个一直压迫他的沉重负担。一开始，我把这部作品称为《美自灰烬出》（Beauty of Ashes），这个题目引自于《以赛亚书》。但我随后发现，这个书名最近有人用过了，于是我选用了斯宾诺莎[①]的

[①] 斯宾诺莎（Baruch de Spinoza, 1632—1677）：犹太裔荷兰籍哲学家、理性主义者，代表作有《笛卡尔哲学原理》《伦理学》等。

《伦理学》中的一个题名，称之为《人性的枷锁》①。这不是一本自传，而是一部自传体小说。事实和虚构交织在一起。情感是我本人的情感，但里面叙述的事件，并不是按照先后顺序叙述的。我把一些发生在熟人身上的事，移植到书中的主人公身上，这些事件并非来源于我自己的生活。这本书达到了我的目的，当这本书出版后（当时正处于世界大战中，人们更关心自己的苦难，而不是一个虚构人物的经历），我发现自己得到了永久的解脱，赶走了那些痛苦和不快乐的回忆。我把我当时知道的一切都写了进去，最后终于把它完成了，我准备投入新生活之中。

我厌倦了。我不仅厌倦了那些长久以来盘桓在我脑海中的人和事，也厌倦了和我一起生活的人以及我所过的生活。我觉得，自己已在这个来去穿梭的世界中，得到了我能得到的一切。我作为一名剧作家的成功，以及成功给我带来的奢华生活——各种社交活动，在高门大户中的盛大晚宴、流光溢彩的舞会和乡间别墅中的周末派对；那些睿智并有才华的同伴，他们是作家、画家、演员；美好的爱情、亲密的友情、舒适安稳的人生——让我窒息，我渴望另一种生活模式、另一种全新的体验。但我并不知道该去哪儿寻找这些。我想到了旅游。在我看来，一次前往远方国家的长途旅行，能让我焕然一新。当时，很多人会考虑俄罗斯，我也

---

① 《人性的枷锁》（*Of Human Bondage*）：毛姆的长篇半自传体小说，也是其代表作，出版于1915年。

考虑过,去那儿住上一年,学习我已初懂皮毛的俄语,并让自己沉浸在那个辽阔国家的情愫和神秘中。我想也许能在那儿找到能给我的灵魂带来丰富滋养的东西。我已经四十岁了。如果我想结婚生子,那么现在是时候了。有时候,我会沉浸在对已婚生活的遐想中。我没有特别想娶为妻子的人,吸引我的是婚姻生活本身。在我之前设计的生活模式中,这似乎是一个必要的环节。在我天真的想象中(因为我尽管已经不再年轻、不再认为自己精于世故,在很多方面我仍然天真得让人难以置信),婚姻生活能给我带来宁静,一种不受爱情的纷纷扰扰所影响的宁静。一开始,爱情也许很轻松惬意,但后来却会陷入复杂的纠结中(因为爱情是两个人的事,而男人的蜜糖,往往是女人的砒霜)。宁静会让我写下我想写的一切,而不失去宝贵的时间,或者受到思绪的干扰。我追寻宁静,以及一种安定而有尊严的生活方式。我追寻自由,并以为我能在婚姻中找到自由。当我还在创作《人性的枷锁》时,我就产生了这样的想法,并和其他作家一样,将我的那些愿望都寄托到了小说中。在小说的结尾,我描摹了一副理想中的婚姻图景。但大部分读者认为,这是全书最让人不满意的地方。

无论如何,我的种种不确定状态,终于由于一件我无法控制的事情而结束了。战争爆发了。我人生中旧的一章结束,新的一章开始了。

十七　战争开始，我参加了情报处

我有一个朋友是内阁大臣，我写信让他帮我个忙，于是我被他们叫到了战争部，进行自我介绍。我担心他们会安排我在英国做文职工作，而我迫切地希望立刻离开英国、奔向法国，因此我加入了一个救护车单元。尽管我认为，我并没有比别人不爱国，我的爱国主义却混杂着一种新体验带来的兴奋感。我一到法国就开始记笔记。我一直坚持记笔记，直到工作变得繁重无比，以至于一天结束时，我已经累得不想干别的事，只想赶紧上床睡觉。我喜欢这种不需要负责任的新生活。小时候在学校中，总有人告诉我做这个做那个。后来再也没人命令我了。所以，现在被人吩咐做事，于我是种乐趣。事情做完时，我会觉得时间又属于我自己了。作为一个作家，我从未有过这样的感受。相反，我总觉得，我没有一分钟的时间可以浪费。现在我可以心安理得地浪费大把的时间,在小酒吧与别人长时间地闲聊。我喜欢见到形形色色的人,尽管我现在不再写作了,我仍然会将他们的个性特征,珍藏在我记忆深处。我从未遇到什么特别的危险,因此我迫切地想要知道,如果暴露在危险境地中,自己会有什么样的感觉。我从来不认为自己有多勇敢,也不认为我有勇敢的必要。唯一一次可以让我检验一下自己能力的事件,发生在比利时耶普尔大广场。当时,一枚炮弹突然在一面墙上炸开,而我刚刚从那面墙边走开,想从另外一边看看已毁坏的布商大厅(Cloth Makers Hall)。但是我当时太惊愕了,完全没有留意自己当时的心理状态。

随后,我参加了情报处,驾驶救护车有点不太适合我,在情报部中我似乎更能派上用场。这份工作让我觉得浪漫的同时,又让我觉得荒诞。有人教我如何甩掉跟踪者,如何和特工在不可思议的地方秘密碰面,如何以神秘的方式传递信息,如何偷越国境线传送报告。毫无疑问,这一切都是非常有必要的,但它们太像当时那些一先令一本的廉价惊险小说中的情节了。对我来说,这抽走了不少真实感,我只能把它们当成有朝一日能派上用场的创作素材。但是这些"素材"都太老掉牙了,所以我怀疑,我是否用得上它们。一年后,我在瑞士的工作结束了。这份工作需要我长时间地待在户外,那边的冬天太严苛了。而无论天气怎么样,我都得穿越日内瓦湖去完成公务。我的身体糟糕透了。当时我似乎有点无所事事,于是我去了美国,我的两出戏即将在那儿上演。我想恢复宁静的心情,由于我自己的愚蠢和虚荣,我做了一些不该做的事——具体我就不细说了，毁了属于自己的那份宁静。因此，我决定去南太平洋。自从年轻时读了《退潮》①和《沉船营救者》后，我一直想去那儿。另外我还想为一部酝酿已久的小说寻找素材，那部小说以保罗·高更②的生活为主线。

我出发了，去寻找美和浪漫，并且为我即将能把骚扰我的那些麻烦抛在一个大洋之外而深感高兴。我在那儿找到了美和浪漫，但也发现了一些我从未期待的事物。我发现了新的自我。自从我离开圣托马斯医院之后，我就一直和那些赋予文化价值的人生活在一起。我渐渐认为，世界上没什么比艺术更重要了。我在茫茫宇宙中寻找一种意义，而唯一能找到的意义，就是人们在世界各地创造的美。从表面看，我的生活丰富多彩、激动人心，事实上却很狭隘。现在我进入了一个新世界，我的所有小说家本能，全都欣喜若狂地跳了出来，如饥似渴地吸收着种种新鲜事物。吸引我的不仅是那些美丽的岛屿——赫尔曼·麦尔维尔③和皮埃尔·洛蒂④已经让我对此有所了解了。尽管那是一种不同的美，但它们也不见得比希腊或南意大利美到哪儿去。吸引我的也不仅

---

① 《退潮》(The Ebb-Tide)：英国文学家罗伯特·路易斯·史蒂文森（1850—1894）晚期的太平洋系列作品之一。下文的《沉船营救者》(The Wrecker) 是他与继子合著的长篇小说。

② 保罗·高更（Paul Gauguin, 1848—1903）：法国后印象派画家、雕塑家，与凡·高、塞尚并称为后印象派三大巨匠，代表作品有《我们从哪里来？我们是什么？我们到哪里去？》《黄色的基督》等。

③ 赫尔曼·麦尔维尔（Herman Melville, 1819—1891）：美国小说家、散文家、诗人，被誉为"美国的莎士比亚"，代表作有《白鲸记》等。

④ 皮埃尔·洛蒂（Pierre Loti）：原名朱利安·维奥德（Julien Viaud, 1850—1923），法国小说家，代表作有《冰岛渔夫》《菊子夫人》等。

仅是那儿率性而为、略带冒险、轻松安逸的生活，真正让我兴奋的是我能在那儿遇到一个个陌生人。我就像是一个博物学家，来到了一个生物种群多得令人无法想象的国度。有的人是我认识的，他们是我以前看到过的类型。他们带给我的惊喜，不亚于一次我在马来西亚半岛的一根树枝上看到的一种鸟儿，我以前只在动物园中才见过那种鸟儿，一开始我以为它一定是从鸟笼中逃出来的。其他一些人对我来说是完全陌生的，他们让我激动莫名，就像华莱士[①]发现了新的物种那样激动。我发现他们都很好相处。他们形形色色、各不相同。事实上，其种类之多简直让人困惑，幸亏那时我的观察力已经得到了足够的培养，我发现我可以把每种类型的人都定格在记忆中，而无须刻意的努力。他们中有文化的人很少。他们从另外的学校中了解了人生，并得出了迥然不同的结论。他们生活在另一个层次上。我不能幽默地认为，我生活在更高的层面上。那是两个不同的世界。善于观察的人能看出，他们的人生也形成了一种有秩序、连贯的模式。

我从自以为是的宝座上走了下来。我似乎觉得，这些人比我迄今为止认识的那些人更有活力。他们燃烧的不是宝石般的星星之火，而是炽热冒烟的滚滚烈焰。他们有自己的狭隘之处，也有自己的偏见，甚至常常很无趣、迟钝。我不在乎这些。他们是那

[①] 华莱士（Alfred Russel Wallace, 1823—1923）：英国博物学家、探险家、地理学家、人类学家和生物学家，"自然选择"理论的创立者，代表作品有《马来群岛》等。

样与众不同。文明社会中的人需要遵循一定的行为规范，人的异质性被削弱了。文化就像一张面具，遮住了他们各自的脸。而在这儿，人人都袒露出自己的原貌。这些面貌各异的生物过的生活，至今还保持着不少原生态。他们从不觉得有必要让自己做出改变，去适应传统的标准。因此他们各自的特异性得到了不受遏制、自由发展的机会。大城市中的人，就像无数被扔进一个袋子中的小石子。他们凹凸不平的棱角被磨平了，最后它们变得和一颗颗弹珠一样光滑。而这儿的人，他们的棱角从未被磨平过。在我看来，和那些长久以来与我一起生活的人相比，这里的人更接近人的本性。我对他们很感兴趣，就像多年以前，我对那些在圣托马斯医院的门诊部排队候诊的人很感兴趣一样。我在笔记本上记满了对他们外貌、性格的简短描述，而现在，这许许多多的印象刺激着我的想象力。故事从一个线索、一个事件或一个快乐的虚构逐渐展开，开始围绕其中一些最有趣的内容渐渐成形。

我回到了美国，不久之后我被派往彼得格勒执行一项任务。我不太有信心接受这个职位，我认为自己并不具备执行那个任务所需要的能力。但当时似乎没有更合适胜任的人了，而我是一个作家，这对执行那项任务来说，会是一个很好的掩护。我的身体不太好。我患了出血症，依据我掌握的足够的医学知识，我能判断出那大概是什么情况。一张X光照片清晰地显示，我得了肺结核。但如果去俄罗斯，我就能在托尔斯泰、陀思妥耶夫斯基和契诃夫的祖国待上好一段时间，我不能错过这个机会。我想，在完成任务之余，我可以获得一些对自己有价值的东西。所以我踩上了爱国主义的车轮，并说服了替我看病的医生。我答应他，考虑到我当时的悲惨境地，我不会过分冒险。我兴高采烈地出发了，带着够我开销的钱财，还有四个忠诚的捷克人，他们将充任我和马萨里克教授的联络官。在俄国各地，有六万同胞听马萨里克教授派遣。我为自己肩负的责任感到振奋。我将作为一个私家特工行动，在必要时，我可以否认自己的身份。我的任务是和一个反政府党派取得联系，并设计出一个会让俄国继续卷入战争之中的阴谋，防止受中央政权支持的布尔什维克人取得政权。我不需要告诉读者，这次我搞砸了。我也并不奢望我的读者们会相信，如果早六个月被派往那儿，我也许就能成功了。在我到达彼得格勒后的三个月，政局发生了大动荡，我的所有计划都因此而破产了。

我回到了英国。俄国之行让我多了一些有趣的经历，并结识了一个非常特别的人：鲍里斯·萨文考夫——那个刺杀特列波夫和塞尔吉乌斯大公的恐怖分子。但后来我已经对他不抱幻想了。需要立即行动时却无止无尽地讨论，各种踌躇不决，当冷漠只能导致毁灭时展现出冷漠、夸夸其谈、不真诚和三心二意——这些随处可见的缺点，让我对俄国和俄罗斯人感到恶心。我回来时也病得很厉害。由于我职位的特殊性，我无法享受为了让大使馆工作人员饱食之后为国效劳而提供的充足供给。我（和那些俄罗斯人自己一样）只能吃些粗茶淡饭。当我到达斯德哥尔摩后,我要在那儿等上一天,等驱逐舰送我穿越北海。于是,我去了糖果店,买了一磅巧克力,在大街上就吃了起来。组织上原本打算派我去罗马尼亚,执行一个和某桩波兰阴谋案有关的任务,具体细节我现在忘记了,但后来我没有去成。我一点都不感到遗憾,因为我咳嗽得脑袋都快掉下来了,而且持续发烧让我晚上睡觉时难受极了。我去看了我能在伦敦找到的最好的医生,他打发我去了北苏格兰最好的一家疗养院,因为达沃斯和圣莫里茨[1]当时还不方便去。随后的两年中,我一直过着病人的生活。

我度过了一段美好的时光。在我的人生中,我第一次发现,躺在床上是一件多么惬意的事情。当你躺在床上时,你竟然能拥有那样丰富多彩的生活,你能找到这么多能做的事,简直让人惊讶。在繁星点缀的冬夜,我打开房间中宽敞的窗户,为我所拥有的隐私而感到欢欣。这样的房间给我带来一种愉快的安全感、自由感和远离尘嚣的感觉。那种静谧是那样迷人。广袤无垠的空间似乎进入了我的世界;而我和星空相伴的灵魂,似乎能够进行任何冒险。我的想象力似乎从未如此敏锐过,就像一艘在微风中扬帆疾驰的三角帆船。单调的日子中,唯有我所阅读的书籍和我的种种回忆让我兴奋。这样的日子过得飞快,在我身体康复并终于下床时,我甚至感到了一丝痛苦。

---

[1] 达沃斯（Davos）和圣莫利茨（St. Moritz）：均为瑞士著名旅游胜地。

当我的身体好转到了能在白天和我的病友们一起做伴的程度时，我发现我进入了一个陌生的世界。这些病人——有些病人已经在这家疗养院中待了好几年——行为举止各不相同，但都有点怪异，简直和我在南太平洋遇到的那些陌生人一样怪异。疾病，还有这种与世隔绝的古怪生活，对它们产生了奇怪的影响，扭曲、强化或恶化了它们的性格，就像在萨摩亚和塔希提①，人们的性格被闷热的气候和陌生的环境给恶化、强化或扭曲了一样。我在这所疗养院中，对人性有了很多了解。如果没去那儿，我永远无法了解这些。

当我身体康复时，战争已经结束了。我去了中国。我出发时的心情，就和任何对艺术充满兴趣，并且好奇地想要了解一个拥有古老文明的陌生民族的习俗的旅人一样。但我去之前也怀有这样的想法：我一定会遇到形形色色的人，和他们的交往一定会丰富我的经历。我的确这样做了。我在笔记本中记满了对各种地方和人物的描述，还有他们暗示的故事。我开始认识到，旅行给我带来的特别好处。在此之前，这只是一种本能的感觉。一方面这是一种精神的自由；另一方面，收集人们各种各样的风貌习俗，也符合我的创作需要。在此之后我去了很多国家旅行。我坐班轮、坐货轮、乘纵帆船，穿越了十多个海洋。我坐火车、坐汽车、

---

① 萨摩亚（Samoa）和塔希提（Tahiti）：都是位于南太平洋的岛屿。

坐轿子、徒步或坐在马背上周游四方。我一直注意观察人们的性格、怪癖和个性，并且很快就知道，一个地方能给予我什么。我会等到我得到它为止，否则我就快速离开。我接受了我遇到的每一段经历。只要在经济条件允许的情况下，我会尽可能舒适地旅行。因为在我看来，为了受苦而受苦是很愚蠢的。但我不会因为不舒服或有危险，就踌躇犹豫、止步不前。

我从不是什么观光客。世界各地的著名风景名胜，让我满怀热情。以至于当我真正站在它们面前时，我反而提不起多少劲来了。这时我更喜欢一些普通的景物：坐落在一片果树林中的一间木桩上的小木屋，一片蜿蜒曲折、长满椰树的海湾，或者路边的一丛竹子。我感兴趣的是人和人们的生活。我生性腼腆、不善结识陌生人。但幸运的是，在我的一路旅途中，我有一个极富社交天赋的旅伴。他天性友善、性情和蔼，能在短时间内和船上、俱乐部、酒吧和旅舍中遇到的人交上朋友。因此，拜他所赐，我也轻松地结交了很多人，否则我只能站在远处了解他们。

我和他们交往的亲密程度，恰好适合我。他们和我亲密，是由于无聊或孤独，因此他们守不住什么秘密，但一次分离就会不可挽回地打断我们之间的这种亲密。这种亲密是因为，我已预设好了界限。现在回顾那段时光，在那长长的一列人中，我想不起来有哪一个人，没有可以告诉我、并且我感兴趣的事情。在我自己看来，我似乎拥有了一种类似感光照相底片的敏锐。我这样形成的图像是否真实，其实并不重要。对我来说重要的是，在我的想象力的帮助之下,我能让我遇到的每一个人,成为一种合理、和谐的存在。这是我曾经参与过的最迷人的游戏。

我们在书中看到,世界上没有任何两个人是极其相似的,每个人都是独一无二的。从某种角度来说,这是事实,是一种很容易被夸张放大的事实。实际上人与人非常相似,我们可以把所有人归入少数的几种类型。同样的环境,以同样的方式塑造了他们。另外一些环境特征,又导致另外一些性格的形成。你能像一个古生物学者一样,仅仅凭借一根骨骼,就复原一只动物。从泰奥弗拉斯托斯①以来一直在文学界内颇为流行的"性格说",直到十七世纪以来流行的"体液说",都能证明人们已经把人分成了几个显著的类型。事实上这是现实主义的基础,现实主义依赖于认同。浪漫主义的创作手法,关注的是例外的情形;而现实主义的创作手法,关注的是常见的情形。对于那些过着原始生活或者生活在陌生环境中的人来说,他们国家的这种略不正常的环境,凸显了他们自己的普通,因此他们便形成了自己的性格特点。当他们很特别时——有时当然他们会很特别,由于他们缺乏通常的约束,他们的一些怪念头就会不受束缚地发展。而在更文明的国家中,那些怪念头就很难有自由发展的机会。这就是一些现实主义很难对付的人群。我过去常常在外地游览,直到我接受新鲜事物的能力被耗尽为止。我发现,当我遇到那些人时,我再也不能通

---

① 泰奥弗拉斯托斯(Theophrastus,前372—286):古希腊哲学家与科学家。

过我的想象力，塑造他们的形象，并赋予其连贯性了。于是，我回到了英国，整理我之前形成的那些印象，并休息一段时间，直到我吸收、同化异质文化的能力恢复为止。最后，在进行了七次这样的长途旅行之后，我发现了人的同一性。我遇到了越来越多以前见过的类型，不再对他们那么感兴趣了。我得出的结论是：我已经走到了穷途末路，再也无法从我自己的角度、带着满腔热情去观察这些千里之外的人了——因为我从来没有怀疑过，是我发现这些人的特质。所以我认为，旅行再也不能给我带来任何好处了。在旅行途中，我两次差点死于高烧，一次差点被淹死，还有强盗曾经对我开枪。我乐于恢复更平静、有秩序的生活。

每次出行回来，在我身上都会出现一些不同。在我年少时，我曾读过不少书，这并不是因为，我当时认为读书对我有益，而是出于好奇、以及对求知的渴望。我旅行是因为旅行让我感到愉快，并能积累有用的写作素材。我从没想过，这些全新的经历，会对我产生某种影响。直到很久之后，我才看清它们如何塑造我的性格。在接触这些陌生人的过程中，我当时的柔顺性格逐渐消失了。我当时过着文人的单调生活。我就是那袋石子中的一颗，我找回了棱角分明的自己。我终于又成了我自己。我不再出游，因为旅行给不了我更多东西了。我再也不能取得新的进步了。我已经抛弃了文人的傲慢，学会了全盘接受。我要求别人的，不会比别人给我的更多。我学会了忍耐。我同胞们的良善让我心满意足，但他们的恶行不会让我感到沮丧。我已经获得了精神上的独立。我已经学会了走自己的路，而不在乎别人怎么想。我呼唤自由，也准备给予别人自由。当你看到谁对别人作恶时，你很容易笑一笑或耸一耸肩。可是如果谁对你作恶，你就很难一笑置之或耸耸肩了。对我而言，我觉得这并非不可能的事。我想借用我在中国海域的一艘木板船上遇到的人所说的话，表达我对人类的总结性看法："兄弟，我想用一句话概括我对人类的看法"，我让他说道，"他们的心脏长对了地方，但他们的脑袋完全是一种无用的器官。"

十八　写作主题与写作技巧，哪个更重要

我一直喜欢让事物在我脑海中酝酿一段时间后，再把它们写在纸上。所以直到我做好笔记的四年后，我才开始写下我在南太平洋构思的第一个故事。我已经很多年没写短篇故事了，虽然我的文学生涯始于创作短篇故事。在我的第三本书中，一共有六个故事，这些故事写得不太好。随后，我开始时不时地给一些杂志社写故事。我的文学代理人让我尽量写得幽默一点，但在这方面我没有什么天赋。我总是偏向于阴郁不快、愤愤不平或者语带讥诮。尽管我尽力想让编辑满意、并挣点小钱，但我的努力很少得到回报。我目前在写的第一个故事叫作《雨》。有那么一段时间，我似乎觉得，这个故事会像我年轻时写的那些故事一样不成功，因为它遭到了一个又一个编辑的拒绝。但我不在乎，我继续写。

当我写完第六个故事时,这些故事都在杂志上刊登了,我把它们收在一本书中出版了。这些故事的意外成功让我欣喜若狂。我喜欢这种文学形式,让我幻想的人物在头脑中待上两三个星期,再把它们写出来,这非常让人愉快。在你创造小说的那几个月中,你不得不和这些人物终日为伴。你极有可能会对他们感到厌烦,但在你开始动笔后,你并没有时间去厌烦他们。这种类型的故事,每篇大约有一点二万字。这样的篇幅让我有足够的空间去展开主题,同时迫使我必须行文简洁,对此我得感谢以前做剧作家时形成的习惯。但我不太走运,当我开始认真写故事时,英美一些优秀作家,似乎都受到了契诃夫的影响。文学界有点失衡:当一种潮流出现时,往往不会被人们认为是一种短暂的流行,而会被当成上天的第一法则。人们普遍认为,任何有一定艺术倾向,并且希望创作小说的人,都应该去写契诃夫那样的故事。好一些作家把俄罗斯式的忧郁、俄罗斯式的神秘主义、俄罗斯式的无精打采、俄罗斯式的绝望、俄罗斯式的徒劳无功、俄罗斯式的意志薄弱,移植到了萨里、密歇根、布鲁克林或克拉彭,并为自己树立了声望。我必须承认,模仿契诃夫的风格,其实并不困难。我付出了一些代价了解到,有许多俄罗斯难民就非常擅长模仿他的风格。我说"付出了一些代价",是因为他们给我寄来了他们的小说,并让我帮忙纠正其中的英文。然后,就因为我无法让美国的各家杂志支付给他们大量稿费,他们就气急败坏地生我的气。契诃夫是一位优秀的短篇小说作家。但他有他的局限,而且他非常明智地让这些局限成了他的小说的根基。他没有天赋去构思一个情节紧凑而富有戏剧性的故事——就是那种你能在餐桌上绘声绘色地讲述的故事,比如像《遗产》和《项链》①那样的作品。作为一个人,他拥有开朗、实在的性情。但作为一位小说家,他似乎性格沮丧忧郁,厌恶暴力行为和慷慨激昂的言行。他那常常陷入痛苦之中的性格,是一种令人颤抖的敏感被人激怒后的反应。他眼中的生活是单调的,笔下的人物缺乏鲜明的个性。他似乎对他们并不太感兴趣。也许正因如此,所以他笔下的人物给你这样一种感觉:他们就像陌生的外胚层质一样,是彼此重叠的,摸索着试图融入彼此之中;而他们的生活是神秘的、徒劳的。这赋予了他的作品独一无二的特色,而他的追随者们却忽略了这一特色。

我不知道,自己能否写出契诃夫那样的故事。我并不想写那样的故事。我希望写出一些情节向前推进、结构紧凑、从头到尾连贯的故事。我认为一篇短篇故事应该讲述单一的事件,无论这一事件是物质方面的,还是精神方面的,并通过删除所有一切对主题来说并不重要的内容,获得一种戏剧化的统一。我并不害怕我的短篇故事缺乏寓意。我认为只有在故事缺乏逻辑时,才应该受到指责。而且我认为,只有在缺乏合理原因,仅仅为了追求效果,就随意拼凑内容情节时,才是丢脸的。简而言之,我更愿意用句号而非一连串小点来结束一个短篇故事。

---

① 《项链》(*The Necklace*):法国作家莫泊桑于1884年创造的短篇小说。

我猜，也许这一点正是它们在法国比英国更受人欣赏的原因所在。我们的那些伟大的小说缺乏必要的形式，而且显得非常笨拙。英国人似乎喜欢沉湎于这种笨拙、散乱、私人化的作品中。这种松弛的结构，这种随随便便的散漫故事，这些可以随意出入的情节、这些和主要内容无关的古怪人物角色，都赋予了英国小说一种特殊的现实感。而正是这些引起了法国人的强烈不适感。亨利·詹姆士对英国人进行的关于小说形式的训诫，引发了英国人的兴趣，但他们并没有做出实质上的改变。事实上，他们对形式心存怀疑，他们觉得形式让人窒息。形式所带来的限制，让他们感到烦恼。他们似乎觉得，如果作家为其素材设定一种固定形式的话，作品的生命力就会从他们指缝间溜走。法国批评家们要求，一篇虚构作品应该有开端、发展和结尾，有一个能清晰抵达合乎逻辑的结尾的主题，有与目前的问题密切相关的一切内容。由于我年少时读了很多莫泊桑的作品，由于我受过剧作家的训练，可能还因为我的性格特征，我可以说，我也许拥有一种让法国人喜欢的形式感。无论如何，他们发现我的作品既不多愁善感，也不冗长啰唆。

生活很少会给作家提供现成的故事。事实往往是非常乏味的。它们有可能激发你的想象力，也很有可能会成为施加有害影响的权威。《红与黑》就是一个典型的例子。这是一部伟大的小说，但人们普遍认为，这部小说的结局不太令人满意。原因并不难发现。司汤达的这部小说,是受到一个当时轰动一时的事件的启发而创作的:一个年轻的神学院学生,杀死了他的情妇,经审问后被判处绞刑。作家不仅在男主人公于连·索雷尔身上注入了太多的自我,还随意添加了理想人物的形象——他想成为那样的人,他却悲哀地发现,自己并没有成为那样的人。他创作出了虚构作品中最有吸引力的人物形象之一。在小说的前四分之三,于连的行为都是连贯的、合理的。但作家随后发现,自己不得不回到曾是他创作灵感的事实上来。只有让他的主人公做出不符合其性格和智力水平的行为,他才能实现这一点。这样的前后差异带来了强烈的震撼,让你无法再相信这个故事。而当你不再对一部小说的内容信以为真时,你也就不再被它吸引了。这部小说给我们的教训是:如果你所构思的情节和你笔下人物的内在逻辑不符,那么你必须有勇气丢开这些情节。我不知道司汤达该如何结束他的小说。但我觉得,很难找到一个比他选择的结局更让人不满意的结局了。

我曾因为从现实中提取人物而受到指责。从我阅读的那些评论文章来看,你也许会以为,以前从没人这样做过。这完全是胡说八道。这是一种通用的惯例,从文学发轫之始,作家一直拥有自己的人物原型。

我相信,学者们一定找到了佩特罗尼乌斯笔下的特里马乔[①]的

---

① 特里马乔(Trimalchio):古罗马作家佩特罗尼乌斯(Petronius,约公元27—66)创作的长篇讽刺小说《萨蒂利孔》(*Satyricon*)中的人物。

原型人物——一个有钱的贪吃鬼；莎士比亚的学生们也一定找到了贾斯蒂斯·沙洛先生①的原型。善良正直的斯科特在一本书中描述了他父亲的尖刻形象，又在另一本书中描述了另一个相对更令人愉快的形象，因为岁月的流逝已经柔化了他粗暴的性格。司汤达在他的一部手稿中，记下了成为他作品中的人物原型的那些人的名字。而正如我们所知，狄更斯将他父亲作为米考伯先生②的原型，并将李·亨特③作为哈罗德·斯基波尔④的原型。屠格涅夫声称，除非他能一开始就将自己的想象锁定在某个活生生的人身上，否则他就无法塑造人物。我想，那些否认自己使用真实人物作为原型的作家，是在欺骗自己（这并非不可能，因为做一个优秀的小说家，并不需要多少智慧）或欺骗我们。如果他们说的是实话，他们的脑海中确实没有某个特定的原型，那么我想，人们早晚会发现，他们笔下的人物应该归功于他们过去的记忆，而不是他们的创造本能。我们见过多少次穿着其他衣服、有着别的名字的达达尼昂⑤、普劳迪夫人⑥、阿奇迪肯·格兰

---

① 贾斯蒂斯·沙洛先生（Mr. Justice Shallow）：莎士比亚（William Shakespeare, 1564—1616）历史剧《亨利四世》中的人物。

② 米考伯先生（Mr. Micawber）：狄更斯（Charles Dickens, 1812—1870）代表作《大卫·科波菲尔》中的人物。

③ 李·亨特（Leigh Hunt, 1784—1859）：英国散文家、评论家、诗人，浪漫主义代表作家之一，代表作有诗集《里米尼的故事》等。

④ 哈罗德·斯基波尔（Harold Skimpole）：狄更斯小说《荒凉山庄》中的人物。

⑤ 达达尼昂（d'Artagnan）：法国作家大仲马（Alexandre Dumas, 1802—1870）的代表作《三个火枪手》中的人物。

⑥ 普劳迪夫人（Mrs. Proudie）：英国作家安东尼·特罗洛普（Anthony Trollope, 1815—1882）创作的小说《巴塞特郡纪事》中的人物，下文中的阿奇迪肯·格兰特利（Archdeacon Grantley）也是这部作品中的人物。

特利、简·爱①和杰罗姆·夸尼亚尔②。我得说，从真实模特中提取人物的做法，不仅是普遍存在的，也是必要的。我不觉得作家为何该为承认这点而感到羞耻。正如屠格涅夫所说，唯有在你头脑中有一个确定的人物的前提下，你才能赋予你创作的人物活力和特色。

我坚持认为这是一种创作。因为就连我们最亲密的人，我们也对他们知之甚少。我们对他们的了解不够多，不足以将他们转换成作品中栩栩如生的人物。人是非常难以捉摸、无法透彻了解的，我们无法将他们成功复制。人也往往非常多变、矛盾。作家并没有复制他的人物原型。他从他们身上提取了他需要的东西——某些吸引他注意的特征、激发他想象力的气质，并由此塑造出他笔下的人物。他并不关心他笔下的人物是否真实可信。他关心的是，能创造出合乎自己意图的，并且合理的和谐。最后的成品也许和原初的构思大相径庭，因此作家们一定大多遭到过这样的指责：他们塑造了一个栩栩如生的特定人物，但他们头脑中构思的，其实是一个完全不同的人。再进一步说，作家是否会从他的熟人中选择人物原型，完全出自偶然。对他来说，有时只要看一眼茶馆中的某个顾客，或在一艘船的吸烟室中和某个人聊上

---

① 简·爱（Jane Eyre）：英国作家夏洛蒂·勃朗特（Charlotte Brontë，1816—1855）小说《简·爱》中的主人公。

② 杰罗姆·夸尼亚尔（Jerome Coignard）：法国作家法朗士（Anatole France，1844—1924）小说《杰罗姆·夸尼亚尔的意见》中的主人公。

十五分钟就足够了。他所需要的就是那稀薄却富饶的根基。他能在此基础上,凭借自己的人生经历、对人性的了解以及天然的直觉,塑造出人物形象。

如果不是这些被当成作品人物原型的人过于脆弱敏感,那么整件事情原本是一帆风顺的。人类是如此自负,哪怕是那些和某个作家仅仅有过一面之缘的人,也常常会乐此不疲地在其作品中寻找自己的痕迹。如果他们认定某个角色是以他们为原型的,那么一旦这个角色存在任何瑕疵,他们就会觉得自己受到了重大的冒犯。尽管人们常常会随意地挑剔自己朋友们的毛病,并嘲笑其荒唐可笑之处,但他们自大至极,因此无法认识到,事实上自己也存在各种缺陷和可笑之处。而他们的那些朋友们怀恨在心的愤愤不平,对其所遭受的折磨假装同情,会让事情变得更加糟糕。当然很多人会诽谤、造谣。我曾遭到女人诽谤,说我曾和她们在一起,并把客气当福气地乱写她们。而事实上,我非但没有和她们在一起,我压根就不认识她们或从未听说过她们。我想,我并不是唯一一个遭受诽谤的作家。这些可怜的娼妇们是如此虚荣,她们的生活是如此空虚,因此她们故意把自己和某个讨厌的人物等同起来,好为自己在某个小圈子中挣得一点名气。

有时作家会以一个非常普通的人为原型,并基于他创作出一个高尚、自制并勇敢的人物。他在那个人身上看到了意义,而那些和他一起生活的人却忽略了他的优点。然后奇怪的事情就发生了,原型人物变得让人认不出了。只有当你向别人展示人物的缺陷或可笑的弱点时，人们才会立刻想起某个人的名字。由此我只能得出结论：人们太了解朋友们的缺点，却不知道他们的优点。作家很少想要刻意冒犯别人，他会想方设法保护他的原型人物。他会将自己创作的人物，置于其他的地理环境中并让他们依赖别的方式谋生，也许还会让他属于不同的阶层。但作家无法轻易地改变他们的容貌。一个人的外貌特点会影响他的性格，反过来，他的性格也多多少少会反映在他的外貌上。你不能让一个高个子变成一个矮子，而让他其他方面的特征保持不变。不同的身高会赋予人们不同的视野，看到不同的环境，从而赋予人们不同的性格。同样，你也不能不露痕迹地把一个娇小的黑发女子，改写成一个高大的金发女郎。你得多少保留一点人物的本来面目，否则他们那种吸引你将他们作为人物原型的特征就会丢失。但没有人有权将书中的哪一个人物占为己有并宣称："嘿，这个人就是我。"他只能说："我给这个人物的塑造带来了灵感。"如果他有那么一点常识，他就会对此感兴趣，而不是因此而着恼；而作家的创造力和洞察力，也许能给他带来一些提示，让他能更好地认识自己，这对他是有好处的。

我对自己的文学地位并不抱什么幻想。在我自己的国家中，只有两个重要的评论家把我当一回事。那些聪明的年轻人在写有关当代小说的文论时，从没考虑过我。对此我并不生气，这是非常自然的。我向来不善于宣传自己。在过去三十年中，读者的数量大量增加,有很多无知的人,妄想不费什么力气就轻轻松松地获得知识。当他们读着书中人物发表的对时下流行话题的看法时,当他们读着那样的一些作品时,他们便以为自己学到了什么东西。穿插在这儿或那儿的情情爱爱的情节,让他们得到的信息足够美味可口。小说被当成是传播思想的便利工具,很多小说家也非常乐意把自己当成人们的思想领袖。他们写的小说,纪实的内容多于虚构。他们的作品具有一定的新闻价值。其缺点是,用不了多久,这些作品就会像上个星期的报纸一样读不下去了。但最近出现的广大读者对知识的需求,让很多书籍应运而生,其主题涉及大众普遍感兴趣的内容:科学、教育、社会福利以及我不知道的其他东西,而其语言是非技术性的。这些作品取得了巨大成功,让那些意在宣传思想的小说无处容身。但显然,只要这种风潮持续下去,这些作品似乎比那些人物小说或探险小说更有意义,也提供了更好的主题。

自那时起,那些聪明的评论家和更严肃的小说读者,将他们的大部分注意力投向了那些在艺术上有所创新的作家。这一点很好理解,因为他们所呈现的新颖,给那些陈腐材料带来了新鲜感,也能引发大量讨论。

这些事情竟然引起了这样多的关注,这似乎有点奇怪。亨利·詹姆斯首创并发展到高度完美的那种写作方法,即通过一个参与剧情的观察者的感官认知讲述故事,是非常奇妙的,营造出了他在虚构作品中所追求的那种戏剧化效果和逼真的体验。这种逼真应归功于，这位作家受到了那些法国自然主义小说家的深刻影响。这也来自他对采用全知全能的叙述视角的作家所遇到的某些难题的回避。凡是那位观察者不知道的东西，可以很方便地保留神秘。然而，这只是一种自传形式的小小变体，自传作品也有很多同样的优点。但如果把它当成一种多么伟大的审美发现，就多少有点荒唐了。在其他的写作实验中，最重要的就是使用意识流。作家常常受到那些能以情动人、并不太费解的哲学家的影响。他们先后受到了叔本华、尼采和伯格森[①]的影响，心理分析吸引了他们，这是不可避免的。心理分析给作家带来了很多可能性。作家知道，他应该感谢自己的潜意识，是潜意识让他写出了自己最好的作品。另外，通过他所创造的人物的潜意识，深入探索人性的深度，也同样对作家充满了诱惑。这是一个聪明并且好玩的把戏，但也仅此而已。当作家们把它当成了作品的基础，而不是为了某一个特定的目的——讽刺、戏剧化效果或解释说明——而偶尔用之的话，意识流就显得很枯燥乏味了。我猜测，这种手法和其他类似写作手法中的精华，将被吸收到虚构类作品的技巧中。但引入这些手法的那些作品，会很快失去它们的魅力。那些曾经受到这些古怪实验吸引的人，似乎没有注意到，在那些重视技巧的作品中探讨的内容似乎特别琐碎。给人的感觉像是：这些作家为自己的空洞无物而深感不安，所以才采用了这些技巧似

[①] 伯格森（Henry Bergson, 1859—1941）：法国哲学家，曾获诺贝尔文学奖，代表作有《创造进化论》等。

的。他们通过这些不真诚的手法描述的那些人物，缺乏内在的吸引力，并且他们争论的话题也是无关紧要的。这点可想而知。因为，作家只有在对自己作品的主题不太感兴趣时，才会被写作技巧吸引。如果他着迷于自己的写作主题，那么他就没有太多时间去考虑表达上的精巧。在十七世纪，作家们被文艺复兴折腾得筋疲力尽，又因国王的暴政和教堂的掌权带来的重重阻碍而无法思考重大的人生问题，因此他们才将注意力转到了贡戈拉主义[①]、浮夸的文风和诸如此类的玩意儿上。也许，近些年来人们对各种艺术的技巧试验表现出来的兴趣，都在指向我们的文明正在分崩离析的事实。那些在十九世纪时显得重要的话题，已经失去了它们的魅力；而艺术家还没发现，那些将影响新一代人——他们在解构我们的文明的过程中，创造了新一代文明——的重大问题是什么。

因此，文学界并未特别重视我的作品，在我看来也就很自然了。在创作戏剧时，我发现传统的写作模式亲切自然。作为一个虚构小说作家，我退回到了无数世代之前，扮演着在新石器时代的洞穴中，围着火炉讲故事的人。我有故事要讲，故事也让我产生了讲述的兴趣。对我来说，这就够了。知识界轻视故事，已经有段时日了，这是我的不幸。我看过很多讨论小说艺术的书籍，

[①] 贡戈拉主义：十七世纪西班牙巴洛克文学的一个流派，提倡为"高雅人士"写作，作品堆砌着各种夸张的辞藻和晦涩的语句，代表作家是贡戈拉（1561—1627）。

这些书中都说情节没什么价值（顺便说一句，一些聪明的理论家区别了故事和情节两者，对此我无法理解。情节只是故事展开的模式）。根据这些书籍，你将断定，情节只会妨碍聪明的作家，情节是对读者的愚蠢要求的让步。真的，有时候你会认为，最优秀的小说家是散文家，世间仅存的完美短故事是查尔斯·兰姆和黑兹利特写的故事。

但听故事所带来的愉悦感，对人类的本性来说是极其自然的，就像观看舞蹈和滑稽戏一样，而戏剧就脱胎于舞蹈和滑稽戏。它完好无损地存在着，侦探小说的流行就足以说明这一点。当然了，最聪明的那些人也会纡尊降贵地读侦探小说，如果不是因为那些他们首肯的心理小说、教育小说和心理分析小说，没有给他们带来这种特殊的满足感的话，他们为什么要读这些小说呢？有一些聪明的作家，脑子里有各种绝妙的想法要表达出来，并具有创造活灵活现的人物的天赋，但他们不知道在创造出了这些人物之后，该拿他们怎么办。和所有的作家一样（所有作家中包含一定数量的骗子），他们把自己的局限也夸成是自己的优点，他们不是让读者自己想象会发生什么事，就是责怪他们为何想要知道这些。他们声称，在现实生活中，故事没有终结，局面没有收尾，一切都还悬而未决。这并非总是对的，因为至少死亡会终结我们的所有故事。但即便这是对的，这也不是什么有力的论据。

因为小说家称自己是艺术家，而艺术家并不会复制生活，他会重新编排生活，以适应他自己的目的。就像画家用他的画笔和颜料进行思考一样，小说家用他的故事进行思考。尽管他自己也许并没有意识到，他对人生的看法、他的个性，都能从一系列人物行动中表现出来。如果你回顾一下过去的艺术，就很难不注意到，艺术家高度重视现实主义的情况，是很少发生的。总体来说，他们利用自然进行装饰，只有在自己的想象力把他们带离太远、觉得有必要回归的时候，他们才会时不时地直接复制自然。在绘画和雕塑艺术中，甚至可以说，非常接近现实的风格，往往宣告着一个流派的衰亡。从菲迪亚斯①的雕塑中，你已经看出了《望楼的阿波罗》②中的一丝单调乏味。而在拉斐尔③的《博尔扎诺的奇迹》中，也能看到布格罗④的了无生气。只有不断迫使自然让步，艺术才能获得新的生命力。

但这只是题外话。

读者想要知道让他产生兴趣的剧中人发生了什么事，这是读者一种自然的需求。而情节就是你满足读者这种需求的手段。显然，一个好的故事很难创作，但难以创作并不该成为轻视它的理由。为了满足主题的需求，它必须前后连贯、并有足够的可信度，它应当能自然而然地展示人物性格的发展，这是当今小说中

---

① 菲迪亚斯（Pheidias，约前480—430）：著名古典雕刻家，雅典人。
② 《望楼上的阿波罗》（*Apollo Belvedere*）：雕塑家列奥卡列斯公元前四世纪的代表作。
③ 拉斐尔（Raphael Sanzio，1483—1520）：文艺复兴时期意大利三杰之一，著名画家，代表作有《西斯廷圣母》《雅典学派》等。
④ 布格罗（William-Adolphe Bouguereau，1825—1905）：法国学院派画家，代表作有《殉道者的凯旋》《维纳斯的诞生》等。

最受人关注的一点。此外，它也应该具备完整性，这样当这个故事最终完全展开时，读者就不会对剧中人物产生任何疑问。它应该像亚里士多德的悲剧一样，有开端、发展和结尾。情节的主要用途，似乎是很多人没有注意到的。这是引导读者兴趣的一条线索。也许这点对于小说来说是最重要的，因为作家通过引导读者的兴趣，让读者能够一页页地读下去，并将他想要传达的情绪注入读者身上。作家常常在暗中掌控，但他永远不该让读者察觉到这一点。通过对情节的操纵，他能吸引读者的注意力，而读者不会感受到，作家对自己施加了某种影响。我并不在写一篇关于小说的专业论文，所以我不需要把小说家为了达到这一目的而采取的各种方式一一罗列出来。但是，引导读者的兴趣有多么灵验，而忽略这点能带来多大的危害，已经在《理智和情感》和《情感教育》中充分展示出来了。简·奥斯汀[1]以简单的故事情节引导着读者稳步向前推进，让读者都没停下来想想，埃莉诺太正经了、玛丽安娜是个傻子、那三个男人是没有生气的傀儡。而福楼拜[2]意在取得绝对的客观，他很少引导读者的兴趣，因此他对各种人物的命运漠不关心，让这部小说很难读下去。我想不出另外一部有如此多的优点，但给人的印象如此淡薄的作品。

在我二十多岁时，批评家们说我野蛮。三十多岁时，他们说

---

[1] 简·奥斯汀（Jane Austen, 1775—1817）：英国小说家，代表作有《傲慢与偏见》《理智与情感》等。

[2] 福楼拜（Gustave Flaubert, 1821—1880）：法国作家，的代表作有上文提到的《情感教育》及《包法利夫人》等。

我轻佻。四十多岁时,他们说我愤世嫉俗。五十多岁时,他们说我能干。现在我六十多岁了,他们说我浅薄。我走了自己的路,根据我为自己规划的路径前进,并努力通过作品去充实我所追寻的人生模式。我认为,不看评论文章的作家,是不明智的。训练自己不再受到别人褒贬的影响,有益身心健康。因为当你发现,自己被赞扬为一个天才时,你当然很容易耸耸肩一笑而过。但当你发现自己被当成一个傻子时,想不把它当回事,就没那么容易了。文学评论史说明,当代的文学批评并不可靠。作家应该在多大程度上看重那些评论,在多大程度上忽略它们,必须把握分寸。而且各种意见是如此不统一,作家很难根据这些评论,对自己的优点做出一个总结。在英国存在着一种轻视小说的自然倾向。一个并不显赫的政客的自传、一个皇室情妇的生活,都能引发严肃的评论。而六七本小说往往会被放在一起评论,并且那位评论家常常不过是对这些小说嬉笑怒骂一番,来逗个趣儿。事实很简单,和艺术作品相比,英国人对提供信息的作品更感兴趣。这让小说家很难从文学评论中获得任何有利于其自身发展的东西。

对英国文学界来说,非常不幸,本世纪我们缺乏一群像样的批评家,比如,像圣伯夫①、马修·阿诺德和布吕纳蒂耶②那样的批评家。没错,批评家不会把太多精力放在当代文学上,而且如果根据我刚才提到的三位批评家进行判断,即便他们这样做了,

---

① 圣伯夫(Charles Augustin Sainte-Beuve, 1804—1869):法国十九世纪文艺批评家,代表作有《文学肖像》《周一的讨论》等。
② 布吕纳蒂耶(Ferdinand Brunetière, 1849—1906):法国文学史家,代表作有《批评文集》等。

也不会对当代作家有什么直接的帮助。正如我们所知，圣伯夫一直追求某种成功，却从未实现，因此他心生妒忌、无法公允地看待他的当代人。马修·阿诺德在评论那些和他同时代的作家时，品位往往出现差错。因此我们没有理由相信，如果让他评论那些英国作家，他的品位会好到哪儿去。布吕纳蒂耶不够宽容，他根据严格的规则衡量作家，对于那些目标和他不一致的作家，他无法看到他们的优点。他的人格力量让他拥有了一种他的天赋无法保障的影响。尽管如此，作家们仍然能从那些真正关注文学的批评家那儿收益。即便他们讨厌这个评论家，他们仍然会受到敌对心理的刺激，对自己的目标做出更清晰的界定。那个评论家会让他们变得兴奋、让他们更努力，并且他的榜样将促使他们更认真地对待他们的艺术。

柏拉图似乎曾在一篇《对话录》中，阐述批评的不可能。但事实上，他只说明了苏格拉底的方法有时会显得多么夸张。有一种批评显然是徒劳无功的，即，批评家写那样的评论文章，只是为了补偿自己在年轻时受到的羞辱。评论给他提供了一种重新拾回自尊的方法。因为在上学时，由于他无法适应那个狭小世界的法则，他多次被人拳打脚踢。为了安抚自己受伤的情感，他长大之后也对别人报以拳打脚踢。他的兴趣在于他对作品的反应，而不是作品给他的反应。

很少有比现在更需要权威批评家的时代，因为现在的艺术陷入了一团乱。我们看到，作曲家在讲故事、画家在研究哲学、小说家在布道。我们看到，诗人们不满足于诗歌的和谐，试着将散文的和谐嵌入到诗歌之中；而散文作家试着在散文中强加一些诗歌的韵律。现在非常需要某个人站出来，重新界定各种不同艺术的特征，并向那些误入歧途的人指出，他们的试验，只能增加自己的困惑。想要找到一个对各种艺术同等精通的人，无疑是一种奢望。但是，有需求就会有供给，我们仍然可以期待，有朝一日能出现一个伟大的评论家，他将和圣伯夫、马修·阿诺德一样，登上批评界的至高宝座。他可以大有建树。在我最近读的两三本书中，作者呼吁要建立一门批评学。但他们并没有说服我，这样的事物是有可能存在的。在我看来，评论是一件非常个人的事情。但如果评论家的个性太强，那么对此也没什么好反驳的。对评论家来说，把自己的行为看成是创造性劳动，是很危险的。他的工作在于指导、评论，并指出新的创作途径。如果他把自己看成是创造性的人物，那么他的头脑就会被创造这种最激动人心的人类活动所占据，而不去关注自己的本职。写过一出戏剧、一部小说或几首诗歌，也许对他颇为有益，因为这能让他掌握一些若非如此无法获得的文学技巧。他如果意识不到，创作并不是他的本职工作，他就无法成为一个伟大的批评家。当代文学批评如此毫无用处的原因之一就是，写评论成了一些创造性作家的副业。他们应该认识到，自己所从事的职业，是最值得做的事情，那才是自然的。伟大的评论家除了有广博的知识之外，还应该具有宽大的同理心。这不该植根于一种普遍的漠视——比如那种让人们容忍他们毫不在乎事物的淡漠，而是对多样性的一种悦纳。他必须既是生理学家，又是心理学家，因为他必须了解，文学的一些基本元素，是如何和人类的思想和肉体相关联的。他还必须得是一个哲学家，因为他能从哲学中学到平静、公正和人生的短暂。只熟悉本国文学，对他来说是远远不够的。他应该掌握建立在过去的文学基础上的各种评判标准、并努力参考其他国家的当代文学，这样他才能看清文学发展的趋势，从而指导他本国的作家，让他们受益。他必须将传统作为自己的支撑，因为传统是一国文学所拥有的必然特征的表达。但他也必须竭尽自己的一切努力，促使文学传统朝自然而然的方向发展。传统是一个指路人，不是监狱的看守人。他必须拥有耐心、热情和坚定的意志。他所阅读的每一本书，都应该成为一段全新的、刺激的历险。他运用自己广博的知识、性格的力量，对文学作品加以评判。事实上，一个伟大的批评家首先一定是一个伟大的人。他必须伟大到足以谦虚地认识到，尽管他的工作非常重要，却只有转瞬即逝的价值。因为他的功劳在于，他能满足自己这一代人的需要，并为这一代人指明道路。新一代人有新一代的需求，新的道路会在他们面前铺展。到时他就没有什么可说的了，并将和他的那些作品一起，被丢进历史的垃圾堆中。

　　如果他认为，文学是人类最重要的追求之一，那么抱着这样的目的而度过他的一生，对他来说是值得的。

十九　参与公共事务，是作家的职责之一

这就是作家一贯的主张。除此之外，他还有一个主张：他已经断定，自己和别人不同，因此不该屈从于他们的规则，尽管其他人对此报以毁谤、嘲笑和轻蔑。根据他本人的特质，这会以不同方式表现出来。有时，他会特意以标新立异的举动到处招摇，炫耀自己和那些他称作"俗人"的其他人之间的区别。有时，为了"让资产阶级大吃一惊"①，他会特意穿着泰奥菲尔·戈蒂耶②的红背心。或者，和钱拉·德·奈瓦尔③一样，用粉红缎带绑着一

---

① 原文为法语：épater le bourgeois。
② 泰奥菲尔·戈蒂耶（Théophile Gautier, 1811—1872）：法国唯美主义诗人、散文家和小说家，代表作有《莫班小姐》《珐琅和雕玉》等。
③ 钱拉·德·奈瓦尔（Gérard de Nerval, 1808—1855）：法国诗人、作家、散文家、小说家、戏剧家，象征主义和超现实主义先驱，代表作有《幻象集》《西尔薇》《奥蕾莉娅》等。

只龙虾,提着它招摇过市。有时,他会假装扮成普通人,以此戏谑取乐,布朗宁[①]就曾把自己打扮得像一个富有的银行家一样,掩盖自己诗人的身份。也许我们所有人都有几个彼此矛盾的自我,但作家、艺术家能深深意识到这一点。对其他人来说,他们所过的生活,会让他们的某一个自我显得特别突出,因此,除了可能在潜意识深处之外,他们的那一个自我,最后变成了他们的全部。但画家、作家和圣人,一直在探寻自己新的一面。他对自我重复感到厌倦,因此会避免让自己成为一个单面的人,尽管也许他们自己并没有意识到这点。他永远没有机会成长成一个首尾一致、前后连贯的生物。

当普通人发现了艺术家的生活与其艺术作品之间的巨大差异时——他们经常会有这样的发现,他们会勃然大怒。他们不能接受,在艺术上趋向理想主义的贝多芬,有着一颗卑鄙的灵魂;在艺术上汪洋恣肆、如痴如狂的瓦格纳[②],是一个自私又不诚实的人。在艺术中尽显温柔体贴、宽宏大量的塞万提斯,是一个道德不佳之徒。有时,在狂怒中他们会试着说服自己,也许这些人的作品,并没有那么高的价值。当他们了解到,那些伟大、纯洁的诗人,其实留下了大量的色情诗歌时,他们简直吓坏了。他们深感不安:"这整件事绝对是假的,这些可恶的骗子!"他们骂道。

---

① 布朗宁(Robert Browning, 1812—1889):维多利亚时代诗人,代表作有诗集《男男女女》《剧中人物》等。
② 瓦格纳(Wilhelm Richard Wagner, 1813—1883):德国作曲家、浪漫主义音乐大师,代表作有《特里斯坦与伊索尔德》《黎恩济》《尼伯龙根的指环》等。

但作家的特点，是他并非只有一个自我，而是有多个自我。正因为他有多个自我，他才能创造出很多人物。而衡量其伟大与否的标尺，就是他所拥有自我的数量。如果他塑造出来的某个人物，并不能让人信服，那是因为，他所拥有的那些自我中，没有这样一个人。对于这样的人物，他只能借助于观察，只能尽可能地描述他们，而无法进行创造。作家并不是去感受、感知，而是要做到感同身受。他依赖的不是交感作用——交感作用常常导致多愁善感。他所依赖的是心理学家称之为"移情"的感同身受。正因为莎士比亚的移情能力达到了很高的水平，所以他才能成为史上最生动、最不多愁善感的作家。我认为，歌德是第一个逐渐意识到自己的多重人格的作家，这一发现困扰了他一生。他常常比较作为作家的自己和作为常人的自己，他无法协调两者之间的不一致。但艺术家的目的和其他人的目的不同，艺术家的目的是创作，而其他人的目的是正确的行为。因此，艺术家对人生的态度，在某种程度上是他所特有的。心理学家们告诉我们，对普通人来说，形象没有感觉那样栩栩如生。它是一种不断衰减的经历，提供的是感知到的物体的信息。在感官世界中，它就是行动指南。普通人的白日梦满足了他的情感需求，并满足了他在真实世界中受挫的欲望。但白日梦是真实生活的苍白影子，在其脑海深处，他能意识到，感官世界的需求，还有别的用处。而对作家而言，并不是这么一回事。在他头脑中蜂拥出现的那些形象、自由的观念，并不是行动指南，而是行动素材。它们和感觉一样栩栩如生。他的白日梦对他来说是那样重要，而真实的感官世界反而沦为了一团暗影，因此他得凭借意志的努力，才能接触到那个世界。他的西班牙城堡并不是没有根基的想象物，而是他生活于其中的真实世界。

艺术家非常自大。必须如此。从本性上说，他是一个唯我论者。对他来说，这个世界的存在意义，就是向这个世界施展他的创造力。他只有部分的自我参与生活，从来不会全身心地感受人类的普通情感，因为无论这种需求有多么迫切，在他充任一个观察者的同时，他还是一个演员。这常常让他显得冷酷无情。精明的女性防备着他。她们被他所吸引，但她们本能地感到，自己永远无法完全操控他——这是她们的心愿，因此她们知道，他会想方设法地逃开她们。歌德这个大情圣不是就告诉过我们，他如何躺在爱人的臂弯里写诗，又如何用会歌唱的手指在她的美背上，敲出了他的六步诗行？人们很难与艺术家相处。他在创作时的情感是完全诚挚的，但他体内还住着另外一个人，这个人会使点坏，他是靠不住的。

诸神在创造天赋的同时，总会加上一点缺陷。作家的这种多面性，让他们能和诸神一样创造人类，但他们无法创作出完全真实的人物。现实主义是相对的。最倾向于现实主义的画家，也会在自己的兴趣的指引之下，随意篡改他所创造的人物。他通过自己的双目观察他们，把他们塑造得比实际上更自觉、更爱思考、更复杂。他将自己的影子映射在他们身上，试着把他们塑造成普通人，但他从未成功。因为让他拥有才华并成为作家的那种特质，永远阻挡着他，让他无法知道真正的普通人是什么样的。他获得的并不是真相，而仅仅是其自身个性的一个变体。他的天赋越高、个性越强，他所描绘的生活画卷就越异想天开。有时我似乎觉得，如果后世的人想了解当今世界是什么样的，他不该去看打动同时代的人的作家的作品，而应该去看看那些中庸之才的作品，他们的平凡让他们能更忠实地描述他们当时身处的环境。我不会提他们的名字，谁都不喜欢被贴上"平庸"的标签——尽管他们一定会得到后世的欣赏。但我想，也许大家都承认，安东尼·特洛雷普[①]的小说所描绘的生活画卷，比查尔斯·狄更斯的小说所提供的印象更真实。

有时候作家必须问问自己，他写的东西，除了对他自己而言，还有其他价值吗？现在这个问题似乎更迫切，因为我们的世界似乎处于动荡不安中，而以前这样的情况不常发生，至少对我们这些生活在这个世界中的人看来如此。对我而言，这个问题有一种特殊的意义，因为我从来不希望自己只是一个作家，此外一无是处。我一直希望自己能过上完整充实的生活。我不安地意识到，我有义务为公众福利事业尽一点力。我的本性倾向于远离各种公共活动，我曾经很不情愿地参加过一些委员会，这些委员会

[①] 安东尼·特洛雷普（Anthony Trollope, 1815—1882）：英国维多利亚时代最为出色的长篇小说家之一。

成立的目的是满足某些暂时的利益。穷尽一生的时间，还不足以学好写作。每念及此，我就不太愿意把时间投入到其他的活动中，因为我非常需要这些时间，去实现我心中的目标。我一直无法说服自己，其他的事情也很重要。但是，如果数百万人生活在饿死的边缘；如果自由即将或已经在地球上的大部分地区消失；如果一场恐怖战争让大多数人多年无法拥有幸福；如果人们为看不到生活的价值而沮丧，为支撑着他们挺过了多个世纪的悲惨岁月的希望变得虚妄而沮丧——如果到了这样的时候，我们很难不去问问自己，写戏剧、短篇故事和小说，是不是徒劳无用的？我能想到的唯一答案是，我们一些人生来派不上别的用场。我们写作，并非因为我们想写。我们写作，是因为我们必须写。世界上也许还有一些更紧迫的事情：但我们必须让我们的灵魂从创作的重压中解脱出来。我们必须在罗马大火时继续写作。其他人也许会鄙视我们，因为我们没帮忙去提一桶水。但我们无能为力。我们不知道怎么提水桶。此外，大火让我们战栗，并在我们的脑海中浮现出无数词句。

然而，作家们偶尔也会参与政治。这对他们写作是有害的。我没有注意到，他们参政对国家事务产生了多大影响。我能想到的唯一一个例外就是迪斯雷利①。但对他来说，写作本身并不是目的，而是他取得政治地位的手段，这样说并非有欠公允。如今，

---

① 迪斯雷利（Benjamin Disraeli, 1804—1881）：英国政治家、小说家，曾任英国首相，代表作有《迪斯雷利三部曲》《康宁斯比》等。

生活在这个日趋专业化的时代中,我觉得总的来说,还是坚守本职工作,直到生命的尽头比较好。

我听说,屈莱顿通过研究蒂洛森①,学会了英文写作。因此我读了这位作家的一些片段,其中一段文字给我带来了一些安慰。这段文字如下:"当那些适合从政并且受到这一事业召唤的人,愿意扛起他们肩上的重担的时候,我们应该感到高兴。我们还应该感谢他们,他们愿意不辞劳苦、充满耐心地管理公众事务,并且过着缺乏隐私的生活。因此,有这样一些生来适合,并被培养成为政治家的人,是世人之幸。习俗让这变得容易,至少让他们能够忍受……人们过一种更虔诚、更幽静、更多思考的生活的优点是,他们不会被太多的事情分心。他们的思想和情感都只放在一件事情上。他们的所有情感也聚向、流向一个方向。他们的所有的思想和行动,都集中在同一个伟大的目标和计划上,这将让他们的生活浑然一体,并始终如一、保持连贯。"

---

① 蒂洛森(John Tillotson, 1630—1694):坎特伯雷大主教(1691—1694),以布道语言简洁而著称。

二十　系统的哲学阅读、完善了我的生命

在本书开头,我曾提醒读者们,也许我唯一能确定的一件事,就是我无法确定任何事。我试着把我对各种芜杂的事物的想法进行一番梳理,但我并不要求任何人同意我的观点。在修改我写下的文字时,我删除了很多词汇。尽管它们当时自然而然地出现在我的笔下,我仍然觉得它们太冗长啰唆了,虽然它们也让我的每一处陈述显得有理有据。现在我已经写到了本书最后的部分,我比以前更急切地重申,我写下的只是我私人的看法。也许它们是肤浅的,有的也许是自相矛盾的。那些源自各种偶然的经历,并受到特定个性影响的思想、情感和欲求,在逻辑上不太可能拥有欧几里得①命题式的精确。当我创作戏剧和小说时,我写的

---

① 欧几里得(Euclid,前330—275):古希腊数学家,被誉为"几何"之父,著有《几何原本》。

都是我通过实践获得的一些认知。但说到研究哲学，我并不比多年来过着忙碌的、多变的生活的人高明到哪儿去，我并没比他们有更多的专业知识。生活也是一所哲学学校，但它就像一所现代化的幼儿园。孩子们自行其是地学习，只学习那些他们感兴趣的课程。他们的注意力似乎只被那些对他们来说有特别意义的东西吸引，并自动忽略不会立即和他们产生关联的一切。在一个心理学实验室中，人们训练老鼠在迷宫中找路。不久，在经过反复尝试后，它们就找到了那条能找到食物的路。就我目前花时间做的事情来说，我就像一只沿着复杂的迷宫道路仓皇奔跑的老鼠，但我不知道，在那个迷宫中有一个中心，我可以在那儿找到我要寻找的东西。据我目前所知，所有的路都是死胡同。

库诺·费舍[①]带我走进了哲学的世界，我在海德堡的时候听过他的哲学课。他在当地很出名。那年冬天，他做了一系列关于叔本华的讲座。讲堂人满为患，得早点去排队，才能抢到一个好座位。他是一个短小精悍、略显矮胖的人，衣着整洁，圆脑袋，小平头，一头白发，脸色红润。他的一对小眼睛犀利、明亮。他长着一个可笑的、扁扁的狮子鼻，看上去像是被人揍扁了似的。你很可能把他当成一个年老的职业拳击手，而不是一个哲学家。他也是一个幽默作家。他真的写过一本关于机智的书，我那时看过那本书，但现在已经忘得精光。每当他讲笑话的时候，听众们会不时

[①] 库诺·费舍（Kuno Fischer, 1824—1907）：德国哲学家。

地爆发出哄堂大笑。他的声音很有力度,他是一个语言生动、能打动人、令人兴奋的演讲家。我当时太年轻、太无知,他说的那些,我并没有听懂多少。但叔本华那怪异、独特的性格,给我留下了深刻印象。我也对其哲学体系的戏剧价值和浪漫特质产生了不少困惑。已经过去这么多年了,所以我有点犹豫,不知现在再做评论是否合适。但我觉得,库诺·费舍把它看成是一件艺术品,而不是对形而上学的重要贡献。

自此之后我读了很多哲学书籍。我发现,哲学书是很好的读物。事实上,对那些需要读书、以读书为乐的人来说,哲学是他们阅读的各种重要题材中,最庞杂、最丰富、最让人满意的题材。古希腊令人兴奋,但从这个角度来看,古希腊的东西还不够多。总有一天你会读完其所有的文学作品,以及有关它们的所有重要论述。意大利的文艺复兴也很让人着迷,但其主题相对而言比较狭小,传达的思想也很有限。文艺复兴时期的艺术,其创造性价值早已枯竭,留下的只有优雅、魅力和对称(这样的特质你已经看得够多了)。你会对这样的艺术感到厌倦。而且,你也会对文艺复兴时期的那些人物感到厌倦,他们尽管多才多艺,却都落入了整齐划一的模式之中。你能无止无尽地读意大利文艺复兴的书,但在你读完所有材料之前,你早已丧失了兴趣。法国大革命是另外一个引人注目的题材,它的优点在于,它真的具有重要意义。从时间上说,它离我们很近,我们只要略微发挥想象力,就能融入创造这段历史的那些人物之中。他们几乎就是和我们同时代的人，他们的行为和思想，影响着我们今天的生活。我们多多少少都是法国大革命的后代，而且相关的材料非常丰富，相关的文档不可胜数，话题多得说不完。你总会在其中发现新鲜有趣的阅读内容。但它无法让人满意。因它而直接产生的艺术和文学基本可以忽略，因此你只能转而研究那些发起这场革命的人物，然而他们的卑鄙和粗俗会让你沮丧。法国大革命是世界历史上最伟大的戏剧之一，但其演员们和他们所扮演的角色一点都不相称，实在太遗憾了。最后你带着些许厌恶，抛弃了这个话题。

形而上学永远不会让你失望，你永远不会穷尽对形而上学的研究。它和人类的灵魂一样丰富多彩。它很伟大，因为它所研究的，是所有知识的综合。它研究的是宇宙、上帝和永生不朽、人类理智的特性、人生的目标和目的、人的能力和局限性。如果说，它无法回答穿梭在这一黑暗、神秘的世界中的人类的各种疑问，它也会说服人类和颜悦色地忍受自己的无知。它教人们懂得退让顺从，但也要有勇气。它需要动用人的想象力，也需要动用人的理智。并且我想，它能给业余哲学研究者带来更多的幻想——相对真正的哲学家而言，这种幻想是人类消磨闲暇时光时，所能获得的最美妙的乐趣。

自从听了库诺·费希的讲座并因此受到鼓舞之后，我开始阅读叔本华的作品，我读了那些伟大的古典哲学家的所有最重要的作品。尽管有很多地方我都不太明白，而且说不定我理解的内容比我自己认为的更少，但我至少已经充满兴趣地把它们都读过了。黑格尔是唯一一个让我感到乏味的作家。这无疑是我自己的问题，因为他对十九世纪哲学思辨的重大影响，已经证明了他的重要性。我发现他非常冗长啰唆，而且我无法接受他的那种论证观点的方法，在我看来那就像是在变把戏。也许我对他怀有偏见，是因为叔本华经常嘲讽他。但对从柏拉图开始的其他哲学大师，我对他们心悦诚服，我带着旅行者在未知国度中进行探险的那种愉悦之情，阅读了他们的作品。我并没有带着批判性的眼光去阅读，而是像读小说一样，追求兴奋和愉悦。（我早就承认过，我读小说不是为了受教，而是为了取乐。我期盼读者们能够宽容我。）作为一个性格的研究者，看到这些不同作家的自我表露，让我得到了无穷的乐趣。我看到了哲学思想背后的哲学家本人。一些哲学家的崇高让我的精神得到了升华，而我从另外一些哲学家身上察觉到的古怪，让我感到有趣。当我晕乎乎地追随普罗提诺①的孤独旅程时，我体会到了一种美妙的愉悦。尽管笛卡尔②从各个有效的前提中得出了荒谬的推断，他那清晰的表达仍然让我着迷。阅读他的作品，就像在一个水清见底的湖泊中游泳。那清澈的湖水让人觉得如此神清气爽。我将我第一次阅读斯宾诺莎③作品

---

① 普罗提诺（Plotinus, 205—270）：生于埃及，后定居希腊，罗马帝国时代最伟大的哲学家，新柏拉图主义奠基人。其理论是将太一看成万物之源，而人生的最高目标就是复返太一，其代表作是《九章集》。
② 笛卡尔（Rene Descartes, 1596—1650）：法国哲学家、物理学家、数学家，二元论的代表人物，"欧陆理性主义哲学"的开拓者。
③ 斯宾诺莎（Baruch de Spinoza, 1632—1677）：犹太裔荷兰籍哲学家，近代西方哲学界公认的三大理性主义者之一，代表作《神学政治论》《伦理学》等。

的经历,当成我人生中最重要的经历之一。它带给我的感觉,就像人们在看到连绵不绝的崇山峻岭时,所感受到的庄严和狂喜之情。

当我开始研读英国哲学家时,我也许带着些许偏见,因为在德国时我已经产生了这样的印象:除了休谟之外,他们一概可以忽略。而休谟①的唯一重要性在于,康德曾经驳倒了他。我发现,除了是哲学家之外,他们也是非同凡响的优秀作家。尽管他们也许算不上是多么伟大的思想家——这点我不敢妄加评判,但他们显然都很特别。我猜,很少有人会在读霍布斯②的《利维坦》时,没被他那粗鲁率直的典型英伦性格所吸引。而且,显然没有一个人在读贝克莱③的《对话录》时,没有被这位讨人喜欢的主教的魅力所折服。尽管康德也许糟蹋了休谟的理论,但我仍然认为,没有一个人能比他更典雅、得体、清晰地论述哲学了。他们所有人——还有洛克④,写的英文足以让学习英文文体的学生认真研习。在我开始创作小说前,我反复阅读了《老实人》,为自己奠定清晰、典雅和机智文风的基础。我认为,如果我们当代的英国哲

---

① 休谟(David Hume,1711—1776):苏格兰不可知论哲学家,代表作有《人性论》《道德原则研究》等。
② 霍布斯(Thomas Hobbes,1588—1679):英国政治家、哲学家,机械唯物主义的创立者,代表作有《论政体》《利维坦》等。
③ 贝克莱(George Berkeley,1685—1753):爱尔兰哲学家,近代经验主义哲学家、主观唯心主义的创始人,代表作有《视觉新论》《人类知识原理》《海拉斯和斐洛诺斯的对话三篇》等。
④ 洛克(John Locke,1632—1704):英国经验主义哲学家,代表作有《论宽容》《政府论》等。

学家在著书立说之前，先看看休谟的《人类理解研究》，不会有什么坏处。因为现在的哲学家未必都能把话写明白、写清楚。也许是因为，他们的思维有可能比先贤们精微得多，所以他们不得不使用自己发明的一套专业术语。但这样做其实很危险。当他们需要探讨一些对所有相关人等来说都很迫切的问题时，人们只能感到遗憾，因为他们无法让自己的想法深入浅出地表述出来、让所有读者都理解。人们告诉我，怀特海德教授[①]是目前从事哲学思辨的思想家中头脑最机敏的人。那么在我看来，他没有尽量简明地阐述自己的思想，真是太可惜了。斯宾诺莎建立了一条很棒的原则：在用词语表述事物的本质时，其常规意义和作者赋予它们的新意义，不应该是截然相反的。

哲学家没有理由不同时成为文人，但能写好作品并非来自天赋，这是一门需要刻苦学习的艺术。哲学家并非仅仅和其他哲学家，以及为了获取学位而学习的大学生们交流。他也和文人、政客，以及那些直接塑造未来一代人思想的思想家交流。他们自然会受到某种引人入胜、又不至于太难消化的哲学思想的吸引。我们都知道，尼采的哲学如何影响了世界上的部分地区，几乎没有人争辩，其影响不是灾难性的。它能流行一时，并非因为它在思想上有多深刻，而是因为其生动的文风和有效的形式。如果一个

[①] 怀特海德（Alfred North Whitehead, 1861—1947）：英国哲学家、数学家，过程哲学的创始人。

哲学家不愿费心阐明自己的观点,那只能说明,他认为自己的哲学思想,只有学术上的价值。

但我发现,有时即便是那些专业的哲学家们,也不能理解彼此,这对我来说无异于一种安慰。布拉德莱①多次坦白,他常常不明白与他争辩的人究竟在说什么。而怀特海德教授也说,有时布拉德莱说的话,让他无法理解。既然这些最杰出的哲学大师都未必能理解彼此,那么门外汉就算经常无法理解他们,也可以松一口气。当然,形而上学是很艰涩的。我们必须预料到这一点。如果一个门外汉连平衡杆都不拿上一根,就去走钢丝,那么假如他能跌跌撞撞地到达安全地带,就该谢天谢地了。胜利的喜悦是如此让人兴奋,值得他冒失足跌落的风险。

我发现到处都有人宣称,哲学是高等数学的领域,这让我深感不安。如果知识——就像进化学说表明的那样——是在为生存而战的过程中为了实用的目的而衍生的,那么其总和——对人类的福祉至关重要的那些东西——只能由少数天赋异禀的人保存。尽管我很难相信这一点,但要不是我幸运地发现,布拉德莱也承认,他对数学这一深奥的科学知之甚少——而且他可不是什么低劣的哲学家,那么我很可能会中断对哲学的愉快研究,因为我没有什么数学头脑。我们知道,不同人的味觉不同,但如果大家都没有味觉,那么人类就会消亡。如果就因为你不是数学物理学

---

① 布拉德莱(Francis Herbert Bradley, 1846—1924):英国唯心主义哲学家、新黑格尔主义者,著作有《逻辑原理》《真理与实在论》等。

家,你就无法得出关于宇宙和人类在宇宙中的地位、邪恶的神秘和现实的意义的合理理论,那么你该有多么不幸。这就好似:如果就因为你没有受过训练的敏锐味觉、无法准确无误地鉴定二十种红酒的出产年份,你就无法品尝一瓶红酒,那么你该有多么不幸。

因为哲学并不是一个只和哲学家或数学家有关的科学,它关系到我们所有人。没错,我们大多数人接受的很多观点,是经过哲学家二手处理的。大多数人并不知道,这其中到底包含着什么哲学。但即便是最没有思想的人,也有一定的哲思。第一个说"不要为已经洒出的牛奶哭泣"的老妇人,从某种意义上说就是一个哲学家。因为她说的这句话,除了"后悔无益"之外,还有别的意思吗?一套完备的哲学体系隐含其中。宿命论者认为,如果不是受当下利益的驱动,你不会往前迈出一步;你不仅仅是由你的肌肉、你的神经、你的内脏和你的大脑组成的,你也是你的习惯、你的观点和想法的统一体。即便你完全没有意识到这一点,无论它们是多么自相矛盾、不合理、带有偏见,它们仍然是客观存在的,并且影响着你的行动和反应。即便你一直没有把它们形成文字,它们仍然是你的个人哲学。也许大多数人没有把它们整理成文是一件好事。他们拥有的不算是什么思想,至少不是有意识的思想,而是一种模糊的感觉、一种类似生理学家们不久前发现的肌肉感觉一样的体验。它们是在人们吸取了当下社会中流行的某些思想观念,并根据自己的人生经历略加调整之后形成的。

对于过着自己井然有序的生活的那些人来说，这种思想和感觉的混合物已经足够了。因为这其中包含着一些时代的智慧，足以应对普通生活中的一些普通目标了。但我一直想要建立自己的模式，并从早年开始，我一直渴望找出我要处理的元素。我希望我能尽可能地掌握关于宇宙总体结构的知识。我希望能做出决定：我是否只需考虑此生？还是还要考虑来世？我希望弄清：我是不是一个自由人？还是说，我以为我能根据自己的意志来塑造自我，但这种感觉根本就是一种幻想？我想知道：我的生命是否存在什么意义？还是说，我应该努力努力赋予我的生命价值？因此我开始断断续续地读起了哲学。

第一个让我产生兴趣的主题是宗教。我所生活其中的这个世界，究竟是不是我唯一需要考虑的世界？我是否应该把它当成一个为我来世做准备的审判场所？在我看来，这是一个重要问题。在我写作《人性的枷锁》时，我专门用了一章的篇幅，描述男主人公如何丧失了他打小以来的信仰。一位非常聪明的女子读了这部作品的打字稿，当时她很友好，对我产生了兴趣。她告诉我，这一章不太充分。我重写了一遍，但我觉得并没有改进多少。因为它描述的是我自己的经验，而我得出结论的那些前提并不充分。那是一个无知男孩的理智，那一章是我用心，而不是用头脑写出来的。在我父母过世之后，我和我的叔叔一起生活，他是一个牧师。他没有孩子，当时有五十多岁。被迫照顾一个别人扔给他的小孩，一定让他很烦恼。他每天早晚念诵祈祷文，周日我们去教堂两次。周日是繁忙的日子。我的叔叔以前总说，他是他的教区中，唯一一个一周工作七天的人。事实上他非常空闲，并把他的工作交给了他们教区的助理牧师和俗人执事。我当时很容易受外界影响，很快我就信教了。我毫无质疑地接受了别人教给我的东西，包括在我叔叔的牧师住宅中和之后的学校中。

有一件事立即影响了我。我上学后没过多久就发现——通过那些我遭受到的嘲笑和屈辱发现的——我患有口吃，这是多么不幸。我在《圣经》中读到过，信心能够移山倒海。我的叔叔向我保证那是事实。一天晚上——第二天我就要返校，我竭尽全力地向上帝祈祷，让他去除我的这一缺陷。而且我充满了信念，我入睡时非常确定，当我第二天早上醒来时，我就能和别人一样说话了。我自己幻想了一番：当那些男孩们发现我不再口吃的时候，他们会多么惊讶（我当时仍然在读预备学校）。我醒来时内心满怀欣喜。当我发现，我仍然和往常一样口吃得厉害时，那真是可怕的打击。

后来我长大了一些，并进入了国王学校学习。老师们都是牧师，愚蠢而暴躁。我的口吃让他们很不耐烦。如果说，他们并没有完全忽略我——我宁愿如此，他们却欺负我。他们似乎认为，患有口吃是我自己的错。很快我发现，我的叔叔是一个自私鬼，他只关心自己的舒适，对其他一切都漠不关心。周边郊区的牧师有时会来我们教区。其中一个牧师因为让自己的奶牛挨饿，而被县法院处以罚金。另一个牧师酗酒成性，不得不放弃圣职。我受到的教导是：我们生活在上帝的眼皮下，人的主要工作，就是拯救自己的灵魂。但我看到的是，没有一个牧师是言行一致的。尽管我怀有强烈的信仰，但无论是在家中，还是在学校中，我却对被迫去教堂做礼拜这档子事厌烦透了。去德国后，我终于获得了久违的自由，摆脱了这一切。但出于好奇，我参加过两三次海德堡耶稣会教堂的大弥撒。尽管我的叔叔对天主教有一种天生的同情（他是英国圣公会高教会派信徒，在选举期间，他们会在花园篱笆上粉刷上"这条路去罗马"），但他认定他们会受到地狱烈火的煎熬。他相信永恒的惩罚。他仇恨自己教区中的持异议者，事实上，他把他们当成洪水猛兽，他认为我们的国家不该容忍他们。他的心理慰藉是，他们也会受到永恒的诅咒。天堂是留给英国国教信徒们的。我一直以为，我能在那个环境中长大，是上帝的伟大恩典。这简直和生来是英国人一样美妙。

但当我来到德国后，我发现德国人也同样为自己是德国人而感到骄傲，就像我为自己是英国人而骄傲一样。我听到他们说，英国人不懂音乐，并且只有德国人才欣赏莎士比亚。他们说得就像英国人都是小店主似的。毫无疑问，在他们脑海中，他们是高人一等的科学家、哲学家和艺术家。这让我深感震惊。现在，当我参加海德堡的大弥撒时，我无法不注意到一个事实：挤满整个教堂、一直挤到教堂门口的那些学生们，似乎非常虔诚。事实上，他们貌似非常信仰他们的宗教，就像我信仰自己的宗教一样虔诚。他们竟然如此虔诚，在我看来奇怪极了。因为我当然明白，他们信的教是错的，我信的教才是对的。我想，我一定天生缺乏强烈的宗教情感，否则以我年轻时的不宽容，我一定会对那些我接触到的牧师的表里不一而深感震惊，那么我一定早就开始质疑这一点了。否则我很难想象，我当时的那个小小的想法，会对我产生如此重大的影响。我还想到，我也很有可能出生在德国南部，那么我当然也会成长为一个天主教徒，那么我也要受到诅咒、永远受到痛苦折磨，而这并不是我自己的错，我觉得这点很难接受。我那率真的性格让我厌恶这样的不公正。下一步很简单，我得出了结论：一个人有什么信仰并不重要。上帝不会因为他们是西班牙人或非洲南部的霍屯督人①就责罚他们。如果我没有那么无知地接受一些十八世纪流行的自然神论思想，那么我也许会就此打住。但那些已经深入我心的信仰已经彼此缠结在一起，当其中一个变得放肆起来时，其他的也会加入其中。于是，这整个建立在对地狱的恐惧之上，而非对上帝之爱的基础上的可怕体系，就像一个纸牌屋一样轰然倒塌了。

无论如何，我不再相信上帝了，我感到了一种新的自由带来的狂喜。但我们并不仅仅用我们的思维在信仰宗教。在我灵魂深处，旧日对地狱之火的恐惧仍然徘徊不去。在很长一段时间中，那一古老的焦虑，冲淡了我的狂喜。我再也不相信上帝了。但在我的骨子里，我仍然相信魔鬼的存在。

---

① 霍屯督人（Hottentots）：南部非洲的种族，主要分布于纳米比亚、博茨瓦纳和南非等地。

二十一　曾经我雄心勃勃，想写一部哲学著作

我成了一个医学院的学生，迈入了一个新的世界，当时我想驱逐的，就是这种恐惧。我阅读了大量书籍。这些书告诉我，人是一台机器，受到机械法则的束缚。当这台机器报废时，人的末日也就到了。我在医院里看到很多人死去，由此而受到的惊吓证实了书中的言论。我满足于相信：宗教和上帝的观念，都是人类为了生活的便利逐渐想出来的，代表着曾经对人类这一物种的生存有价值的事物。并且我想说，其价值现在仍然存在。但这一定要放在历史背景之下解释，并不能和任何真实的事物对应起来。我认为自己是一个不可知论者，但在我的骨子里，我认为上帝只是人们的一个假设，任何有理智的人都不该相信他的存在。

如果没有上帝，那么谁会把我交给永恒的地狱之火呢？又有

哪一颗灵魂会被交给地狱之火呢？如果我被机械力量操纵着，为生存而战才是我的驱动力，那么我不明白别人之前教我的善行，还有什么意义。我开始阅读伦理学。我认真地阅读着那些庞大的卷宗，由此得出的结论是：人们的唯一目的就是让自身获得愉悦，当他为了别人而牺牲自我时，那么让他相信他这样做并非为了个人满足，其实只是一个幻觉。而且，既然未来是不确定的，那么抓住当下所能获得的每一份快乐，乃是一种共识。我断定，对与错、是与否只是一些字眼，而行为准则不过是人们为了满足自己自私的目的而建立的一些惯例。自由人没有理由遵守它们，除非它们能给他自己带来方便。我当时好用警句，而且当时这也很流行，于是我将我的想法写成了一句警句，并对自己说道：遵从自己的意愿，并适当留意街角的警察。到我二十四岁时，我已经建构了一套体系完整的哲学。它基于两个原则：事物的相对性和人类的圆周性。我后来发现，第一条并非我的原创，而第二条也许太深奥了，尽管我绞尽脑汁，现在我也想不起来，这话到底是什么意思。

有一次，我读了一个特别符合我口味的小故事。你可以在阿纳托尔·法朗士[①]的《文学生活》的一卷中找到它。这个故事是我多年之前看的，但现在我还记得，大致是这样的：有一个年轻的东方国王，刚刚登上王位。他渴望找到公正治国的良策，于是他

[①] 阿纳托尔·法朗士（Anatole France，1844—1924）：法国作家、文学评论家，代表作有《金色诗篇》《波纳尔之罪》等。

派人找来国中的智者们,命令他们将全世界的智慧收编成书,这样他就能通过阅读,了解自己该如何为人处世。他们离开了。三十年后,他们带着一队骆驼回来了,骆驼背上驮着五千册厚厚的书籍。他们告诉国王,这里收集了智者们学到的关于人类历史和人类命运的一切知识。但国王忙于国事,没有时间看这么多书。因此他令他们离去,将这些知识压缩得少一点。十五年后他们回来了,他们的骆驼上只驮了五百本书。他们告诉国王,全世界的智慧,都能在这些书中找到。书还是太多了,国王又把他们遣走了。若干年后,他们回来了,现在他们只带了五十本书。但国王老迈疲惫,就连读这几本书的时间也没有。因此他令那些智者们,把这些内容压缩成一本书,给他做一个人类知识的摘要,让他能最终学到那些需要了解的重要事情。他们走了,开始工作,五年后他们回来了。现在他们都已老了,他们把劳动的成果放在国王手中。而现在国王奄奄一息,他连读这一本书的时间都没有了。

我想找的就是这样一本书,一本能回答所有困惑我的问题,能够让我一劳永逸地一次解决所有问题的书,那么我就可以毫无阻碍地按照我的生活模式生活了。我不停地阅读着,从古典哲学家转向了现代哲学家。我想,也许我能从他们的作品中找到我需要的东西。我没有在其中找到太多我认同的观点。我发现,他们作品中的批判性观点使我信服,但说到建设性的观点,尽管我未能看出什么缺陷,它们却无法得到我的赞同。这些印象向我表明：尽管这些哲学家有学识、有逻辑、有自己的派别，但他们怀有这样或那样的信念，并非受到理智的指引，而是受到性情的逼迫。否则我无法理解，在经过了这么长时间之后，他们彼此之间如何会存在这样深刻的分歧。我读到——我不记得是在哪儿读到——费希特[①]说：一个人接受什么样的哲学，取决于他是什么样的一个人。这让我想到，也许我所苦苦寻觅的，是压根就无法找到的东西。在我看来，如果所有人都能接受的、蕴含普遍真理的哲学思想并不存在，只存在和个体相契合的真理，那么我该做的唯一一件事，就是缩小我的查找范围，寻找理论体系与我契合的哲学家，因为我和他是同一类人。他为那些困惑我的问题提供的答案，一定能让我满意，因为那是唯一有可能符合我脾性的答案。

有段时间，我被那些实用主义者深深吸引了。我从那些英国知名大学教授的那些哲学著作中得到的受益，并没有我期待的那么多。在我看来，他们太绅士了，无法成为优秀的哲学家。而且我忍不住怀疑，有时，由于他们害怕冒犯那些和自己有交往的同事，他们未能深入探究某个问题直至得出符合逻辑的结论。而实用主义者精力旺盛，生机勃勃。他们中的那些核心人物写得不错，并且他们似乎能简明扼要地阐述那些我未能理清的问题。但我仍然无法让自己和他们一样相信——尽管我很想那样做，真理

[①] 费希特（Johann Gottlieb Fichte，1762—1814）：德国唯心主义、前康德主义哲学家，代表作有《一切天启的批判》等。

是我们为了满足自己的实用目的而编造出来的。在我看来，所有知识都基于感觉资料（Sense-datum），而这是上天赋予我们的。无论它是否能给我们带来便利，我们都必须接受它。另外，他们认为，如果上帝存在这个信念，可以给人带来安慰，那么上帝就是存在的。这个观点也让我感到不舒服。我发现，伯格森①的作品读起来不错，但他的观点特别无法让人信服。我也不认为贝奈戴托·克罗齐②能满足我的目的。另一方面，我发现伯特兰·罗素③是一位我非常喜欢的作家。他的言词很容易理解，英文也好，我带着崇敬之情拜读了他的作品。

我非常愿意把他当成我所寻觅的向导。他具有世俗的智慧和常识，他能容忍人类的弱点。但我也及时地发现，他是一个不太识路的向导。他的思维不太稳定。他就像这样一个建筑师：当你想要建造一间住房时，他先是劝你用砖头建屋，然后又向你罗列了一大堆理由，说用石头来造更好。当你同意了后，他又找来同样好的理由，证明唯一能用的材料是强化混凝土。而此时你的头顶上，仍然连一片瓦也没有。我寻找的是一个前后一致的独立体系，就像布拉德莱的体系一样。在这个体系中，一个部分必须依赖于另一个部分，结构不能轻易改动，否则整个结构就会土崩瓦

---

① 伯格森（Henri Bergson, 1859—1941）：法国哲学家，文笔优美，曾获诺贝尔文学奖，代表作有《创造进化论》等。
② 贝奈戴托·克罗齐（Benedetto Croce, 1866—1952）：意大利文艺批评家、历史学家、新黑格尔主义哲学家，代表作有《美学原理》《逻辑学》《精神哲学》等。
③ 伯特兰·罗素（Bertrand Arthur William Russell, 1872—1970）：英国哲学家、逻辑学家，曾诺贝尔文学奖，代表作有《西方哲学史》《哲学问题》等。

解。伯特兰·罗素无法给我这样的东西。

最后我得出的结论是，我永远找不到那本体系完备且令人满意的书，因为那本书只可能是我自己的表述。所以当勇气战胜了审慎之后，我下定决心，我必须亲自为自己写一本这样的书。我找到了哲学系大学生的必读书目，认真研读起来。我认为，这样做至少能给我自己的著作奠定基础。我想，凭借着我在四十年人生中（因为我产生这个想法时正好四十岁）获得的有关这个世界的知识，还有我对哲学文献的专心研读——我准备花上几年时间做这件事，我应该有能力写出这样一本书。我意识到，除了对于我自己之外，这本书并没有什么价值，它有可能勾勒出了这样一颗灵魂（因为我找不到一个更合适的字眼）的画像：他是一个善于思考的人，过着比很多专业哲学家更加充实的生活，并拥有更加丰富的经验。我很清楚，我没有进行形而上学的哲学思辨的天赋。我打算去其他地方搬一些理论来，这些理论不但要满足我的思想，还要满足我的本能、情感和根深蒂固的偏见（偏见和本能密切相连，因此很难把它和本能区别开来，）——我不得不认为这些比思想更加重要，由此形成一个对我而言行之有效、并能帮我踏上人生征途的哲学体系。

但我读得越多，这个主题对我而言就显得越复杂，我就越能感受到自己的无知。当我看到一些哲学杂志上的文章时，我特别沮丧，因为我发现：杂志中的一些长篇大论讨论的话题，显然非常重要，但由于我对此一无所知，在我看来却显得非常微不足道。而且那些作者们处理这些问题的方式、所运用的逻辑工具、论证每个观点以及可能遭到反驳的内容时的谨小慎微，每个作家首次使用时都会给出定义的术语以及他所引用的权威——这一切都向我证明，无论如何，现在的哲学是哲学专家之间才能相互研讨的课题。门外汉理解其中微妙之处的希望非常渺茫。要想写出我计划写的那本书，我需要花上二十年的时间做准备。等这一切完成时，我也许和阿纳托尔·法朗士故事中的那个国王一样，已经奄奄一息了，那么对我来说，我之前付出的努力，至少毫无用处了。

我放弃了这个想法，现在我能展示的当初的努力成果，只有少量断断续续的笔记。我无意宣称，这些乃是我的原创，哪怕是其中所使用的某些单词。充其量，我就像一个流浪汉，穿着仁慈的农妇施舍的一条裤子、一件从稻草人身上扒下来的衣服、两只从垃圾桶里捡来的不成对的靴子，戴着路上发现的一顶帽子，以此打扮自己、装点门面。这些都只是一些破烂杂碎，但这个流浪汉却发现它们很合适自己，穿戴上很舒适。尽管并不美观，但他觉得它们很合用。当他从一个身穿漂亮的蓝色西服、头戴新帽、脚踩擦亮的皮鞋的绅士身旁经过时，他觉得这个绅士看上去仪表堂堂。但他并不能确定，穿上那身整洁、尊贵的打扮，是否能和穿着自己身上的褴褛衣衫一样地自在舒适。

在我读康德的著作时，我发现自己不得不放弃年轻时推崇的唯物主义，以及伴随它的生理决定论。当时我对康德哲学体系所引起的大片反对之声一无所知，我在他的哲学中找到了情感上的满足。思考不可知的"自在之物"让我兴奋，并且我满足于人类根据表象建构的世界。它给了我一种特别的解放感。我讨厌康德的那句名言，大致意思是：你应该如此如此做，这样你的行为才能成为普遍准则。我对人类本质的多样性深信不疑，因此我无法相信这种说法是合理的。我认为，对一个人来说是正确的事情，对另一个人来说也许就是错误的。对我而言，我最渴望的是独处。但我已经发现，渴望独处的人并不多。如果我让他们独处，他们也许会认为我不太友好、冷漠自私。但如果一个人不接触唯我论，就无法长时间地研究那些唯心主义哲学家。唯心主义总是游走在唯我论的边缘。哲学家们就像受惊的小鹿一样，躲避着唯心主义，但他们的论辩会继续将他们拉回那儿。据我判断，他们回避唯心主义，仅仅是因为他们不愿穷尽对唯心主义的探究。小说作家们很容易受到唯心主义理论的诱惑，少有例外。唯心主义所提出的主张，就是小说家通常所实践的。唯心主义的完满和典雅，让它具有无限的吸引力。由于我不能假设，所有本书的读者都对各种哲学体系了如指掌，我想简要说明一下什么是唯我论，请懂行的读者们原谅我这样做。唯我论者只相信自己和自己的体验。他创建世界，将它作为自己行动的舞台。在他创建的世界中，只有他自己，以及他的各种思想和情感，除此之外空无一物。一切可知的事物，一切经历和事实，都是他头脑中的观念。

如果离开了他的头脑，这些也就不复存在。他不可能也没必要去思考任何身外之物。对他来说，梦和现实是同一的。人生就是一个梦境，他在梦境中创作那些出现在他眼前的事物，这是一个连续、连贯的梦。而当他不再做梦时，这个世界，以及这个世界的美好、痛苦、悲伤和无法想象的多样性，也都不复存在了。这是一个完美的理论，它只有一个缺陷：不可信。

当我雄心勃勃地想要写一部哲学著作时，我想我必须从头开始学习，于是我研究了认识论。我发现我研读的这些理论，无一是特别让人信服的。在我看来，普通人（他们是哲学家轻蔑的对象，只有在他们的观点恰好和哲学家的观点一致时，他们才被认为有价值）——也许只有那些无法判断这些理论价值的普通人，才有权去选择最能让符合他先入为主的观念的理论。有一种理论认为，除了一些被称之为先决条件的基础数据，以及他们推断出来的其他思维的存在，人们什么也无法确定。如果人们不愿搁置自己的判断，那么在我看来，整个理论还是有很多合理之处的。他们的所有其他知识都是虚构的，是他们大脑中建构的产物，是他们为了生活的便利而设计出来的。在进化过程中，为了让他们自己适应不断变化的环境，他们用他们从各处截取的片段，拼成了一副图像，只因为这些片段符合他们的目的。这就是他们所知的现象世界。而现实仅仅是他们提出的、作为其诱因的一种假设。如果他们截取的是另外一些片段，那么他们就会拼出另外一幅图像。这个不一样的世界，会和我们以为自己了解的那个世界同样连贯、同样真实。

很难说服一个作家相信,人的身体和心灵之间,并不存在紧密的互动。福罗拜在写爱玛·包法利自杀一幕时,亲身体验了砒霜中毒的症状。这种经历仅仅是略微极端了一点,其实每个作家都有过类似的体验。大多数作家在写作时都会感到发冷发热,遭受疼痛和恶心。反过来,他们也能感受到,自己身体的病态,带来了很多最让人愉快的创作。当他们了解到,自己的很多似乎直接来自天堂的最深沉的情感和大量的反思,其实是因为他们缺乏锻炼或者肝功能不良,他们再看待自己的这种精神体验时,就免不了会带有一种讽刺的意味。这样很有好处,因为这样他们就能管理并操控它们了。对我而言,在哲学家考虑到普通人后提出的关于物质和精神关系的种种理论中,我认为最令人满意的仍然是斯宾诺莎的理论:思维实体和广延实体是同一种物质。当然,现在称之为"能量"更加方便。除非我误解了伯兰特·罗素,否则他用时髦的方式所提出的一个观点,与之非常类似。他提出,世间存在一种中立的物质,这种物质是精神世界和物质世界的共同原材料。为了让自己理解这个观点,我想象了这样一幅图景:精神之河在物质丛林中蜿蜒前进、开辟道路。但其实河流就是丛林,丛林就是河流,两者是同一的。未来的生物学家将成功在实验室中创造生命——这并不是不可能的,到时我们也许会对这些事情有更多的了解。

普通人对哲学的兴趣，在于它的实用性。他们想知道：人生的价值是什么？人应该如何生存？自己该为宇宙赋予怎样的意义？当哲学家们纷纷往后退却、拒绝回答这些问题——哪怕仅仅是提供初步的答案——时，他们就是在推卸责任。现在，普通人面临的最紧迫的问题，就是罪恶问题。

说来奇怪，我注意到，哲学家谈到罪恶时，常常举牙疼为例。他们义正词严地指出，你无法感受到我的牙疼。他们的生活轻松、优渥，似乎牙疼是唯一折磨他们的痛苦，让你几乎能断定：随着美国牙医学的进步，就可以非常方便地把整个问题束之高阁了。我有时想，如果在授予这些哲学家学位，让他们能向年轻人传授智慧之前，让他们花上一年时间，在大城市的贫民区中提供社区服务，或者让他们干一些体力活谋生，兴许是一件好事。如果他们曾经亲眼见到一个小孩死于脑膜炎，也许他们就会以另一种眼光，来看待这些和他们相关的问题了。

如果这个话题不是在如此紧迫的时刻提出的话，那么我们很难不带着嘲讽的意味，去读《表象和现实》中关于罪恶的章节。它绅士派得可怕。它给你留下的印象是，赋予罪恶任何形式的重要性，都是很糟糕的。尽管我们必须承认罪恶的存在，但对它大惊小怪是不理智的。无论如何，罪恶都被过度夸大了，而且显然罪恶中也有很多善的成分。布拉德莱认为，对于整体而言，是不存在痛苦的。对于每一种不和谐及其所包含的多样性来说，"绝对"都更加丰富。他告诉我们，就和一台机器的情况一样，各个零件的抗力和压力促成了超越它们自身的最终目标,因此在更高层次上,"绝对"也是如此。如果有可能如此的话,那么它的真实性就不容置疑。罪恶和错误会促成一个更大的计划,并在这个计划中实现自己。它们在更高层次的善中发挥作用。从这个意义来说,它们不知不觉中就成了善。简而言之,罪恶就是对我们感官的欺骗,此外无他。

我想看看,其他学派的哲学家们对这个问题有什么看法,我的收获不多。也许是因为,对于这个话题,没什么好多说的。哲学家们自然重视那些能长篇大论地进行推演的主题。在他们对此发表的少量观点中,我能找到的能让我满意的信息少得可怜。也许我们忍受的罪恶会对我们进行教育、让我们变得更好。但观察的结果并不允许我们认为,这是一条普遍法则。也许勇气和同情非常不错,但如果没有危险和苦难,它们就不可能存在。我们很难明白,维多利亚十字勋章如何能安慰一个冒着生命危险拯救盲人的士兵,补偿他失去的视力?提供救济体现了慈善之心,慈善是一种美德,但这种美德能弥补一个瘸子因为贫穷而作恶吗?罪恶是无处不在的:痛苦和疾病,我们所爱之人的死亡、贫困、犯罪、罪孽、受挫的希望……我可以无止境地列举下去。对此哲学家们能给予什么样的解释呢?有人说,从逻辑上说,罪恶是必须的,这样我们才知道什么是善。有人说,从世界的本源来说,存在善与恶的对立。从形而上学的角度看,两者是互为必要的。那些神学家对此有什么解释呢?有人说,神安排了罪恶的存在,是为了训练我们。有人说，神让罪恶降临人间，是为了惩罚人们的罪过。但我曾经见过一个死于脑膜炎的小孩。我只找到了一种从情感角度和想象角度都能吸引我的解释，就是灵魂转世说。所有人都知道，根据灵魂转世说，生命并非始于出生、终于死亡，而是无穷世代的生命系列中的一环。每一世的命运，都是由前世的所作所为决定的。善行能让人升上天堂，恶行会让人坠入地狱。一切生命最后都会终结，即便神灵的生命也是如此。而幸福存在于从生生死死的轮回中解脱出来，并获得涅槃这种永无变化的安宁状态。如果一个人能相信，自己生活中的罪恶，都是自己前世所犯错误的必然后果，那么他在承受那些苦难时，就会好受一些。而有了来世作为奖赏、有了能获得更多幸福的期盼，今生做得更好的努力也就没有那么艰难了。如果一个人感到，自己遭受的苦难超过了其他人（我无法感受到你的牙疼，正如哲学家所说），那么他就会对别人的苦难感到义愤填膺。顺从地接受自己的苦难是可能的，但只有那些执着于"绝对"的完美的哲学家，才能以同样的心态看待别人那些往往不该承受的苦难。如果因果报应的确存在，那么一个人在同情他人的苦难时，应该坚强一点。厌恶这些苦难似乎是不合适的，而痛苦的无意义论也应遭到抛弃。而痛苦的无意义论，正是悲观主义那没有得到别人回应的论断。让我遗憾的只有一件事，我觉得这种学说和我之前谈到的唯我论一样，无法令人信服。

关于罪恶的问题，我还没有说完。当你考虑到"上帝是否存在"、"如果存在，他的本性如何"这些问题时，这个问题就变得迫切了。随着时代的变迁，我也和其他人一样，读了物理学家们的那些充满吸引力的著作。各个星球之间的遥远距离、光从那些星球抵达我们所要花费的大量时间——一想到这些，我的心中充满了敬畏。星云那无法想象的广袤无垠，让我万分震惊。如果我理解得没错，那么我必须这样假设：一开始，宇宙中相互吸引和相互排斥的两股力量之间是平衡的。所以在无数世代之中，宇宙一直维持着一种完美的平衡。然后，在某一时刻，这种平衡受到了干扰，宇宙的平衡被打破了，逐渐形成了天文学家告诉我们的这个宇宙，还有我们知道的小小的地球。但究竟是什么引发了原初的创造行为，是什么打破了宇宙的平衡呢？我似乎不可避免地想到了造物主这个概念，除了一个全能的上帝，还有谁能创造出这个广袤无垠的庞大宇宙呢？但世间存在的罪恶，迫使我们得出结论：这个造物主不是全能的，也不是至善的。一个全能的上帝，也许应该被人怪罪，因为世间存在那么的罪恶。而崇敬他或崇拜他，似乎是荒唐的。但我们的心灵对上帝并非至善的想法感到厌恶。我们被迫接受这个假设：上帝也许并非是全能的，这样一个上帝无法对自己的存在或他所创造的宇宙做出解释。

当你阅读世界各大主要宗教创始之初的那些文献时，当你注意到，后来的岁月中，人们给它们加上了多少原先没有的含义时，你一定会感到奇怪。其教义、其范例，都塑造了一个比其自身更伟大的完美典范。我们大多数人在受到别人恭维时，都会感到尴尬。因此，当那些信徒们对上帝大加奉承拍马时，他们竟然会觉得上帝会感到高兴，这太奇怪了。在我年轻时，有一个年长的朋友，他经常让我陪他留在乡间。他信教，因此他每天早晨会向全家人诵读祈祷文。但他用铅笔删去了《公祷书》①中所有颂扬上帝的段落。他说，没有什么比当面赞扬别人更粗俗的事了，他自己作为一个绅士，无法相信上帝会如此不绅士地喜欢这种赞扬。我当时觉得这是奇谈怪论，现在觉得我的朋友说得很在理。

人是热情的，人是软弱的，人是愚蠢的，人是可怜的。让他们去承担上帝的怒火这样天大的事情，似乎很不合适。原谅别人的罪过，并不是特别困难的事情。如果你站在他们的角度想一想，通常就很容易发现，是什么导致他们做了不该做的事，就能为他们找到理由。一个人受到伤害后会感到愤怒、会想报复别人，这是人自然的本能，很难以超然的态度来对待之。但如果略加思考，你就能置身事外地看待这种情况，那么如果加以练习，原谅他所造成的伤害也就不那么困难了。而原谅别人对他人造成的伤害要困难得多，这的确需要一种非凡的意志力。

每个艺术家都希望获得别人的信赖，但对于那些不愿接受他

---

① 公祷书（The Book of Common Prayer）：圣公会的祈祷用书。

所传达的内容的人，他也不会生气。上帝却没有如此理智。他如此迫切地渴望得到人们的信仰，以至于你可以这么想，他需要你对他的信仰，才能确信自己的存在。他承诺将奖赏那些信仰他的人，并威胁会惩罚那些不信仰他的人。对我而言，我无法信仰一个因为我不信任他就迁怒于我的上帝；我无法信仰一个比我还缺乏忍耐力的上帝；我无法信仰一个脾气很差又没有常识的上帝。普鲁塔克①在很久之前就已简要阐述过这个问题了。他说道，"我宁可人们说，普鲁塔克从不存在，现在也不存在，也不愿别人说，普鲁塔克是一个反复无常、易变易怒、锱铢必较、为小事动怒的人。"

尽管人们将一些缺陷——他们会为自己的这些缺陷谴责自我——归咎于上帝，但这并不能证明上帝不存在。这只能证明，人们所接受的那些宗教，不过是在无法穿越的丛林中开辟出来的小路，这些小路都是死路，其中没有一条，能通向那个含有伟大秘密的中心地带。为了证明上帝的存在，人们提出了很多论据。我请读者们在我简短分析这些论据时保持耐心。有一种论据是这样的：人类有一个完美生命体的概念。既然完美包含存在，那么完美的生命体必然存在。另外一个论据是这样的：一切事物都有其缘由。既然宇宙存在，那么它必然有一个存在的缘由，其存在的缘由就是造物主。第三个论据是从设计的角度入手的，康德说它

---

① 普鲁塔克（Plutarch，46—120）：罗马帝国时代的希腊史学家、传记作家、祭司，代表作有《希腊罗马名人传》《道德论集》等。

最清晰、最古老、最符合人类理性。它是由休谟的那些伟大对话中的一个人物所陈述的:"自然的次序和排列、终极因的怪异调整、每一部件和器官的用处和意图——所有这些都在用最清楚的语言说明,存在一个智慧的创造者或者说造物主。但康德作总结说,这个论据没有另外两个论据那样充分。他提出了另外一个论据,简单地说,其大意是:如果没有上帝,那么就不能保证责任感——其先决条件是一个自由并真实的自我——不是一种幻觉,因此从道义上说,我们必须相信上帝的存在。人们普遍认为,这一论据的提出,更应归功于康德亲和的性情,而不是他那精妙的智慧。在我看来,有一个论据似乎比前面几种更有说服力,但现在它已经失去人们的支持。它就是"民众契约"。根据这一论据,所有人从最遥远的人类起源之时,就已经产生了对上帝的某种信仰,很难想象一种随着人类一起成长的信仰,一种被最睿智的人、东方的圣人、古希腊的哲学家、伟大的学者们接受的信仰,竟然没有任何事实根基。对很多人来说,这种信仰似乎是本能的,但如果这种本能得不到满足,它可能(只能说可能,因为这无法确定)就不存在了。经验表明,如果一种信仰占据了主导地位,无论它占据主导地位的时间多长,并不能保证它的真实性。那么,上述这些证明上帝存在的论据,没有一条是有根据的。当然你也无法否认上帝的存在,因为你无法证明这一点。对上帝的敬畏仍然存在着,人类的无助感以及希望取得自身和宇宙之间和谐的愿望也仍然存在着。这些——而不是对自然的崇拜或对先祖的崇拜、魔力或道义——才是宗教的源头。没有理由相信,你所想要的事物的确存在,但很难说你没有权利相信你无法证明的东西。如果你明知自己的信仰缺乏证据就不该信仰它,也是没有理由的。我猜想,如果从天性上说,在遇到磨难时你需要舒适,需要一种支持你、鼓舞你的爱,那么你既无须寻求证据,也不需要它们。只要你的直觉就足够了。

神秘主义是无法证明的,事实上它除了一种内在的信念之外一无所需。它独立于各种信条之外,因为它能从所有信条中汲取营养。它是如此个人化,它能满足每一种不同的性格。这是一种感觉:我们生活的世界,只是一个精神宇宙的一部分。神秘主义就是从这样的一种感觉中获得了它的意义。神秘主义是一种感觉:上帝就在你的身边,他在支持我们、安慰我们。神秘主义者经常用类似的语言,讲述他们的经历。以至于我看不出,人们怎样才能否认其真实性。事实上,我自己就有一段这样的经历,我只能以神秘主义者来形容他们内心狂喜的那种语言,来形容这段经历。当时,我坐在开罗附近的一座废弃的清真寺中,突然我感到自己心驰神移,就像圣依纳爵·罗耀拉[①]坐在曼雷萨河边时一样心驰神移。我如同醍醐灌顶一样感受到了宇宙的力量及其重要性,我与宇宙进行着亲密且令我震惊的交流。我几乎想说,我感受到了上帝的存在。毫无疑问,这是一种普通至极的感觉,而神

---

① 圣依纳爵·罗耀拉(Ignatius of Loyola,约1491—1556):西班牙贵族,罗马天主教耶稣会的创始人,据传,他是在下文提到的曼雷萨河边得道顿悟的。

秘主义者非常谨慎，只有在其影响力能清楚地显示效果时，才会赋予其价值。我有一个想法，这种感受可能是其他原因而非宗教原因引起的。圣人们自己也愿意承认，艺术家有可能会产生这样的感觉。另外，正如我们所知，爱也会带来这样一种类似的状态，以至于神秘主义者发现他们会借助爱人之间所用的语汇，来表达那极乐的幻景。我不知道，这种感觉是否比下面这种心理学家还无法解释的情况更神秘：你能强烈感觉到，在过去的某段时间，你已经经历过了你现在正在经历的事物。虽然神秘主义者的这种狂喜之感足够真实，但只能说服他自己。神秘主义者和怀疑主义者认为，尽管我们穷尽智慧、竭尽努力，在我们努力的尽头，仍然存在着一大谜团。

由于我心中存有这样一个谜团，并且我对宇宙的伟大深感敬畏，又不满于哲学家们和圣人们的阐释，我有时会往回追溯。我退回到穆罕默德、基督和佛陀之前，退回到希腊众神、耶和华和巴力太阳神之前，直到《奥义书》①的梵天②。这种神灵——如果可以称之为"神灵"的话——能创造自我，并独立于其他存在物之外。尽管所有的存在都存在于其中、并且它是一切生命体的唯一来源，至少它有一种满足想象的宏伟庄严。但我已经写了那么多文字，以至于无法不对文字产生怀疑。当我看着我刚才写下的这些文字时，我只觉得这些文字意义不大。在宗教中，唯一有用的

---

① 《奥义书》(*Upanisads*)：印度最经典的古哲学著作，《吠陀》的最后一部分。
② 梵天（Brahman）：印度教的三大主神之一，是创造之神、万物之主。

事物是客观真理，唯一有用的神灵是一个富有人性的、至高无上的、善良的存在，他的存在就像二加二等于四一样必然。我无法看透这种神秘。我仍然是一个不可知论者，而不可知论者的实际后果就是：你表现出来的举止行为，就像上帝不存在一样。

二十二　我关于人生和信仰的哲学思考

信仰永生未必要信仰上帝，但很难把两者区分开。即便在那种朦朦胧胧的生存形式之下——那种期待着人的意识在和肉体分离后会融入普遍意识的状况下，如果你否认上帝的灵验或价值，你也只可能在这种普遍意识之中，拒绝信仰上帝的存在。而实际上，正如我们所知，这两个概念密不可分，以至于死后的生命，一直被看作是上帝之手处理人类的最有力的工具。它给慈悲为怀的上帝带来奖赏善人的快乐，也给怀恨在心的上帝带来惩罚恶人的满足。那些支持永生的论断非常简单，但是如果不以接受上帝的存在为前提，那么这些论断即便不是毫无意义的，也缺乏强大的力量。一种是基于生命的不完整做出的。我们都渴望实现自我，外在事物的不可抗力、我们自身的局限，却给我们带来了一种挫折感，但来生能抵消这种挫折感。所以歌德觉得自己还有更多事情要做，尽管他已经有了这么多的作为。与这一论断类似的，还有永生源于欲望的论断：如果我们会思考永生，并且如果我们希望获得永生，难道不就证明永生是存在的吗？我们对永生的渴望，只有在它们有可能实现时才能为人理解。另外一个论断是，当人们一想到统治这个世界的不公正和不平等，他们就会感到义愤填膺、痛苦、困惑。恶人活得就像郁郁葱葱的月桂树一样滋润。有了来生才能实现正义，惩罚有罪之人，奖赏无辜的人。罪恶只有通过来生中的善行才能得到赦免，而上帝自己也需要永生来向世人证明，他引导人类的方式是正确的。唯心主义者的论断是这样的：意识是无法通过死亡而消除的，因为意识的湮灭是无法想象的，唯有意识才能想象意识的湮灭。这一论断继续推演为价值只为思想存在，且只有最高等的思维，才能完全实现价值。如果上帝代表着爱，人类对他来说是具有价值的，那么我们就无法相信，对上帝来说具有价值的东西，上帝怎么能任凭其消亡。但说到这儿，一丝犹豫出卖了它自己。按照普遍经验，特别是哲学家们的普遍经验，世间很多人都不是什么伟大人物。对这些凡夫俗子来说，永生不死这个概念太大了。他们太微不足道了，既不配遭受永恒的惩罚，也不配拥有永恒的祝福。因此人们发现，哲学家们对此提出的建议是：那些有可能实现其全部精神的人，将获得时间有限的生存，直到他们有机会实现他们所能达到的完美，然后他们就会愉快地消亡；那些没有这种可能性的人，会被马上仁慈地消灭。但当人们探究，在这种情况下，被选中的少数能有限生存的人，应当拥有什么样的素质的时候，人们就会不安地发现，那少数素质只有哲学家才拥有。那么人们禁不住会想，如果这样的话，那么当他们的美德已经得到了应该得到的奖赏时，鉴于在他们暂时逗留在地球上的那段时间中，那些曾经困扰他们的问题都已经找到了恰当的解答，那么这些哲学家该以何种方式打发时间呢？人们只能猜想，他们会从贝多芬那儿学钢琴，或师从米开朗琪罗学水彩画。除非这两位大师都已改变了脾性，否则哲学家们会发现，这两位大师都是暴躁易怒的火爆脾气。

　　检验这些论断——你将根据它们决定你是否接受一种信仰——的说服力的一个好办法是，问问自己，你是否会基于同样力度的推理，去从事某一项重要的实践活动。比如说，你会在律师还没有检查过房契、测量员还没有检查过下水道的情况下，光凭着道听途说就买下一所房屋吗？这些关于永生的论断，一个个都很薄弱，放在一起也没有什么说服力。它们就像房产经纪人在日报上打出的广告一样充满诱惑，但不能让我信服。在我看来，我看不出当物质的物质基础损毁时，如何还能继续存在。而且我非常确信我身心之间的互动，因此不认为脱离我肉体的意识存在，能称之为自我的生存。即便人们能说服自己，人的意识能存在于某种普遍意识中的说法，的确有一定真实性，也不能带来多少安慰。满足于人能以这样的精神力量存在的想法，仅仅是在用无用的废话欺骗自己而已。唯一具有价值的生存，是个体的完整生存。

如果人们认为，上帝的存在与否、人类生存的可能性这些问题太过可疑，无法对人类行为产生什么影响，打算把它们搁置一旁时，人们必须做出判断：人生的意义和用途是什么。如果死亡会终结一切，如果我既不用希冀美好的未来，也无须惧怕罪恶，那么我必须问问自己，我来这儿干什么，以及在这些环境下我该如何自处。现在，其中一个问题的答案已经昭然若揭了，但它是如此让人不快，所以多数人不愿面对它。生命没有理由，生命也无意义。我们来到世间，在这颗小恒星上短暂生活一段时间。这颗恒星围绕着一颗小恒星旋转，而这颗小恒星自己，也不过是无数星系中的一个成员。或许，只有这颗行星上能够承载生命；抑或，在宇宙其他地方的其他行星上，也有可能形成适合某些物质的环境，而人类就是这种物质能在漫长的时间长河中逐渐创造出来的。如果天文学家告诉我们真相——这颗行星最后将达到一种状态：一切生命体都再也无法生存其中，并且宇宙终于进入了那种一片死寂的最终平衡状态，而早在这之前的无数世代，人类就已消失了，那么人类是否存在过还有什么意义呢？他将成为宇宙历史中的一个篇章，就和讲述史前地球上的那些怪兽的生命故事的篇章一样没有意义。那么我必须自问，这一切对我来说有什么不同？如果我好好利用自己的人生、充分发挥此生的价值，那么我该如何应对这些情况？现在说话的人不是我，而是我内心那想要实现自我生命的渴望在发言，每个人都有这样的渴望。

那是一种我们从遥远的过去的那种生发一切的远古能量中继承的自我主义；那是所有生命体存在，并维持生命的自信的需要。这是人类的精髓。它的满足就是自我满足，是斯宾诺莎告诉我们的可以希冀的最高目标，因为没有人会为了结束而努力保全自己。我们可以猜想，作为帮助人类应对环境的工具，人类的意识产生了。在很长一段时间中，它除了应付人类实践过程中的一些生死攸关的问题之外，并没有实现更高级的发展。但随着时间的过去，它似乎已经不再满足于仅仅实现人类的即时需要了。随着想象力的崛起，人类拓展了生活的环境，将无法看见的世界也纳入进来。我们知道他用什么样的答案，满足他当时向自己提出的那些问题。在他体内熊熊燃烧的能量是如此巨大，让他无法怀疑自己的重要性。他的自我主义囊括了一切，让他无法想象自己有可能会灭绝。对很多人来说，这些答案至今仍然让人满意。它们赋予了人生意义，并满足了人类的虚荣心。

大多数人考虑得很少。他们接受自己在这个世界上的存在。他们是盲目努力的奴隶——他们受到那样的驱动努力着，去满足他们的生理冲动。当这种驱动消退时，他们就像蜡烛光一样熄灭了。他们的生活纯粹是本能的，也许他们的智慧才是更高级的智慧。但如果你的意识已经发展到了这样的程度，当你发现一些问题在压迫着你、并且你认为以前的答案不对的时候，你会怎么做？你会给出什么样的答案呢？至少对于其中一个问题，有史以来最睿智的两个人，已经给出了他们自己的答案。当你看到这两个答案时，你会发现它们说的意思是差不多的，我不能确定他们的答案是否很有价值。亚里士多德说过，人类活动的终点是正确的行动，而歌德说人生的秘密在于充满活力地活着。我猜，歌德的意思是，当人能够实现自我时，就充分利用了自己的人生。他对那些被一闪而过的奇思妙想和不受控制的本能所主宰的生命，没什么尊重可言。自我实现将让你所拥有的每一种能力都达到完美的境地，让你能从人生中得到所有的乐趣、美好、情感和兴趣。但自我实现的困难，在于其他人提出的种种要求，经常限制你的活动。而道德学家花费了不少笔墨证明，一个人通过牺牲和无私的行为，才能最大限度地实现自我，因为他们被歌德理论的合理性所吸引，却害怕其后果。这显然不是歌德的本意，而且似乎并不正确。不过自我牺牲有一种独特的乐趣，很少有人能够予以否认。它能提供新的活动领域，以及发展新的一面自我的机会，因此它对于自我实现来说是有价值的。但如果你想要获得的自我实现，只是因为它与人无涉，那么你不会走得很远。这样一个目标要求对别人冷酷无情、对自我全神贯注，这是对别人的冒犯，也会让自己显得滑稽可笑。正如我们都知道，所有那些和歌德打过交道的人，都被他那冷漠的自我主义给惹怒了。

我不满足于步那些比我睿智得多的人的后尘，这似乎有点傲慢。尽管我们和别人外表相似，没有人是一模一样的（我们不同的指纹就能说明这一点）。而且我没有发现有什么原因让我不该选择自己的道路，只要我能自行选择道路的话。我一直想要建立自己的生活模式。我猜，这可以形容为一种含有着些许讽刺意味的自我实现。尽管底子不怎么样，我尽力而为吧。但这就出现了一个问题。在本书开头我谈到这些时，我回避了这个问题。现在我无法继续回避下去了，我只能退回去了。我意识到，我处处把自由意志当作理所当然的事情。我说得就像我可以随心所愿地树立自己的目标、引导自己的行动似的。在别的地方，我又说得像是我接受了决定论。如果我在写的是一部哲学著作的话，这样一种模棱两可的态度似乎是可悲的。我并不想这样矫揉造作，但人们怎么能指望我这个业余的家伙，能解决哲学家们尚在争论不休的问题呢？

把这个问题暂时放在一边，似乎是唯一理智的做法，但这恰好是一个小说作家非常关心的问题。原因是，作为一名作家，他发现自己迫于读者的影响，不得不做出刻板的决定。我在前面就已指出，观众是多么不愿意接受舞台上的冲动行为。冲动仅仅是一种行为的驱动力，而做出冲动动作的人并没有意识到，它类似于一种直觉，一种在你尚未弄清事物背景时就做出的判断。但尽管冲动有自己的动机，由于这个动机并不明显，观众还是不会接受它。看戏剧的观众和看小说的读者们坚持要了解人物做出某种行为的原因，如果原因并不使人信服，他们就不承认行为的可能性。这就意味着,那个剧中人物必须根据观众/读者对他的了解,去做他们希望他会去做的事。作家必须使用一些技巧,来说服观众和读者接受种种巧合和意外。而在现实生活中,人们会不假思索地接受这些巧合和意外。观众和读者是剧中/小说中人物言行的决定者,任何想要打扰他们固执偏见的作家,都会遭到失败。

当我回顾自己的人生时,我注意到,那些给我带来重大影响的事件,有不少都源自纯属偶然的环境因素。决定论告诉我们,你会沿着动机最强、阻力最小的方向做出选择。我没有意识到,我是否一直沿着阻力最小的那个方向做出选择,但如果我顺着动机最强的方向选择,那动机就是我逐渐形成的自我观念。下棋这个比喻虽然非常陈腐,但用在这儿却非常恰当。我的棋子是别人分给我的,我必须根据每颗棋子的特点走棋,必须接受对方的棋路。但在我看来,我似乎也有权根据自己的好恶、之前设定的目标,根据自己的意愿移动棋子。在我看来,走棋时我似乎能时不时地做出自己的努力,而无须全然接受命定的安排。如果说这是一种幻觉,也是一种有效力的幻觉。现在我明白,我走的棋往往是错的,但它们也在以某种方式试着实现目标。我希望我犯的错不多,但我不会为犯错而感到悲哀,或但愿自己没有犯下这些过错。

我不认为这种观点是不理智的:宇宙中万物的合力,会影响我们的每一个行动,其中自然也包括我们的观点和欲望。但一种已经发生了的行为是否永远不可避免,那只有在你断定是否存在布劳德博士①所称的尚未完全确定的"偶然起源"的那些事件的情况下，才能做出判断。很久以前，休谟就表明过，因果之间并不存在可以被人的思维意识到的内在联系。根据最近提出的不确定原理，人们发现了一些显然无法归因的事件，这对许多迄今为止奠定科学基础的那些法则的普遍效力提出了质疑。似乎我们应该再度考量偶然性这个问题。但如果我们没让自己受到因果律的束缚，那么我们拥有自由意志这一点，也许并非幻觉。主教们和枢机主教们对这个新的概念大加鞭挞，似乎抓住了魔鬼的尾巴一样，他们希望拉着尾巴将老魔鬼拖出来。天大的喜悦不是出现在天堂的庭院中，就出现在主教的宫殿中。也许《感恩赞》唱得太早了。别忘了，我们当代两位最杰出的科学家，对海森伯格②的那些原则持有怀疑态度。普朗克③已表达了自己的信念：更多研究将排除这些臆断；而爱因斯坦把基于此的哲学思想描述为"文学"。我想这是他文雅地表达这些纯属胡说八道的方式。物理学家们告诉我们，物理学进展迅猛，只有密切研究期刊文献，才能了解最新情况。将某一理论基于如此不稳定的学科提出的法则，显然是轻率的。薛定谔④自己曾说过，对这个问题做出最终且全面的判

---

① 布劳德博士（Charlie Dunbar Broad, 1887—1971）：英国哲学家，在认识论上倾向于知觉的因果论，代表作有《心灵及其在自然界的地位》等。
② 海森伯格（Werner Heisenberg, 1901—1976）：德国著名物理学家，量子力学的创始人，上文提到的测不准理论是他提出的。
③ 普朗克（Max Planck, 1858—1947）：德国物理学家，提出"量子假说"。
④ 薛定谔（Erwin Schrödinger, 1887—1961），奥地利物理学家，量子力学奠基人之一。

断，在目前是不可能的。普通人对此采取骑墙的态度，是完全合理的，但他如果想把腿放在决定论的一边晃荡，也许也是审慎的。

二十三　走过岁月，开始思考衰老与死亡

人的生命力是旺盛的。伴随生命而来的喜悦，抵消了人们遭遇的所有艰难困苦。它让我们不虚此生，因为它从内在发力，用明亮的火焰照亮了每个人的环境，因此，无论环境多么让人难以忍受，对人们来说似乎也可以忍受了。很多时候，悲观情绪是因为你把自己身处于别人的境地时的感受，强加到别人身上而产生的。正是这一点（还有其他因素）让小说变得如此虚假。小说家们根据自己的个人世界，创造出了一个公众世界，并赋予了他所虚构的人物敏感、思考能力和情感，而这些都是他自己的特质。大多数人没多少想象力，对于我们想象中难以忍受的环境，他们并不觉得是在遭罪。比如说，穷人并不觉得缺乏隐私多么痛苦，而在这些重视隐私的人看来，这是多么可怕。穷人讨厌独处，群

居给他们带来了一种安全感。和他们一起生活的人很少不注意到，他们一点都不羡慕有钱人的生活。事实上，很多在我们其他人看来似乎必不可少的东西，他们并不需要。对有钱人来说，这是一件幸事。因为，如果哪个有钱人看不到大城市中的无产阶级生活的悲惨和混乱，那么他一定是个瞎子。一个人很难接受这样的事实：人们应该找不到活干，工作应该是枯燥乏味的，他们、他们的妻儿就应该生活在饥饿边缘，最后除了甘于穷困之外，没有任何盼头。如果只有革命才能补救这样的局面，那么就让革命爆发吧，并且快一点爆发吧。当我们看到，即便是在现在，在我们习惯称之为文明国度的国家中，人们对待别人有多么残忍，那么说他们比以前有什么改进，就太轻率了。即便如此，这样的见解并不愚蠢：总的来说，这个世界已经成了一个比过去更适合生活的地方；大多数人的命运尽管仍很糟糕，却没有过去那样可怕了。我们可以合理地期待，随着知识的增加，随着人们抛弃许多残忍的迷信和过时的传统，随着人们更有爱心、更加慈爱，人们遭受的很多罪恶将会消除。同时许多这样的罪恶一定会继续存在。我们是自然的玩物。地震将继续肆虐人间，干旱会继续破坏庄稼，不可预期的洪水会继续毁坏人们精心构筑的建筑物。哎，人们的愚蠢，将继续让各地陷于毁灭性的战火中。不适合生活的人将继续出生，对他们来说生活是一种负担。只要有强有弱，弱者仍然会被逼到绝境。只要人们还有占有欲——这是一种诅咒，我猜想，只要人类存在，占有欲就会继续存在——他们就会从那些无力保护自己财产的人那儿,夺走他们能夺走的东西。只要他们有独断专行的本能,他们就会做出损人利己的行为。简而言之,只要人仍然是人,他必须准备好面对他所能承受的一切不幸。对于邪恶没什么好解释的,必须把它当成是宇宙秩序中的必要部分。忽略它是幼稚的,为之哀叹是愚蠢的。斯宾诺莎说怜悯是娘娘腔的。对于这个柔和、朴实的人来说,这是相当严厉的措辞了。我想,他的意思是,为你不能改变的事而产生强烈的情绪波动,不过是在浪费感情。我不是一个悲观主义者。对我来说那是没意义的,因此我是一个幸运儿。我常常惊讶于自己的好运。我很清楚,很多比我更值得拥有我所拥有的一切的人,并没有得到降临在我身上的好运。这儿出点状况,那儿出点状况,就有可能会改变一切,并让我屡屡受挫,就像很多和我一样有天赋或者天赋比我更高的人遭受了挫折一样,他们本来也有同等的机会。如果他们有机会看到我的这些文字,我希望他们相信,我并没有骄傲得把我的成就归功于自己的优点,而是归功于一些我无法解释的、似乎不可能出现的一连串好运。尽管我有那么多身体方面和精神方面的缺陷,但我一直为自己能好好活着而感到高兴。我不愿把自己的生活再过上一遍,那是没有意义的。我也不愿再经历一遍我所经历过的痛苦。由于一些天生的缺陷,我人生中所遭受的痛苦,比我享受到的快乐更多。如果没有了身体上的缺陷,如果我拥有更强壮的身体、更机灵的大脑,那么即便让我重新到世上走一遭,我也无所谓。现在在我们面前流淌过的岁月,似乎会很有趣。现在的年轻人拥有的便利条件,是我们那一代人年轻时无法获得的。他们更少受到传统的束缚,而且他们已经充分认识到了年轻的价值。我二十多岁时的那个世界,是一个中年人的世界,而年轻是一种越快结束就越好的状态。因为走过年轻岁月,人就能成熟起来。而现在的年轻人——至少我所属的中产阶层的年轻人,在我看来似乎准备得更充分。别人教给了他们很多对他们有用的东西,而我们得自己努力地去学习那些。两性之间的关系也更加正常了。现在的年轻女子已经学会了怎样成为年轻男人的伴侣。我们那一代人——见证了妇女解放的那一代人——必须面对的一大难题是:女性不再是家庭主妇和孩子的母亲了,她们过着和男人无关的生活,她们有自己的兴趣和特别关注的事物。并且她们想要参与男人的事务,但她们并不具备那样做的能力。她们承认自己不如男人并满足于此,却要别人关注她们,认为那是她们应得的。她们坚持自己的权利——她们新近争取到的权利——去参与所有男性的活动,而她们对这些事务的了解,只会让她们自己变得讨人厌。她们再也不是家庭主妇了,但她们还没有学会如何成为好伙伴。对于年长的绅士们来说,再也没有比看到现在的年轻女子更让人赏心悦目的事情了。她们自信能干,既能处理办公事务,也能打激烈的网球赛;既能睿智地投入公众事务,也能欣赏艺术。她们站稳脚跟,以冷静、精明、忍耐的目光面对生活。

先知的斗篷,还远远轮不到我来穿上。但我认为有一点很清楚：这些占据舞台的年轻人，一定期待着将要改变文明历程的经济变革。他们不会了解那种轻松、受庇护的生活，那样的生活在很多正逢好年华的人看来，就像法国大革命的幸存者们回首从前的政权一样。他们永远不会了解那种"生活的甜美"。我们现在生活在大革命爆发的前夕。我并不怀疑，越来越意识到自己权利的无产阶级，最后将在一个又一个国家中夺取政权。我也一直惊讶于今天的统治阶级，他们宁可继续徒劳地与之斗争、反抗这一势不可挡的新力量，也没有竭尽努力地训练群众承担起未来的使命。如果是后者，那么当他们被赶下台时，降临在他们身上的命运，也许不会像降临在那些俄国人身上的命运一样残酷。多年前，迪斯雷利[①]曾告诉他们该如何做。对我而言，我必须坦率地说，我希望目前的局势能在我的有生之年维持下去。但我们生活在一个快速变化的时代中，我也许即将看到更多西方国家，臣服于共产主义的统治。一个我熟识的德国流放者告诉我，当他失去了他的地产和财富的时候，他陷入了无尽的绝望中。但在两周之后，他恢复了平静。从此之后，他再也没有想过那些被夺走的东西。我并不认为我有那么多的财产，会让我为失去它们而伤心太久。如果这样的事在我的世界中发生，我会试着让自己去适应。如果我觉得生活难以忍受，我想我不会缺乏退出这一不再能让我满意地扮演自己角色的舞台的勇气。我在想，为什么这么多人会

[①] 迪斯雷利（Benjamin Disraeli, 1804—1881）：政治家、小说家，代表作有《迪斯累利三部曲》等。

对自杀感到恐惧和厌恶。说自杀是懦夫之举的人，显然是在胡说八道。我赞成那些当生活只带来痛苦和不幸时，选择自行了断的人。普林尼①不是说过，死亡的力量是上帝馈赠生活苦难的人的最好礼物吗？抛开那些认为自杀是罪恶的，因为它打破了神圣法则的人不谈，我认为自杀的行为让这么多人感到愤怒的原因是：自杀嘲弄了生命力。自杀通过让人的最强烈的本能成为一种泡影，对延续生命的力量提出了令人恐惧的质疑。

在本书中，我将通过详尽的纲要来完成我给自己设定的模式。如果我还活着，我会写其他的书以自娱自乐，同时我也希望它们能给我的读者们带来愉悦。但我不认为，这些书会给我所设计的人生增加任何关键内容。房屋已经建造好了。还可以添上一些别的——一个能看到风景的阳台，或者一个可供酷暑时节冥想、沉思的凉亭。但如果死神阻止我创造这些作品，那么至少房屋已经建好了，尽管拆除房屋的人很可能在我的讣告公布的下葬日期的次日，就开始动手拆屋。

我毫不沮丧地期盼老年的到来。当阿拉伯的劳伦斯②去世时，我在一篇朋友写的文章中读到，他生前有骑摩托车疾速飞驰的习惯。他的想法是，如果在他还拥有力量的时候，一场事故结束了

---

① 普林尼（Gaius Plinius Secundus, 23 或 24—79）：古罗马百科全书式的作家，代表作有《自然史》等。

② 阿拉伯的劳伦斯（Lawrence of Arabia）：原名托马斯·爱德华·劳伦斯（Thomas Edward Lawrence, 1888—1935）：曾在 1916—1918 年的阿拉伯大起义中担任英国联络官并因此而成名，代表作有《智慧的七柱》等。

他的生命，那么他就不必承受毫无尊严的老年生活了。如果这是真的，那么这可以说是这个奇特的风云人物身上的一大弱点。这说明他缺乏理智。因为完整的人生、完美的人生模式，包括青年、壮年和老年。晨曦之美和正午之光都很动人，但如果谁为了隔离夜的宁静而拉上窗帘、点亮了灯，那他一定是一个蠢人。年老的愉悦不输于年轻的快乐，尽管两者是不同的。哲学家们总是告诉我们，我们是自己激情的奴隶，那么摆脱激情的控制是一桩小事吗？傻瓜老了仍然是傻瓜，但他年轻时也是傻瓜。年轻人恐惧老年的到来，避之犹恐不及。因为，他以为当他迈入老年后，他仍然渴望得到那些给青年时代的他带来无限变化、引发他的无穷兴致的东西。他错了。没错，老年人再也不能攀登阿尔卑斯山了，也没法和美女在床上寻欢作乐。没错，老年人再也无法激起别人的欲望，但老年能让你从爱而不得的痛苦和妒忌的折磨中解脱出来。毒害年轻人的妒忌之心，会随着欲念的熄灭而得到缓和。这些都是一些消极的补偿，老年人也能得到积极的补偿。尽管听上去很矛盾，但老年人拥有更多的时间。在我年轻时，当我看到普鲁塔克①说，老加图②八十岁时才开始学希腊语时，我惊讶极了。现在我一点都不感到惊讶了。老年人准备好了去做年轻人因为耗时太久而不敢轻易尝试的事情。老年人的品位有所提升，

---

① 普鲁塔克（Plutarch, 46—120）：罗马帝国时期希腊传记作家、伦理学家。
② 老加图（the elder Cato）：即马尔库斯·波尔基乌斯·加图（Marcus Porcius Cato, 前234—149）：罗马共和国时期的政治家、国务活动家、演说家，拉丁语散文作家。

因此有可能不带偏见地欣赏文学和艺术，而不是像年轻人一样妄加评判。老年人能得到一种自我实现的满足。老年人摆脱了人类自负的桎梏，最终得到了自由，他的灵魂为每一短暂的瞬间而欢欣，但并不乞求时光可以停留。老年人已经完成了自己生命的模式。歌德企盼死后的存在，希望能继续开发自己有生之年未能开发的那些能力。但他难道没有说，任何想要有所成就的人，都必须学会限制自我吗？当你了解了他的生平之后，你一定会对他浪费时间追求细枝末节的生活方式深感震惊。如果他能更谨慎地限制自我的话，他也许能进一步发挥天赋、一展才华，并发现自己并不需要来生。

斯宾诺莎说过，一个自由的人对一切事物的思考，都比对死亡的思考更多。没必要太多考虑死亡这个问题，但和许多人一样对这个问题避而不思是愚蠢的。早点想明白这件事比较好。人们只有到垂死时，才有可能知道，自己是否害怕死亡。我常常试着想象，如果医生告诉我，我患上了致命的疾病，已经来日无多了，那么我会有什么感受。我把我想象到的感受，通过我创作的各种人物的嘴巴说了出来。但我知道，这样我就把它们戏剧化了，并且我仍然无法分辨，这些是不是我的真实感受。我并不认为我的生命力很强。我得过不少重病，但只有一次几乎濒死。当时我是如此疲惫，我连害怕的力气都没有，只希望快点结束这一场挣扎。死亡是不可避免的，一个人如何死亡，并没有那么重要。如果有人希望，自己不会意识到自己即将死亡，并幸运地毫无痛苦地死去，我觉得也是无可指摘的。

一直以来，我过多地生活在对未来的憧憬中。到了现在，尽管未来已经非常短暂了，我仍然无法摆脱这个习惯。我带着某种满足，期盼能在不可预期的未来几年中，完成我为自己制定的人生模式。有时候，我战栗着迫切盼望死亡的到来，我希望我能像飞向爱人的怀抱一样飞向死亡。它带给我的兴奋，就像多年之前生命带给我的兴奋一样狂热。死亡这一想法让我沉醉。在我看来，它似乎能给我最终的、绝对的自由。但是，只要医生能维持我的健康，让我能够忍受自己的健康状况，那么我很乐意继续活下去。我陶醉于这个世界的种种景象，我对将要发生的一切充满兴趣。那么多生命沿着与我平行的轨道前进，他们生命的完成，给我的反思带来了持续不断的素材，有时还能帮我确认我很久以前形成的理论。和朋友们分别，会让我感到难过。对那些受我指引、受我保护的人的福祉，我不能漠不关心。但他们在依赖我这么久之后，能获得自己的自由——无论这样的自由将带领他们走向何处——未尝不是一件好事。我霸占了这个世界上的某个地方这么长的时间，很快这个位置将由别人占据，对此我感到满足。毕竟，一个生活模式的意义就在于，你必须完成它。到了不破坏原来设计就无法增添新内容的时候，艺术家就该动身离开了。

但如果现在有人问我，这个生活模式有什么用处或意义时，我只能回答，没有。这仅仅是我强加给没有意义的生活的东西。

因为我是一个小说家。为了让我自己满意，为了自娱自乐，为了满足自己的根本需求，我按照某一预先的设计塑造了我的人生，它有开端、发展和结局，就像我根据自己在各地遇到的人，写一出戏、一部小说或一篇短故事一样。我们都是自己的天性和环境的产物。我没有制定自己认为最佳的模式，甚至没有按照我的喜好来设计自己的生活模式，而只是设计了一种具有可行性的生活模式。我认为，还存在着更好的模式。我并没有仅仅受到文人的天生幻觉的影响，就认为最佳的生活模式是农夫的模式：耕田种地，收获庄稼，热爱劳动，享受闲暇；恋爱，结婚，生儿育女，然后死去。在我观察那些拥有肥沃土地的农夫时——他们无须付出多余的劳动，土地自然会给他们带来丰厚的出产；而他们的快乐和痛苦，就是人类容易遇到的快乐和痛苦——我觉得，完美的生活似乎从他们身上得到了完美的实现。这样的人生就像一个美好的故事，自始至终没有跑题，一直沿着一条坚实的、从未中断的线索前进。

二十四　回首人生，从真善美中找到安宁

　　人类的自我主义让他不愿接受人生的无意义。当他不快地发现，自己再也无法相信某一更高的力量——他无法再自鸣得意地认为，他能促进这一更高的力量——的时候，他会试着通过建立一些似乎能强化他的现时福利的价值，赋予人生意义。岁月的智慧选择了其中三种最高尚的价值。为了这种价值本身去追求这些价值，似乎能赋予人生某种意义。尽管很难怀疑，这些价值也有生物学上的效用，但至少从表象来看，这些价值是超然的，这就让人们产生了一种幻觉，以为凭借它们，就能逃脱人性的枷锁。它们的高尚加深了他对自己精神世界是否具有重要意义的不确定感。无论结果如何，追求这些价值似乎都能证明，他付出的努力是正当的。它们就像存在这一辽阔沙漠中的几片绿洲，因为人们

知道,他们的人生之旅没有其他目的。人们会说服自己,无论如何,这样的目的是值得实现的,而且他们能在其中找到安宁,并找到他提出的问题的答案。这三种价值就是真、善、美。

我有这样一个想法:"真"能在这个名单中占有一席之地,纯粹是出于修辞方面的原因。人们赋予了它一些伦理学方面的品质,比如勇气、荣誉和精神的独立。没错,这些品质的确经常通过人们对真理的坚持才得以实现,但实际上它们和"真"没什么关系。人们发现,"真"为他们的自作主张、自以为是找到了一个好借口,因此他们就会无视由此带来的任何牺牲。但那时他感兴趣的是他自己,并不是真理。如果真理是一种价值,那是因为它是真实的,而不是因为把真理说出来是勇敢的。由于"真"是判断的一个特征,因此我们认为,其价值存在于判断中,而并非存在于其自身。一座连接两座大城市的桥梁,比连接两片不毛之地的桥梁更加重要。而如果真理是一种终极价值,那么没人对它有充分的了解,似乎就很奇怪了。哲学家们仍然在为其意义而争论不休,不同学说的支持者互相嘲讽着对方。在这些情况下,普通人必须丢开这些,而满足于普通人的真理。它非常低调,只对一些特定的存在物发表自己的看法。它是对事实的直白说明,没有任何粉饰和发挥。如果这是一种价值,那么我们必须承认,再也没比这种价值更受到人们忽略的东西了。伦理学书籍罗列了长长的单子,在单子上列出的那些场合下,都可以合理地抑制真理。这些书籍的作者本可以给自己省去这些麻烦。岁月的智慧早已断定：并不是所有的真理说出来之后都是美好的。人们常常为了自己的虚荣、舒适和利益而牺牲真理。他们不是靠着真理生活，而是靠着伪装生活。在我看来，他们的理想主义只是一心想将真理的威望，强加在他为了满足自己的自负而虚构的事物上。

"美"所处的情形要好一些。在很多年中，我曾经认为："美"独自赋予了生活意义，而让一代代人前后相继地生活在地球上的唯一目的是，能让这个世界上时不时地产生一个艺术家。我断定，艺术品是人类活动的最高产品，是人类所有苦难、无穷无尽的辛劳和备受挫折的努力的唯一正当理由。所以米开朗琪罗才会在西斯廷教堂的穹顶上画上人物，所以莎士比亚会写出台词、济慈才会创作诗篇。在我看来，这就值得让古往今来的无数人经历生存、受苦并死亡的轮回了。尽管后来我把美好的生活包括在那些独立赋予生活意义的艺术品中，以缓和这种夸张的说法，但我所看重的仍然是"美"本身。对于这些观念，我已经抛弃很久了。

首先我发现，美是一个句号。当我想到那些美好的事物时，我发现我什么也做不了，唯有凝望之、仰慕之。它们让我产生了强烈的情感，但我不能保存它，也不能无止境地重复它。世界上最美好的事物，最终都会遭到我的厌倦。我注意到，那些更有尝试意味的作品，能给我带来更加持久的满足。正因为它们没有取得完全的成功，它们给我的想象力活动提供了更广阔的空间。在最优秀的艺术品中已经实现了一切，我什么也给予不了，而我不安的心灵已经厌倦了被动的思考。在我看来，美就像山峰之巅。当你到达那儿时，你什么也做不了，只能下山。完美有一点儿枯燥。我们都追求美，但我们最好不要实现它，这是人生的一大讽刺。

我猜想，我们所说的美，是指能够满足我们审美感的某种物质或精神的东西，物质的东西更为常见。然而，这话说了等于没说，就像别人告诉你，水是湿的一样。我看了不少书，了解了那些专家、学者为了说明这个问题，做了哪些阐述。不少沉浸于艺术中的人，都是我熟悉的人。无论从他们那儿，还是从那些书籍中，我恐怕并没有学到多少太多让我受益的东西。美迫使我注意到的关于它的最奇怪的一点就是：对于什么是"美"，并没有一个恒久不变的标准。博物馆中充斥着各种物品，在某一段时间中，那些品位最高的人认为它们是美的，但在我们现在看来似乎毫无价值。而在我自己的有生之年中，我看到美就像日出前的白霜一样，从很多诗歌和绘画中蒸发了，而不久之前它们还是那样精美。尽管我们有些虚荣，我们也绝不会认为，我们的判断是终极的。我们认为美丽的东西，换在另一个时代中无疑会遭到嘲讽。而我们现在所嘲讽的，也许会在当时受到推崇。唯一能得出的结论是，美是相对于某个特定时代的需求而言的，而去考证我们认为美的事物，是否拥有绝对美，是徒劳无益的。如果美是赋予人生意义的重要价值之一，那么它是一种不断变化、无法分析的东西。因为我们无法感知我们祖先感受过的美，就像我们无法嗅到他们曾经闻到的花香一样。

我曾经试着从美学家那儿发现,究竟是人性中的什么东西,让我们有可能对美的事物产生一种情感,并且这种情感究竟是什么。通常而言,谈论审美本能就足够了。这个术语似乎在人类的主要倾向中占有一席之地,就像饥饿和性一样。与此同时,它拥有一种能够迎合追求统一的哲学欲求的特殊品质。所以,审美源自一种表达的本能、一种旺盛的生命力、一种对绝对事物产生的神秘感,诸如此类。在我看来,我认为,美压根就不是一种本能,而是一种身心状态,既基于某一些强烈的本能,但又结合了人类的特征——这是进化过程的结果,以及生命的通常境况。审美和性本能大有关联,这似乎是有事实依据的。人们公认,那些拥有非同寻常的精致美感的人,通常在性方面偏离了正常的状态,而达到了一种极端并且常常病态的程度。也许在人体身心的构造中,有一种能让某种声调、某种节奏和某种色彩变得对人类特别有吸引力的东西,因此我们认为的美,也许也存在生理上的因素。但我们也会在那些让我们想起某物、某人或某地的事物中发现美,而这些物品、人物、地方是我们曾经喜爱过的,或者时间的流逝赋予了它们某种情感价值。我们觉得某些东西美,是因为我们认出了它们,或者相反,是因为它们的新颖让我们惊讶。这一切都意味着,由于相似或对比所引起的联想,大多会引发审美情感。只有联想才能解释丑陋之物的审美价值。我不知道有没有人研究过,时间会如何影响美的创造。随着我们增进对事物的了解，我们逐渐认识到了它们的美。不仅如此，过往时代的人们从这些事物中得到的乐趣，增添了它们的美感。我想，这就是为什么一些现在看来明显具有美感的艺术品，在刚刚问世时，并没有吸引多少注意力的原因。我认为，现在济慈的颂诗比他刚创作它们时更美。那些从动人的诗篇中找到安慰和力量的人的情感，丰富了这些诗篇。我不认为审美情感是一种明确、简单的东西，我认为它是非常复杂的，是由各种往往并不协调的元素组成的。审美学家们说，你不该因为某一幅画或某一支交响诗让你心中充满情欲的兴奋、让你忆起了遗忘已久的场景、让你联想起了某种神秘的狂喜而感动得泪流满面。他们这样说并无益处，因为它们的确有这样的效果。而且这些也是审美情感的组成部分，就像不偏不倚地满足于平衡和比例的审美情感一样。

  人们对伟大的艺术品究竟会产生什么样的反应？举个例子，当人们在卢浮宫看到提香的《埋葬基督》①，或者《名歌手》②的五重奏时，会有什么样的感受呢？我知道我自己是什么样的感受。那是一种让我喜悦的兴奋，是理智的，但也充满感性；那是一种幸福感，我似乎可以从中感受到一种力量感、和摆脱人性枷锁的解放感。与此同时，我能感到自己内心充满柔情，这种柔情中包含着对人类的同情。我感到轻松、宁静，在精神上超然物

---

  ① 《埋葬基督》(*The Entombment*)：意大利文艺复兴后期威尼斯画派的代表画家提香 (Titian Vecellio, 1490—1576) 于1525年创作的著名油画作品。
  ② 《名歌手》(*Meistersinger*)：全称是《纽伦堡的名歌手》，德国作曲家理查德·瓦格纳 (Wilhelm Richard Wagner, 1813—1883) 编剧并谱曲的三幕歌剧。

外。有时，当我看着某些画作或雕像或者听到某些乐曲时，我会产生如此强烈的情感，我只能用类似于神秘主义者描述人与上帝联合的词句来描述它们。我认为这种和更广阔的现实相交流的感觉，不仅仅是宗教的特权，也有可能通过除了祈祷和禁食之外的其他途径实现，这就是原因所在。我也问自己，这种情感有什么用处？当然，这种令人愉悦的情感本身是好的，但是究竟是什么让它高于其他的愉悦，以至于说它是一种愉悦，几乎就贬低了它？杰里米·边沁①说，一种快乐和另一种快乐一样美好。如果给人带来快乐的程度相同，那么一颗图钉和一首诗歌一样美好吗，这样的想法不是太愚蠢了吗？对这个问题，神秘主义者给出的答案很明确。他们说，除非狂喜能强化人的性格、让人更有能力做出正确的行为，否则狂喜就是毫无价值的。其价值在于其效用。

能长期生活在具有敏感审美能力的人之中，是我的幸运。我现在说的并不是那些创造者：在我看来，创造艺术的人和欣赏艺术的人具有天差地别。创造者创作艺术，是因为他们体内的那种冲动迫使他们将自己的人格外化。假如他们创造的东西具有一种美感，那也只是一种巧合。创造美很少成为他们的直接目标。他们的目标是让自己的灵魂摆脱压迫他们的重负，他们会运用各种媒介——他们的笔、颜料或黏土，他们天生就有这些便利。我现在要说说的是那些将思考和欣赏艺术作为人生的主要事务的人。我

---

① 杰里米·边沁（Jeremy Bentham, 1748—1832）：英国法理学家、功利主义哲学家，代表作有《道德与立法原理导论》等。

发现他们没什么值得别人崇敬的地方。他们虚荣而自负。他们不善于干实事,却鄙视那些受到命运的牵制、坐在小小办公室中的职员。由于他们阅读了很多书籍,或欣赏过不少画作,他们就认为自己高人一等。他们利用艺术逃避生活的真实,却愚蠢地蔑视普通事物,从而否认人类基本活动的价值。他们比那些瘾君子好不到哪儿去,反而更糟糕。因为,无论如何,那些瘾君子不会将自己置身于高台上、俯视他的同伴们。艺术的价值,正如神秘主义的价值,在于其效果。如果它只能带来愉悦,无论在精神上能带来多大的愉悦,它都没有多大的重要性,至少不会比十来个牡蛎或一品脱梦拉谢葡萄酒更有价值。如果它能带来慰藉,那就够好了。世间充满各种无法避免的罪恶,人们能获得一些遗产,可以让他们时不时地借此避世,是一件好事。但这不是逃避,而是为了重新打起精神、积聚力量去面对罪恶。因为,如果把艺术当成对人生具有重大价值的东西的话,艺术必须能教人们学会谦卑、忍耐、智慧和宽大。艺术的价值不在于美,而在于正确的行为。

如果美是人生的一大价值,那么我们很难相信,让人们欣赏美的那种审美感,只是某一阶层的特权;那么我们就不能坚持认为,一种只有被选中的人才拥有的某种形式的感受,是人类生活的必需品。而这正是美学家们的主张。我必须坦白地承认,在我愚蠢的青年时代,当我认为艺术(我当时把自然之美也包括在内,因为我当时特别相信——现在我仍然这样认为,自然之美是人类创造的，就像画作或交响曲是人类创造的一样）是人类努力的巅峰，是人类存在的正当理由。我认为，只有被选中的少数人才能欣赏艺术，这种想法给我带来一种特别的满足。但这个想法已经被我抛弃很久了。我无法相信，美是某些人的封地。我倾向于认为，一种只对经过特殊训练的人有意义的艺术，就和它所吸引的那个人群一样不足取。只有所有人都能欣赏的艺术，才是伟大的，才有重要意义。某个小圈子的艺术，只是一种玩物而已。

我不知道为什么人们要区分古代艺术和现代艺术，它们都是艺术。艺术是有生命的，试图通过论述一件艺术品的历史、文化或考古信息赋予其生命，是没有意义的。一件雕塑是古希腊人或现代法国人的作品并不重要。唯一重要的是，它能在此时此刻给我们带来一种审美的震撼，而这种审美的震撼会打动我们，让我们努力工作。如果它不仅仅是一种自我沉醉和自我满足的东西，它一定能完善你的性格，并让它更符合正确的行为。虽然我不喜欢这个推论，但我只能接受它。艺术品必须根据其成果进行评判。如果成果不佳，它就没有价值，这就是原因。而且，只有在艺术家无意为之的时候，才能收到这样的效果。这是一个奇怪的事实，我们必须把这一事实作为事物的本质加以接受，对此我不知该如何解释。当一个人没有意识到自己在传道时，他的布道才是最灵验的。蜜蜂为了自己而产出蜂蜡，它们并不知道人类会将它们用于各种用途。

这样看来，想说"真"或"美"有内在价值，似乎是不可能了。那么"善"呢？但在我谈论"善"之前，我想先说说"爱"。因为有一些认为两者互相包含的哲学家，认为爱是人类最高的价值。柏拉图主义和基督教精神，共同赋予了"爱"神秘的意义。对这个字眼产生的联想，也让我们产生了一种情感，认为爱比单纯的善更加激动人心，"善"相对而言略显枯燥。但"爱"有两层含义，一种是纯粹简单的爱，也就是肉体之爱；一种是精神之爱。我认为，即便柏拉图也没有清楚区分两者。在我看来，他似乎将伴随性爱而来的那种狂喜、力量感、那种活力倍增的感觉，归属为另一种爱，他称之为天堂之爱，而我宁可称之为灵魂之爱，并因此而让它受到肉体之爱的那种难以消除的罪恶感的感染。因为爱会消逝，爱会死亡。人生的一大悲剧不是人的死亡，而是人不再去爱。一个你爱的人不再爱你，并不是人生中的小罪恶，而且基本上你对此无能为力。拉罗什富科[①]发现，在相爱的两人中，必定有一个爱对方、另一个被对方爱，因此他写下了一句箴言：这种爱与被爱的不一致，一定会妨碍人们在爱中获得完美的幸福。无论人们有多么讨厌这一事实、无论他们多么愤怒地否认这一点，毫无疑问，爱依赖于性腺的一些分泌物。对大多数人来说，性腺无法持续不断、无限制地受到同一种事物的刺激，并且随着年龄的增长，人的性腺机能会逐渐衰退。在这个问题上，人们非

---

① 拉罗什富科（François La Rochefoucauld，1613—1680）：法国古典作家、法国公爵，著有《道德箴言录》等。

常虚伪,不愿面对事实。他们这样欺骗自己,因此当他们的爱衰减为他们所描述的坚定、持久的喜爱之情时,他们也能满意地接受之,好像这种感情和爱有什么关系似的。喜爱之情是习惯的产物,源自共同的利益、便利和陪伴的需要。这是一种安慰,而不是一种狂喜。我们是不断变化的生物,变化就是我们呼吸的空气。那么我们这第二强烈的本能,有没有可能不受法则的束缚呢?今年的我们不同于去岁的我们,我们所爱的那些人也是这样。如果不断变化中的我们,能继续去爱一个已经变了的人,那绝对是一种愉快的偶然。而在大多数情况下,已经今非昔比的我们,会绝望而可怜兮兮地去爱一个我们曾经爱过、但已今非昔比的人。我们说服自己,爱情地久天长,那只是因为在我们被爱的力量俘虏时,爱情的力量似乎非常强大。当爱情消退时,我们感到羞愧、感到上当受骗,为我们的软弱而责备自己。但我们应该接受,人心的改变乃是人的自然天性所致。人类的经验让人们带着复杂的感情看待爱。人们怀疑爱情。人们对爱的诅咒和赞美同样频繁。人们的灵魂挣扎着想要获得自由,除了短暂的瞬间之外,它将爱情要求的忍让,看成是一种折辱。爱所带来的幸福,也许是人类能够拥有的最高幸福,但这种幸福极少是纯粹的。爱所谱写的故事,大多有一个悲伤的结局。很多人痛恨爱情的力量,并愤怒地期盼能永远摆脱这一重担、脱离苦海。他们拥抱自己的锁链,但他们知道那是锁链并憎恨它们。爱情未必总是盲目的,却很少有比全心全意爱一个你明知不值得爱的人更加不幸的事了。

但精神之爱并没有染上爱的不可补救的缺陷——转瞬即逝。没错,它并非完全没有性的因素。但它就像跳舞。人们跳舞是为了节奏律动所带来的乐趣,未必是希望能和舞伴上床。只有在这样做不让人讨厌时,和舞伴上床也是一种愉快的体验。对于精神之爱而言,性的本能得到了升华,但它也拥有自己的温暖和活力。精神之爱是"善"中相对更好的那一部分。它给善的一些更为严肃的品质带来了一丝魅力,让人们在践行自控和自我克制、耐心、纪律和宽容这些小小的美德时,相对不那么困难一些。自控等等,都是善中比较被动、不太激动人心的元素。"善"是这个表象世界中,唯一一种可以宣称其自身即为其目的的价值。美德是它给自己的奖赏。我为自己得出了如此普通的结论而感到可耻。由于我有一种追求效果的本能,我本该喜欢用一些语出惊人且略显矛盾的论断,或让读者发出会心一笑、知道那是我个人特色的玩世不恭,来结束本书。但似乎我能说的,并不比我能从任何书本上看到,或者任何讲坛上听到的更多。我费了不少劲,却发现大家早就知道这些了。

我很少对什么产生崇敬之情。世上太多崇敬之情了。很多不配得到崇敬的东西,也要求我们崇敬它们。对于我们不愿对之产生积极兴趣的事物,我们所给予的只是常规的敬意。我们对过去时代的伟人——但丁、提香、莎士比亚、斯宾诺莎——能致以的最崇高的敬意,就是不以敬畏的心态看待他们,而表现出一种熟识的亲近感,就像他们是我们同时代的人一样。那才是我们能给予他们的最高赞扬。这说明我们对他们足够了解,说明在我们眼中,他们仍然是活生生的。但当我时不时地遇到真正的善行时,我发现我的心中会自然而然地产生一种崇敬之情。那么,为数不多的为善之人,有时可能没有我期盼的那样聪慧,也就不重要了。小时候,在我不开心的时候,我常常一晚又一晚地做梦,梦到我的学校生活全都是梦,醒来之后,我才会发现我在家中、在妈妈身边。她去世给我带来的创伤,至今五十年来从未愈合。我已经很久没有做那个梦了。但我仍然有这样的感觉:我的人生就是海市蜃楼,我在这座海市蜃楼中忙忙碌碌、按部就班地做这做那。即便在我深陷其中时,我仍然能从远处观望,并知道那只是一座海市蜃楼。说来奇怪,在回首我的人生——成功与失败、无数的错误、幻灭和成就、快乐和悲伤——时,我觉得我的人生缺乏真实感。它是这样模模糊糊、虚无缥缈。也许是因为我的心灵还没有找到休憩之所,所以我对上帝和永生有一种远古的渴望,而这和我的理性是不相容的。由于缺乏更美好的事物,有时我认为,我在人生之旅中遇到的很多人所表现出来的善,具有现实性。也许我从"善"中看到的,并非是生活的理由、或对生活的解释,而是一种罪恶的减轻。在这个冷漠的宇宙中,不可避免的罪恶一直包围着我们,从摇篮一直跟到坟墓。而"善"并不是一种挑战或回应,而是对自我独立的一种肯定。这是幽默对命运悲剧性的荒诞感的一种反驳。"善"和"美"不一样,它能臻于完美而不显得沉闷。而且"善"比"爱"更好的一点是，时间不会减损"善"给人带来的快乐。但是，"善"通过正确的行为表现出来，而在这个缺乏意义的世界中，谁能说清什么才是正确的行为？那不是旨在获得幸福的行为。如果正确的行为能带来让人高兴的结果，那只是一种欢乐的偶然。正如我们所知，柏拉图吩咐他的智者们：放弃宁静的生活，转而投入喧嚣的实际事务中，并将责任感置于获得幸福的欲求之上。我猜，我们有时走上某一条道路，是因为我们认为那是正确的，尽管我们都清楚，它不能带给我们幸福，无论当时还是未来。那么什么是正确的行为呢？我所知道的最佳答案是路易斯·德·莱昂修士给出的[1]。要理解它并没有那么困难，不会让人性的软弱在其面前退缩。我可以用这个答案作为本书的结尾。他说：生活的美并不在于别的，而在于每个人都应采取和自己的本性、职分相一致的行动。

---

[1] 路易斯·德·艾昂修士（Fray Luis de Leon, 1527—1591）：西班牙宗教诗人、天主教修士、神学家，代表作有《基督之名》等。

毛姆给你故事，你读出自己的人生

毛姆经典作品·精装系列（全3册）

我们为什么要读毛姆
因为他的冷静、毒舌与讽刺
如手术刀般犀利，戏剧般离奇

我们为什么需要一遍一遍地读毛姆
人世漫长，我们需要不时审视自己的人生
唯有他的文字能带你回味那份对人性的怜悯

加西亚·马尔克斯将毛姆列为最钟爱的作家之一
乔治·奥威尔称毛姆是"影响我最大的现代作家"
张爱玲坦言令自己深受影响的"最会讲故事的作家"是毛姆

毛姆给你故事，你读出自己的人生

爱、幻灭、生死、背叛、别离……

《让灵魂舒服一点：毛姆自传》

大师文学课，一本给青年人的写作指南，一部对生活与阅读的洞见之书。

《月亮与六便士》

"满地都是六便士，他却抬头看见了月亮"
毛姆巅峰杰作，20世纪风靡全球，热销千万册。

《毛姆短篇小说精选集》

毛姆最富有代表性、流传最广、影响最大的经典短篇小说选。